평양지역어의 음운론

평양지역어의 음운론

이 금 화

도서출판 역락

어릴 적, 평양 출신인 어머니의 말과 경주 출신인 아버지의 말이 많이 다른 것을 느꼈고, 중학교를 타관에서 다니면서 말의 차이가 거리와 비례해서 커지는 것을 느꼈다. 연변에서 대학을 다닐 때에는 말의 차이로 인해 동기들 사이에 웃지 못할 많은 에피소드들이 있었다. 이런 말의 차이는 어간, 어미, 억양에서 주로 느껴졌고 그럴 때마다 호기심과 흥미가 커져갔다. 그때의 호기심과 흥미가 오랜 시간을 지나 이제 조그마한 자취를 남기게 되었다.

한국어 방언 연구는 한국어 방언에 대한 연구가 아니라 한국어에 대한 연구이다. 한국어 방언 연구는 우선 한국어의 음운현상을 살펴보는 것이고, 전체 음운사의 기술이나 재구를 위해서도 아주 중요한 역할을 하기 때문이다. 방언을 연구한다는 것은 한 마디로 새로운 언어를 연구하는 실습과정이라고도 할 수 있다. 방언 어휘를 늘려 가는 일에서부터 시작하여 공시적 기술 과정을 거친 다음, 방언의 역사적 발달 과정을 추적하는 작업은 새로운 언어를 연구하는 과정과 완전히 일치하는 것이다. 또한 표준어에 존재하지 않는 어휘를 찾아내기도 하고 방언 특유의 언어 현상을 기술하기도 하며 그 특이한 현상이 발생하기까지의 과정을 추적하기도 한다. 그러다 보면 언어학의 바탕이 쌓일 것이고, 특이한 방언 현상을 이용하여 언어학적 이론을 수립할 수도 있을 것이다.

주지하다시피 방언 연구의 가장 핵심적인 분야는 자료의 수집이다. 하여 필자는 석사논문을 아버지의 모어인 경북방언을 대상으로 쓰면서

포항, 경주에 거주하시는 고모님 댁과 오빠의 집에 직접 가서 조사를 하였고 박사논문은 어머니의 모어인 평양어를 대상으로 쓰면서 직접 평양의 제보자를 중국으로 모셔 와서 조사하였다. 자료의 수집이 가장 중시되는 것이 방언연구이기에 방언연구에 관심을 두고 있는 분들의 마음 한구석에 늘 허전하게 남아 있는 부분이 바로 북한 지역의 방언일 것이다. 그렇게 절감하면서도 분단의 장벽으로 인해서 그 실체에 접근하기 어려운 북한 지역의 방언은 지금 그것을 '문화어'로 통일하려는 강력한 언어정책으로 인해 더욱 급속한 소멸의 위기에 처했다. 따라서 이 지역에 대한 조사와 연구는 반드시 시급히 이루어져야 한다. 60년대부터 월남한 실향민의 언어를 대상으로 하여 평안 방언 연구가 이루어졌고, 90년대부터 문헌 자료나 중국에 거주하는 이주민을 대상으로 이루어진 함북 육진 지역어, 평북의 일부 지역어에 대한 연구도 속속 나오고 있어 여간 다행이 아닐 수가 없다. 하지만 지금껏 문화어를 근간으로 한 평양지역어에 대한 연구는 거의 공백상태였다. 이 글은 이 지역어에 대한 종합적 연구를 처음으로 시도한다는 점에서 그 의의가 있다. 이 연구를 통하여 전통적인 평양지역어의 일면이 어떠했는가를 알 수 있게 되리라고 믿는다.

　이 글은 2007년 2월 서울대학교 대학원에서 박사학위논문으로 제출했던 것을 정리한 것이다. 평양지역어에 대한 학자들의 관심이 크다는 것을 잘 알기에 출판에 대한 부담도 그만큼 컸다. 어설픈 곳이 많아 마땅히 깁고 다듬어야 할 곳이 한두 곳이 아니지만 부끄러움을 무릅쓰고

감히 세상에 내어 놓는다. 이 책이 평양지역어의 모습을 알리는 데에 그리고 한국어 방언학 및 음운 연구에 조금이라도 기여할 수 있다면 필자는 그것으로 만족하고자 한다. 이 글이 아직 부족한 부분이 적지 않으므로 더욱 많은 현지조사 자료를 통하여 계속 연구에 천착하여 한국어 음운론 연구의 기반이 될 만한 내용으로 발전시켜 나가려 한다.

필자가 이 책을 출판하기까지는 여러 분들의 격려와 도움이 있었다. 먼저 필자에게 한국어연구의 기초적인 틀을 다져주신 연변대학교 조선어문문학학과 스승님들께 깊은 감사를 드린다. 특히 석사 때의 지도교수이신 故 전학석 선생님은 총명하지 못한 제자이지만 늘 따뜻한 마음으로 필자를 걱정해주시고 배려해주셨는데……. 죄송하고 고마운 마음이 그지없다. 그리고 서울대학교 국어국문학과의 여러 스승님들과 선배님들, 그리고 후배 동학 여러분들께 깊은 감사를 드리고 싶다. 냉정한 학문의 세계라고들 하지만 필자는 그곳에서 부모의 자애와 형제·자매의 우애를 느끼면서 4년간의 유학생활을 하였다. 강의실에서 엄격하고 준엄하신 스승님들께서 세월의 깊이와 함께 보여 주셨던 따스한 애정은 바로 부모님의 모습이셨고 가족의 모습이셨다. 특히 崔明玉 선생님께서는 저자의 부족함을 탓하지 않으시고 과분한 애정과 배려를 보여 주셨다. 선생님께서는 방언 연구의 중요성으로부터 연구자세, 방법까지 상세히 일러 주셨고 한국어학자로서의 길과 함께 사람됨의 길까지 이끌어 주셨다. 그토록 자상한 가르침에도 불구하고 조악한 책을 내는 자리에서 선생님께 감사하다는 말씀을 드리는 것이 그저 송구스러울 따름이다.

또 박사학위논문 심사를 맡아 고생하신 선생님들께 이 자리를 빌려 감사의 말씀을 드리고 싶다. 북한의 방언에 대해 깊은 연구를 하신 곽충구 선생님은 논문의 문제점을 꼼꼼히 지적하여 논문의 수준을 한층 높여 주셨고, 송철의 선생님과 정승철 선생님께서는 심사보다는 격려와 지도를 해주시면서 부족한 논문을 보완해주셨다. 박경래 선생님께서는 논문 한 줄 한 줄을 모두 읽으신 후 자료와 논의 모두를 꼼꼼히 고쳐 주셨다. 네 분 선생님의 지도와 격려 그리고 조언이 없었다면 이 책은 세상에 나올 꿈도 꾸지 못했을 것이다. 그리고 일 년 반 동안 타 학과인 필자를 언어학과의 고문헌 스터디팀에 참석시켜주며 꼼꼼히 지도해 주신 이승재 선생님께도 뒤늦은 감사의 말씀을 드린다. 필자는 이 책의 원본인 박사논문을 준비하고 수정할 때 김봉국, 임석규, 김옥화, 이현정, 정의향 선생님에게 많은 도움을 받았다. 비록 늦었지만 감사하다는 말을 전하고 싶다.

　　마지막으로 오늘의 필자가 있게끔 씩씩하게 잘 키워 주신 아버지, 그리고 유학기간 내내 저를 대신해서 애를 키워 주신 시부모님께 감사드리며 이 책의 출판을 자랑스럽고 기쁘게 생각하실 어머니 영전에 가장 먼저 바친다. 그리고 책의 간행을 기꺼이 맡아주신 이대현 사장님과 책을 훌륭하게 만들어준 편집부 여러분께도 너무나 감사하다는 말씀을 올리고 싶다.

2007년 7월 25일
필 자 씀

차 례

일러두기

이 책에서 사용된 기호나 약호는 다음과 같다.

/ /	기저형(형태소) 또는 형태음소
[ ]	형태 및 음성 표시 또는 형태음
C	자음소 또는 자음
V	모음소 또는 모음
V:	장모음소 또는 장모음
N	명사
Vst	동사어간
]	기저형(형태소) 범주
X,Y	변항
/X{a-b}-/	복합기저형 /Xa-/와 /Xb-/를 포함하는 복합기저형
→	공시적 변동, a → b(a는 b로 된다.)
( )	해당 예의 의미(의미는 한자, 표준어로 표시)
≪ ≫	문헌표시

서 론

1.1. 연구 목적과 의의

이 책은 현재 사용되고 있는 평양지역어(앞으로 모두 '이 지역어'라고 칭함)를 대상으로 공시적 음운현상을 분석·기술하는 것을 목적으로 한다.[1]

이 지역어에 대한 연구는 다음과 같은 두 가지 점에서 의의가 있다. 우선, 우리는 북한 문화어의 근간이 되는 이 지역어에 대한 이해를 통하여 문화어에 대해 좀 더 깊이 이해할 수 있을 것이다. ≪조선말대사전≫에서는 '문화어는 혁명의 수도를 중심지로 하고 수도의 말을 기본으로 하여 이루어진 언어로서 지역별 언어적 차이를 초월하여 형성되고 발전된 언어이다.'라고 기술하고 있다. 이것은 북한 문화어가 이 지역어를 근간으로 하여 이루어진 것임을 명시한 것이라고 할 수 있다. 그런데 아직까지 북한 문화어의 근간이 된 이 지역어의 실상이 어떠한지에 대해

---

[1] 이 책에서 사용하는 '평양지역어'라는 용어는 한국어를 이루고 있는 하위 단위로서 평양 지역에서 쓰이는 언어체계 전부를 가리키는 개념으로 사용한다.

서는 잘 알려져 있지 않다. 문화어를 올바르게 이해하기 위해서라도 그 바탕이 되는 이 지역어에 대한 연구는 시급히 이루어져야 한다.

서울지역에서 실제 쓰이는 말이 <표준어>와 다르듯이 평양지역에서 쓰이는 말도 <문화어>와 여러 면에서 많은 차이가 있을 수 있다.2) 북한은 <문화어운동>을 통하여 평양말을 중심으로 한 북한의 표준어, 즉 <문화어>를 정립하였다. 즉 <문화어>는 자연발생적으로 형성된 것이 아니라 인위적으로 다듬어진 언어인 것이다. 따라서 <문화어>가 이 지역어를 근간으로 하고 있기는 하지만 <문화어>와 이 지역어 사이에는 상당한 차이가 있을 것으로 판단된다. 그러한 차이의 일단은 다음과 같다.

음운면에서 우선 모음소 /위/의 발음에서 차이가 난다. <문화어>의 표준발음법 제3항에서는 /위/를 '어떤 환경에서나 단모음 [ü]로 발음하는 것을 원칙으로 한다.'고 하였지만, 필자의 조사 결과에 따르면 이 지역의 세 분 제보자들은 /위/를 거의 이중모음 [wi]로 발음하였다.3) 심지어 선행자음소가 없는 /위/의 경우에도 이중모음 [wi]로 발음하기에 이 지역어의 /위/는 응당 단모음소가 아닌 이중모음소로 보아야 한다. 이런 이중모음소들은 일반적으로 어두에서 나타나는데, 예를 들면 /귀/[kwi](耳), /뒤/

---

2) 북한에서 <문화어>라는 용어가 처음 사용된 것은 1966년 김일성의 교시를 통해서였다. 김일성의 5·14교시(1966. 5. 14) "조선어의 민족적 특성을 옳게 살려나갈 데 대하여"에서는 김일성이 언어학자들과 한 담화에서 '우리말을 발전시키기 위하여서는 터를 잘 닦아야 합니다. 우리는 우리 혁명의 참모부가 있는 정치, 경제, 문화, 군사의 모든 방면에 걸치는 우리 혁명의 전반적 전략과 전술이 세워지는 혁명의 수도이며 요람지인 평양을 중심지로 하고, 평양말을 기준으로 하여 언어의 민족적 특성을 보존하고 발전시켜 나가도록 하여야 하겠습니다. 그런데 '표준어'라는 말은 다른 말로 바꾸어야 하겠습니다. <표준어>라고 하면 마치도 서울말을 표준하는 것으로 그릇되게 이해될 수 있으므로 그대로 쓸 필요가 없습니다. 사회주의를 건설하고 있는 우리가 혁명의 수도인 평양말을 기준으로 하여 발전시킨 우리말을 표준어로 하는 것보다 다른 이름으로 부르는 것이 옳습니다. <문화어>란 말도 그리 좋은 것은 못 되지만 그래도 그렇게 고쳐 쓰는 것이 낫습니다.'라고 하였다. ≪북한 언어정책자료집≫(1973, pp.21~22)

3) 이 지역어에서 /위/는 이중모음소 [wi]로 실현되는 것이 가장 보편적이나 /쉬쉬/[süsü](蜀黍), /쉬/[sü](蠅卵)와 같이 일부 단모음소 [ü]로 실현되는 것도 있다.

[twi](後), /뛰다/[t'wida](跳), /쥐/[tswi](鼠), /취미/[tsʰwimi](趣味), /위/[wi](上) 등이다. 다음으로 유음소를 살펴보자. 문화어에서는 유음소 /ㄹ/가 모두 /ㄹ/로 나타나지만 이 지역어에서 /ㄴ/로 나타나는 경우도 있다. 예를 들면 /낭심/(양심, 良心), /니자/(이자, 利息) 등이다. 또한 문화어에서는 어두나 어중에서 /ㄹ/+/야, 여, 유, 예/가 그대로 실현되나 이 지역어에서는 이런 경우엔 이중모음소가 단모음소로 되어 /넝감/(영감, 令監), /네모/(예절, 禮節), /네식/(예식, 禮式), /법눌/(법률, 法律) 등으로 실현되는 경우가 있다.[4]

어휘면에서도 많은 차이가 있다. 우선 이 지역어는 문화어와는 달리 아직 구개음화를 겪지 않아 /더기/(저기), /둏 : 다/(좋 : 다, 好), /딮/(짚, 藁), /-터럼/(-처럼), /티다/(치다, 打) 등으로 나타난다. 다음으로 문화어에서는 치마찰음 아래에서 모음 '으'가 전설모음화하는 현상이 나타나지만 이 지역어에서는 나타나지 않아 /기츰/(기침, 咳嗽), /승겁다/(싱겁다, 淡), /슬컨/(실컷) 등으로 실현된다. 이 외에도 체언에서 /떠껭이/(뚜껑), /뿌리기/(뿌리)로 나타난다거나 용언에서 /세다/(서다, 立), /눅다/(싸다, 廉), /내티다/(던지다, 投) 등으로 나타나는 어휘가 있고 부사에서도 /가주/(갓), /한솔/(거의) 등 문화어와는 다른 어형을 갖는 예들이 있다.

문법면에서 문화어의 주격조사는 {-가, -이}이지만 이 지역어의 주격조사는 {-가, -레, -이, -이레}[5]이고 문화어에서의 공동격은 {-와, -과}이지만 이 지역어의 공동격은 {-와, -과, -하구, -당}[6]이며 /-과/는 개

---

4) 이 외에 통시적인 현상으로 문화어에서는 중세 한국어의 /·/가 모두 /ㅏ/로 나타나지만 이 지역어에서는 /노누다/(나누다, 分), /놈/(남, 他), /도투다/(다투다, 爭)와 같이 /ㅗ/로 바뀐 소수의 예도 존재한다.

5) 이 지역어에서 쓰이는 {-레, -이레}의 예문은 다음과 같다.
 [내레 머 아능 거 이시야디요.](내가 뭐 아는 것 있어야지요?)
 [소기레 깁띠요.](속이 깊어요.)

6) 이 지역어에서 쓰이는 {-하구, -당}의 예문은 다음과 같다.
 [할머니하구 가티 가능거는 업시오.](할머니와 같이 가는 것은 없어요.)
 [아이들당 데기 노능거 재미나시오.](아이들과 제기 노는 것 재미났어요.)

음절 아래에서도 쓰일 수 있다는 점에서도 차이가 있다. 그리고 미래, 추측, 가능을 나타내는 선어말어미가 문화어에서는 /-겠-/이지만 이 지역어에서는 /-갓-/[7])으로 나타난다. 이렇듯 이 지역어와 문화어는 많은 차이를 보이기 때문에 이 지역어에 대한 연구의 필요성이 대두된다.

다음으로 이 지역어 연구에 대한 두 번째 의의는 연구사적 관점에서 찾아 볼 수 있다. 지금까지 이 지역어에 대한 음운론적 논의가 부분적으로는 있어 오긴 했지만 주로 언어정책적인 면에 집중되었으며 음소 및 음운 현상을 종합적으로 논의한 연구는 없었다. 이 책은 무엇보다도 이러한 면에서의 연구를 처음으로 시도한다는 점에서 그 의의가 자못 크다.

이 지역어에 대한 관심이 적었던 것은 아니지만, 연구는 많지 않았다. 그 이유는 직접 조사가 가능한 북한에서는 여러 가지 원인으로 이 지역어에 대한 종합적인 연구가 이루어지지 않았고, 남한에서는 분단으로 인해 북한과의 교류가 단절됨으로써 평양지역어에 대한 직접적인 조사와 연구가 불가능했기 때문이다. 일반적으로 지역어 연구는 그 지역어에 대한 현지조사 자료를 바탕으로 이루어지거나 해당 지역어를 반영한 문헌을 대상으로 이루어진다. 그런데 이 지역어에 대한 현지조사는 불가능하고 이 지역어를 반영한 문헌마저 없기에 이 지역어에 대한 연구가 이루어지기 어려웠다. 북한에서는 방언을 모두 <문화어>로 통일하려는 강력한 언어정책을 펴고 있어서 '전통적인 방언'의 급속한 소멸은 예상되고도 남는다. 이러한 형편이므로 이 지역의 방언조사와 연구는 시급히 이루어져야 할 것으로 보인다.

이 책은 평양에서 4대 이상 거주한 제보자의 발화를 대상으로 하였으

---

7) 이 지역어에서 쓰이는 /-갓-/의 예문을 보면 다음과 같다.
   [모르가시오 할머니 매일 게지가라 기래요.](모르겠어요 할머니 매일 가져가라 그래요.)
   [기데메 조구게 대해 얘기 해가스니까 잘 드더요.](그다음 조국에 대해 이야기 하겠으니 잘 들어요.)

므로 전통적인 평양지역어가 어떠했는가에 대하여 이해할 수 있게 될 것이다.[8] 또한 이 연구를 통해서 평양지역어의 음운현상을 이해하고 그것을 통해서 서북방언에 대한 연구영역의 폭도 넓힐 수 있을 것이다.

1.2. 연구사 개관

지금까지 이 지역어의 음소와 음운 현상을 종합적이고 본격적으로 논의한 연구는 없는 실정이다. 다만 서북방언 연구의 일부로만 언급되어 왔는데 서북방언에 대한 연구도 그리 활발하게 이루어지지 못했다. 그 주된 이유는 분단으로 인해 남한의 연구자들이 북한 지역의 방언을 직접 조사하고 연구할 수 없었기 때문이다. 이에 따라 이 책에서는 이 지역어의 연구사를 서북방언(평양에 관련된 내용을 중심으로)에 대한 연구사를 개괄하는 것으로 대신하고자 한다. 그것은 평양지역어가 서북방언의 하위방언이므로 서북방언이 가지고 있는 특징의 상당부분을 공유하고 있을 것이라고 생각되기 때문이다. 지금까지의 서북방언에 대한 연구 및 자료보고는 그 조사대상에 따라 대략 다음과 같이 세 부류로 나누어볼 수 있다.

첫째 부류는 해방 전·후에 현지조사를 거쳐서 이루어진 연구다. 해방 전의 서북방언에 대한 연구도 다른 방언에 대한 연구에서와 마찬가지로 일본인 학자 小倉進平과 河野六郎 두 사람에 의해 이루어졌다. 우선 小

---

8) 한 지역어에 대한 정밀한 논의를 진행하자면 광범위하고도 체계적인 조사 및 연구가 이루어져야 한다. 그러나 평양은 대도시이기 때문에 인구의 유동이 비교적 많아 전통적인 의미의 순수한 평양지역어를 광범위하게 조사하기는 지극히 어려운 실정이다. 이런 점을 감안하여 이 책에서는 제보자를 선정함에 있어서 각별한 노력을 기울여 모두 이 지역에서 적어도 4대 이상 거주한 분을 제보자로 선정하였다. 따라서 이 연구를 통하여 전통적인 평양지역어의 일면이 어떠했는가를 알 수 있게 되리라고 믿는다.

倉進平(1929)의 연구는 조사 지역을 평안남북도에 한정시켜 평안남도 17개 지점과 평안북도 20개 지점에서 수집된 자료를 대상으로 한 것이다. 조사 시기는 1차 조사가 1928년 10월 11일부터 30일까지, 2차 조사는 같은 해 12월 17일부터 26일까지였으므로 지금으로부터 약 80년 전이 된다. 조사 항목은 일반어휘 325개, 활용어미 75개였다. 이 조사를 바탕으로 한 연구보고에서는 음운 30개항과 /·/의 방언 반사형이 어떻게 나타나는가를 비롯하여 /ㅈ, ㅊ/의 음가가 [ts, tsʰ]이고, ㄷ구개음화가 수용되지 않았으며, /ㄴ, ㄹ/가 [i, y] 앞에서 탈락되지 않고, ㄱ, ㅎ구개음화 현상이 없으며, 어원적으로 △을 가졌던 어휘의 △과 중간자음 ㅂ이 모두 탈락한다는 사실을 밝히고 있다. 또한 문법은 23개 항으로 ㅅ·ㅂ불규칙 용언이 경기방언과 같이 활용되고, 동사의 활용어미가 여타의 방언과 다른 점을 지적했다. 또한 어휘는 ≪北塞記略≫에 나오는 단어 가운데 이 방언과 관련된 것 9개와 매(鷹)의 명칭과 관련된 것 6개, 女眞語, 滿洲語, 中國語에서 기원한 것과 산삼 채취인들의 은어 73개에 대한 어원을 고찰하고 있다. 그 후 그의 방언연구를 총괄한 *The Outline of the Corean Dialects*(1940)와, 방언연구 성과를 집대성한 ≪朝鮮語方言の 研究≫(上·下, 1944)가 간행되었다.

다음 河野六郎의 연구는 서북방언에 한정된 연구는 아니지만, 小倉進平의 연구토대 위에서 한 단계 발전한 성과를 내었다고 할 수 있다. ≪朝鮮方言學試攷≫(1945)는 전국의 방언을 대상으로 제1주제 /·/, 제2주제 △음, 제3주제 이중모음을 고찰함으로써 ≪鷄林類事≫에 나오는 고려방언 '割子蓋'에 대한 재구를 시도했다. 이는 언어지리학적인 방법을 적용한 최초의 시도였으며, 또한 공시음운론과 통시음운론을 구별하여 기술하였다는 점에서도 높이 평가된다. 여기서는 小倉進平이 서북방언이라고 명명한 것을 서선(西鮮)방언이라고 하였고, /·/와 /△/의 탈락, 어중의 /-g-/와 이중모음소 유지 등에서 다른 방언과 구별된다고 보았다.

그러나 이들의 연구는 /△, ㅸ, ㆁ/ 등 주로 소실문자와 한국어음운사적인 것에 치중하여 개별방언으로서의 이 지역어의 성격과 특징을 구명하지 못했다. 다만 한국어사적인 관점에서 전국 단위의 개략적인 방언구획을 위한 조사연구의 일환으로 이루어졌을 뿐이다. 이 때문에 이 지역어를 서북방언 또는 서선방언 연구에 포함시켜 연구하였고 연구에 사용된 방언 자료도 일관성 있는 기준에 의해 수집된 것이 아니라는 한계를 내포하고 있다. 이들의 연구에 대한 평가는 방언 연구사를 다룬 글에서 여러 번 언급되었다(이익섭 : 1972, 이병근 : 1979, 이병근·이승재 : 1985, 서정목 : 1990, 김영배 : 1977, 1984).

서북방언에 대한 해방 후의 본격적인 방언 연구 논문으로는 한영순 (1956a, b)이 있다. 한영순(1956a, b)은 평안북도 의주·피현 지역에서 면 단위를 조사지점으로 선정하여 방언조사를 하였는데 비교적 세밀한 음성전사를 통해서 그 지역 방언의 '어음론적 특성'을 밝히려 하였다. 이 논문에서 의주·피현 지역어의 특성이라고 언급한 내용들은 대부분 이 지역어의 특징과 공통되는 점이 많다. 한영순(1956a, b)에서 가장 문제되는 것이 ㄷ구개음화를 수용하지 않은 이 방언의 특성과 관련된 것으로 /i, j/ 앞에서 ㄷ이 유지되는 것이다. 한영순(1956a : 75~76)에서 그는 "자음의 성격 여하, 뒤에 오는 모음의 성격 여하와는 관계없이 모든 경우에 반모음 /j/가 발음된다는 것을 보여 주었다."고 하면서도 한편으로는 "그러나 자음 뒤에서의 이와 같은 반모음 /j/의 발음은 전통적인 특성을 많이 보유하고 있는 늙은 주민층에서만 볼 수 있고, 기타 대부분의 주민들은 자음 뒤에서 반모음 /j/를 기피한다."고 하였다. 여기서 앞의 것은 음성적인면의 기술이고 뒤의 것은 음운론적인 기술이라고 할 수 있다.9) 이 논의는 함경북도 일부 지역에서는 /ㄷ(t), ㄹ(r)/가 이중모음소 /야(ja),

---

9) 김영배(1997 : 18)에서 이미 이와 관련해서 논의한 적이 있는바 역시 앞의 것을 음성적인 것으로, 뒤의 것을 음운론적인 기술로 생각해 볼 수 있으나 문제가 간단치 않다고 하였다.

여(jʌ), 요(jo), 유(ju)/ 앞에서도 발음되는 것으로 조사되었으나 평안도에서는 그런 곳이 일절 없었다는 小倉進平(1944 · 下 : 303~308)의 조사와는 차이를 보이는 것이다. 한편 한영순의 이러한 주장은 김병제(1959 : 190~194)와 김영황(1982 : 41)에서도 볼 수 있는데 이는 모두 한영순의 주장을 그대로 인용한 것으로 보인다. 김병제(1959 · 상)는 전국적인 방언을 언급하면서 평양지역어에 관해서는 한영순의 연구를 많이 인용하였다.

둘째 부류는 남북이 분단 된 후 서북지역에서 월남한 실향민의 언어를 대상으로 한 연구다. 해방 후 평안방언의 음운론에 관한 연구논문으로는 남한에서 김영배(1969)가 처음인데 이 논문에서는 주로 평안방언의 구개음화에 대해 다루었다. 이어 김영배(1977)에서는 평안방언의 모음을 8개의 단모음소와 10개의 이중모음소로 설정했다. 자음소에서는 /ㅈ, ㅊ/의 음가가 [tʃ, tʃʰ]가 아닌 [ts, tsʰ]이며 /ㄷ, ㄸ, ㅌ, ㄴ/의 조음점도 치경보다는 앞인 치조 내지는 치간이라는 점을 강조하면서 이러한 음성적 특성 때문에 이 지역어에서는 ㄷ구개음화 현상이 나타나지 않는다고 보았다. 또한 이 지역어에서는 어두의 j계 이중모음소 앞에서 /ㄴ/탈락이 일어나지 않고 오히려 /j/이 탈락했다(/백년/→/백넌/)고 보고하고 있다. 한편, 김영배(1988)는 평안방언에 대한 실험음성학적인 첫 시도인데 여기에서는 서울지역어와 평안방언에서 어두 무성, 어중 유성의 환경에서 /ㅈ, ㄷ/음을 가진 어휘를 각각 10개씩 녹음한 후, 이를 Digital Sona-graph로 분석하여 그 결과를 비교하였다. 여기에서 평안방언은 /ㅈ, ㄷ/ 음의 지속시간이 서울지역어의 그것보다 길다는 것이 실증됨으로써 평안방언의 /ㅈ, ㅊ/가 경구개음이 아닌 치경음이라는 사실을 실증적으로 뒷받침해주었다. 그리고 최근에 곽충구(2003)에서는 현대한국어의 모음체계와 그 변화 방향에 대하여 논의하면서 이 지역어에 대한 모음소의 조음위치와 관련하여 합류현상이 일어나는데 대해 언급하였다.

셋째 부류는 중국에 거주하는 서북방언 이주민의 언어(母語)를 대상으

로 한 연구다. 왕한석(1997)에서는 중국 遼寧省의 原平安方言에 대한 언
어인류학적 연구가 이루어졌고 신홍예(1997)에서는 중국 瀋陽 지역에 거
주하는 평북 자성, 철산 방언 화자들을 대상으로 한 음운론적 연구가 이
루어졌다. 이병근·정인호(1999, 2003)에서는 중국 遼寧省 瀋陽市 東陵區
渾河站鄕 滿融村에 거주하는 평안북도 용천 출신 화자를 대상으로 음운
론적 특징과 문법적 특징에 대해 연구하였다. 한성우(2006)는 중국 遼寧
省 丹東市 東港 지역에 거주하는 평안북도 의주 출신 화자를 대상으로
한 현지조사 자료와 *Corean Primer*[10]를 주된 자료로 하여 평북 의주방언
에 대한 음운론적 연구를 하였고 최명옥(2006b)에서는 중국 吉林省 磐石
지역에 거주하는 평안북도 운전군 출신 화자를 대상으로 음운론적 특징
에 대해 연구하였다.

위에서 언급한 논저들 외에도 서북방언의 문법을 다룬 글로 김병제
(1965, 1975), 김영황(1982), 김영배(1972, 1979, 1984, 1989), 최명옥(1985c), 곽
충구(1998)가 있다. 어휘에 관한 연구는 거의 없고 주로 방언 어휘 수집
과 정리에 관한 것인데 유창돈(1957), 김형규(1974), 김이협(1981), 김병제
(1980), 김영황(1982), 김영배(1997b)가 있다. 이 밖에 *Corean Primer*에 대해
서도 김영배(1983a, b, 1985a, b), 최임식(1984), 최명옥(1985a, 1986) 등 일련
의 연구가 있으나 이 책의 논지에서 벗어나므로 여기서 일일이 다루지
는 않는다.

위에서 논의한 바와 같이 초창기 방언연구는 하나하나의 방언현상에
대한 형식 중심의 개체사적인 서술 태도에 입각하여 개별 방언을 기술
하고 그들의 지리적 분포를 고려하여 방언구획을 시도하는 것이었고 방
언학적 관심은 개별방언에 대한 체계적인 기술보다는 음운사적인 주제
들에 집중된 것으로 공시적인 연구는 거의 이루어지지 않았다. 최근 한

---

10) *Corean Primer*은 1877년에 John Ross 목사에 의해 간행된 문헌이다. 당시의 평북 의주방
   언을 충실하게 반영하고 있는 것으로 믿어진다고 김영배(1982)에서 평가하였다.

성우(2006)를 비롯한 일련의 공시적인 연구가 이루어져왔지만 모두 평안 북도의 일부 지역을 대상으로 하였고 문화어를 근간으로 한 평양이나 평양 주변의 평안남도 지역을 대상으로 한 연구는 찾아볼 수 없었다.

1.3. 연구 대상 및 자료

이 책에서 연구대상으로 삼은 언어 자료는 평양 가운데서도 특히 중구역과 낙랑구역에서 사용되는 토박이 화자의 말이다. 연구의 대상이 된 자료는 크게 두 부류로 나눌 수 있다.

첫째 부류는 필자가 2005년 10월 13일부터 11월 24일까지 중국에 방문한 평양의 제보자를 직접 대면 조사하여 수집한 것과 2006년 12월 16일부터 12월 26일까지 확인 조사하여 녹음한 자연발화자료, 그리고 평양에서 인천으로 이주하여 거주하는 새터민 제보자를 2005년 2월부터 2006년 5월까지 직접 대면 조사하여 얻은 자료들이다.11)

둘째 부류는 이미 간행되어 활자화된 서북지역어의 자료로서 小倉進平(1944)의 ≪朝鮮語方言の 研究≫, 김병제(1980)의 ≪방언사전≫, 김영배(1997)의 ≪平安方言硏究≫다.12) 첫째 부류의 자료를 주 연구대상으로 하였고 둘째 부류의 자료를 참고 자료로 활용하였다.

이 책에서 조사대상으로 삼은 지역에 대한 개관과 제보자들에 대한 정보는 다음과 같다.13)

---

11) 현재 북한 체제상의 제한으로 말미암아 현지 조사가 전혀 이루어질 수 없었기에 제보 자를 부득불 중국으로 모시고 와서 조사하였다. 여러모로 많은 어려움이 있었지만 다행 히 4대 이상의 토박이 화자들을 모셔올 수 있었다.

12) 小倉進平(1944)의 ≪朝鮮語方言の 研究≫를 위한 자료 조사는 1929년 이전, 초등학교 상급반 학생을 대상으로 이루어졌다. 조사 자료는 상권에 실려 있고 조사 자료를 바탕 으로 한 연구 결과는 하권(249~296면)에 종합되어 있다.

■ 조사 지역

이 책의 조사대상지역인 평양은, 동쪽은 평안남도 회창군과 황해북도 연산군, 서쪽은 평안남도 대동군과 남포직할시, 남쪽은 황해북도 황주군·연탄군, 북쪽은 평안남도 평성시·성천군·평원군과 접해 있다. 평양은 고조선 이래 기자조선·위만조선·낙랑·고구려의 도읍지로 역사적인 고도(古都)이다. 지금은 북한의 수도로 정치·경제·문화·행정·교육의 중심지이고 북한 최대의 종합공업지대인 평양공업지구의 핵심지역이며 남포직할시·사리원시 등과 대도시권으로 연결된 북한 최대의 소비지이다. 행정구역은 중구역·낙랑구역·평천구역·보통강구역·모란봉구역·서성구역·선교구역·동대원구역·대동강구역·사동구역·대성구역·형제산구역·용성구역·삼석구역·승호구역·역포구역·만경대구역·순안구역·강남군·중화군·상원군·강동군 등 18개 구역, 4개군, 4개읍, 5개 노동자구 387개 동리로 되어 있다. 그 면적은 3,194km^{2}이고 1996년도 기준으로 인구는 약 2,500,000명이다.

중구역은 평양의 중심구역으로서 만수대의사당을 비롯해 노동당 본청사, 김책공업대학, 만수대예술극장, 인민문화궁전 등 각급 정부청사와 행정기관, 교육기관, 문화시설들이 집중되어 있는 곳이다. 평양역을 중심으로 북쪽으로는 모란봉구역과 보통강구역으로 이어지고, 남쪽으로는 선교구역으로 연결된다. 구역의 중심부를 만수대거리, 해방산거리가 동서 방향으로 통과하면서 옥류교 및 대동교로 이어져 있고 동쪽 대동강변을 따라 오탄강안거리가 있다. 근처에 김일성광장과 대동문이 있다. 지하철 천리마선이 승리거리와 나란히 남북으로 지나고, 구역 내에 봉화역, 승리역, 통일역이 있어 아주 번화하고 발달한 구역이다.

낙랑구역은 평양시의 중심부 대동강의 서남쪽에 위치한다. 낙랑구역

---

13) 제보자의 인적사항에 대해서는 본명을 밝히는 것이 원칙이지만 사생활 보호 및 개인 신변 안전을 위해 이 책에서는 모두 익명으로 한다.

은 원래 평안남도 대동군 남천면에 속한 지역이었으나 1952년에 강남군으로, 그리고 1959년에 평양특별시로 편입되었다. 평양 준평원지대에 속하는 평야지대로서 평양시의 교외 농업 지역이며 강남군 다음 가는 쌀 생산지이고 주위에는 야채 재배 농장이 있다. 근처 대문산(45m) 일대는 석탄자원이 풍부하여 무연탄이 채굴되고 있으며, 시설용량 60만kVA의 동평양화력발전소가 건설되어 있다. 교통은 평양과 개성 간의 고속도로가 통과하고 있으며, 대동강 수로를 이용하여 가장 큰 항구도시인 남포직할시와 여객 및 화물선이 운항되고 있다. 또한 근처의 토성동에는 고조선시대의 유적인 낙랑 고분이 있다.[14)]

이 책의 연구 대상 지역은 다음의 북한지도와 평양특별시 지도를 참고할 수 있다.

〈 북한 지도 〉

---

14) 인터넷 네이버 지식검색 "평양특별시" 참조.

〈 평양특별시 지도 〉

■ 제보자 정보

이 름	출 생 지	나이	성별	학 력	직 업	거주경력	비 고
김○○	평양시 중구역	69	남	초등학교 4학년	경비원	4대 거주	주제보자
이○○	평양시 낙랑구역	64	여	초등학교 2학년	주 부	6대 거주	부제보자
박○○	평양시 중구역	60	남	초등학교 졸업	회사원	4대 거주	부제보자

(나이는 2006년 확인 조사 당시의 나이)

　위의 세 제보자들의 이력을 간단히 소개하면 아래와 같다.

　주제보자 김○○은 1938년생으로 올해 69세이다. 김○○는 평양시 중
구역 출신으로 4대째 중구역에 거주하고 있다. 부모님은 모두 일반 직장
인이고 평범한 가정에서 성장하였다. 소학교 4학년을 중퇴하고 아버지
가 근무하던 평양○○회사에서 줄곧 작업자로 일하다가 58세 되던 해에
퇴직하였다. 그 후 집에서 1년간 휴식하다가 지금은 다시 원래 회사에서

경비원으로 일한다고 한다. 배우자 이○○(부제보자)와는 1962년에 결혼하여 슬하에 1남 3녀를 두었다고 한다. 제보자 김○○는 발음이 또렷하고 기억력이 좋아 다양하고도 정확한 자료를 제공해 주었을 뿐만 아니라 제보자 중 가장 고어적인 방언형을 제시해 주었다. 특히 /육십/을 /눅십/으로, /자루/를 /잘기/로 발음하는 등 전형적인 방언 보유자였다.

부제보자 이○○은 1943년생으로 올해 64세이다. 이○○는 평양시 낙랑구역 출신으로 6대이상 평양에 거주하고 있다. 1962년 주제보자 김○○와 결혼한 후 줄곧 중구역에 거주하고 있다. 초등학교 2학년을 중퇴하고 10여 년간 사진관에서 일하다가 다시 조립회사로 직장을 옮겼으나 현재는 전업 주부로 생활하고 있다. 이○○ 제보자는 다정다감한 성격에다 인정이 많아 조사에 도움을 주려고 시종 노력하였다. 또한 언어에 대한 감각이 뛰어나 세대 간의 방언차를 분명히 인지하고 있었고, 여성이어서인지 6대째 거주한 경력에 비해 문화어의 영향을 꽤 많이 받았다. 특히 어두 위치에서 /로인/, /론문/, /류로/, /리별/ 등 /ㄹ/ 발음을 많이 하였다.

인천 새터민 제보자 박○○는 1947년생으로 올해 60세이다. 박○○는 평양시 중구역 출신으로 4대째 평양에서 거주하였다. 초등학교를 졸업하고 4년간 군대에 갔다가 제대 후 평양 중구역의 한 직장에 재직하였다. 그 후 중국으로 건너갔다가 제3국을 통해 2004년 7월 한국에 입국하였다. 국정원 조사와 하나원에서의 적응 교육을 마치고 2005년 1월부터 인천 남동공단에 거주하고 있다. 거주지가 확정되고 한 달 후인 2월에 조사가 이루어졌기에 한국어(남한말)에 '오염'되지 않은 비교적 순수한 평양말을 수집할 수 있었다. 박○○ 제보자는 목소리도 크고 적극적이었으나 거주 경력이 다소 복잡하기 때문인지 다른 지역어의 영향을 받은 것으로 보였다.

제보자들은 각자가 살아온 환경도 다르고 또한 성별 차이가 있는 만큼 간혹 서로 다른 면이 있었다. 예를 들면 이○○ 부제보자는 문화어의 영향을 받아 문화어(어두 위치에서 /ㄹ/발음이 많이 나타나고, 그 지역어의 /둏다/를 /좋다/로 발음)를 쓰려고 하는 경향이 있었고 인천 새터민 부제보자의 경우는 중국에서 일정기간을 거주하였기 때문에 중국어의 영향을 받아 중국어식 어휘(/냉장고/를 /삥쌍/, /텔레비전/을 /뗀쓰/)를 사용하는 경향이 있었다. 이러한 점을 감안하여 부제보자들의 음성자료는 참고 자료로만 이용하였고 가급적 주제보자의 음성자료를 연구 대상으로 하여 자료의 균질성을 유지하려고 하였다.

본 연구를 위한 자료의 조사방법은 음소목록과 공시적인 음운과정을 가장 잘 포착할 수 있는 392개의 용언어간과 60여 개의 곡용어간 조사 질문지를 이용하였다. 먼저 표준어에 대한 이 지역어의 방언형을 확인하고 그 다음에는 이들 어간이 어미들과 결합할 때의 음성형을 조사하였다. 또한 질문지의 한계를 보완하기 위해 12시간 분량의 자연발화를 조사하였다.

1.4. 연구 방법

이 책에서는 일반언어학적인 연구 방법에 따라 이 지역어를 연구할 것이다. 지역어는 '언어학적인 의미에서, 한 언어가 內的이거나 外的인 변화에 의하여 공간적으로, 시간적으로, 계층적으로 分化되었을 때에, 그 공간, 그 시간, 그 계층의 언어 체계의 총칭'(최명옥, 1990b : 667)으로 정의할 수 있다. 이런 개념으로 지역어를 규정지었을 때 지역어는 하나의 독립된 언어 체계로서 존재한다고 볼 수 있다. 이렇게 하나의 체계로서 방언을 연구하게 될 경우, 방언 연구는 방언학적 연구 방법에 의한 연구와 일반언어학적 연구 방법에 의한 연구로 나눌 수 있다(최명옥, 1990b : 668).
이 책에서는 두 번째 연구 방법, 즉 일반언어학적 연구 방법을 따라 이
지역어를 독립적인 언어로 보고 이 지역어의 음소목록과 음운현상 전반
에 대해 연구한다.

　이 책에서는 이 지역어에 대하여 크게 음소목록과 기저형 설정, 그리
고 음운과정으로 나누어 논의한다. 연구 순서는 다음과 같다. 우선 질문
지를 활용하여 어간과 어미를 조사하고 그 조사한 자료와 자연발화의
음성자료를 엄밀하게 전사한다. 다음 전사한 자료를 바탕으로 이 지역어
의 음소목록을 확정하고 어미와 어간의 기저형을 설정한다. 이어 기저형
설정 결과를 토대로 형태소 경계에서 일어나는 음운현상에 대하여 논의
한다. 음운현상은 교체, 탈락, 삽입, 축약으로 나누어 기술될 것이다. 교
체는 주로 어간과 어미가 통합할 때 그 경계에서 어떤 음운이 다른 음운
으로 변동하는 것을 말하고, 탈락은 형태소 경계에서 기저형을 구성하는
어떤 음운이 없어지는 것을 말한다. 그리고 삽입은 형태소 경계에서 기
저형에 존재하지 않는 음운이 더 들어가는 것을 말하고, 축약은 어떤 두
음운이 합쳐져서 그 언어에 존재하는 다른 어떤 음운으로 되는 것을 말
한다.

　방언형 전사는 대부분의 경우 한글로도 음소 차원의 전사가 가능하기
때문에 이 책에서는 한글 표기를 기본으로 한다. 그러나 음성을 정밀하
게 나타낼 필요가 있을 때에 한해서는 국제음성기호(IPA)를 사용하여 표
시한다. 가령 앞에서 이미 언급했듯이 이중모음소 /위/는 이 지역에서 [wi],
[ü]로 서로 달리 나타나는 경우가 있기에 한글로 전사해서는 그 음가를 제
대로 표시하기 어렵다. 그러나 이처럼 문맥에 따라 혼란의 여지가 있는
경우를 제외하고는 모두 한글로 전사한다.

1.5. 논의의 구성

이 책은 모두 5장으로 구성된다. 제1장은 서론으로서 연구 목적과 연구 의의, 연구사, 자료 조사, 연구 방법 등에 대하여 언급한다.

제2장에서는 현지 조사과정에서 수집된 자료를 바탕으로 이 지역어의 음소목록을 확인하고 이들의 음성적 특징에 대해서 간단히 밝힌다. 음소 목록은 크게 자음소목록, 유음소목록, 활음소목록, 모음소목록 등 네부분으로 나누어 제시한다.

제3장에서는 이 지역어의 어간의 기저형을 설정한다. 이 지역어에서 사용되는 어간의 기저형은 각각 단일기저형과 복합기저형으로 구분하여 그 유형을 밝힌다.

제4장에서는 이 지역어에 존재하는 공시적 음운과정을 고찰하고 각각의 음운과정을 지배하는 음운규칙을 설정한다. 이를 위해서 편의상 자음소와 관련된 음운현상, 모음소와 관련된 음운현상을 나누어 기술한다.

제5장은 결론으로서 각 장에서 논의된 내용을 요약한다.

2장

음소목록

이 장에서는 현재 이 지역어에 존재하는 음소목록에 대하여 논의한다. 이 지역어의 음소목록은 자음소목록, 유음소목록, 활음소목록과 모음소목록으로 나누어 논의한다.[1]

2.1. 자음소목록

이 지역어에서 사용되는 자음소는 다른 지역어와 마찬가지로 다음과 같은 19개의 자음소를 갖고 있다. 즉 /ㅂ/(p), /ㅃ/(p'), /ㅍ/(p^h) ; /ㄷ/(t), /ㄸ/(t'), /ㅌ/(t^h) ; /ㅅ/(s), /ㅆ/(s') ; /ㅈ/(ts), /ㅉ/(ts'), /ㅊ/(ts^h) ; /ㄱ/(k), /ㄲ/(k'), /ㅋ/(k^h) ; /ㅎ/(h), /ㆆ/(ʔ) ; /ㅁ/(m), /ㄴ/(n), /ㅇ/(ŋ)이 그것이다.[2] 이들 자음소가

---

1) 이 책에서는 최명옥(2004 : 28)에 따라 음성에 대해서는 '파열음, 연구개음, 고모음' 등으로 하고 음소에 대해서는 음성명칭에 접미사 '소(素)'를 붙여서 '파열음소, 연구개음소, 고모음소' 등과 같이 부르기로 한다.

2) 여기에서 자음소 /ㅇ/는 항상 어말에만 오기 때문에 [이응]으로 발음하는 것이 더 타당하다. 그래서 /ㆁ/으로 되어야 하지만 기타 자음소와의 일관성을 유지하기 위해 이 책에서는 모두 [으]로 발음한다. /ㆆ/도 같음.

변별적 기능을 가지고 있음은 다음과 같은 최소대립쌍(minimal pair)을 통해서 확인할 수 있다. 아래의 예는 이 지역어의 활용어간 기저형과 이 지역어에서 사용되고 있는 활용어미 /-구(고)/를 통합시킨 것과 일부 곡용어간이다.

(1) ㉮ /ㅂ/ : /ㅍ/   /비구/(空) : /피구/(開)
    ㉯ /ㅃ/ : /ㅍ/   /빨구/(吸) : /팔구/(賣)
    ㉰ /ㄷ/ : /ㄸ/   /대리구/(熨) : /때리구/(打)
    ㉱ /ㄸ/ : /ㅌ/   /떨구/(惴) : /털구/(拂)
    ㉲ /ㅅ/ : /ㅆ/   /세구/(立) : /쎄구/(强)
    ㉳ /ㅈ/ : /ㅊ/   /자구/(睡) : /차구/(滿)
    ㉴ /ㅉ/ : /ㅊ/   /짜구/(鹽) : /차구/(冷)
    ㉵ /ㄱ/ : /ㄲ/   /갈구/(磨) : /깔구/(席)
    ㉶ /ㄲ/ : /ㅋ/   /끄구/(消) : /크구/(大)
    ㉷ /ㅁ/ : /ㄴ/   /마르구/(乾) : /나르구/(搬)
    ㉸ /ㅎ/ : /ㅍ/   /하구/(爲) : /파구/(掘)
    ㉹ /ㄴ/ : /ㄷ/   /낭식/(糧食) : /당식/(裝飾)
    ㉺ /ㄴ/ : /ㅇ/   /산/(山) : /상/(賞)
    ㉻ /ㅎ/ : /ㆆ/   /낳구/[나쿠](産) : /낳구/[나꾸](癒)

(1)㉮~㉹에 제시된 예들은 어두에서 대립을 보이는 단어 쌍들이다. 자음소들 중 /ㅇ/와 /ㆆ/은 어두에 나타나는 경우가 없기 때문에 어두 위치에서 대립쌍을 찾을 수 없고 (1)㉺~㉻에서와 같이 어간말에서만 찾을 수 있다. 따라서 어두에서는 /ㅇ/와 /ㆆ/을 제외한 17개 자음소만이 나타난다(/ㅂ, ㅃ, ㅍ ; ㄷ, ㄸ, ㅌ ; ㅅ, ㅆ ; ㅈ, ㅉ, ㅊ ; ㄱ, ㄲ, ㅋ ; ㅎ ; ㅁ, ㄴ/). 또한 어두의 위치에서는 하나의 자음소만이 올 수 있고 모음소 사이에서는 두 개의 자음소까지만 허용하는 음절구조 제약이 있다.

이 지역어의 자음소목록에는 어두에 오는 위의 17개 자음소를 제외하고도 어말에 오는 연구개음소 /ㅇ/와 후두폐쇄음소 /ㆆ(ʔ)/ 음소가 있는데,

후두폐쇄음소 /ㆆ(ʔ)/의 설정 이유는 다음과 같다. (2)의 예에서 보듯이 표준
어의 동사 어간 /넣-(ㅅ)과 /잇-(連)/이 활용어미 /-구(고), -더라, -으니
까, -어두(어도)/와 통합할 때 실현되는 이 지역어의 음성형을 분석해 보
면 음소로 설정할 필요가 인정되기 때문이다.

> (2) ㉮ 넣- : [니쿠], [니터라], [니 : 니까], [네 : 두] (넣-, ㅅ)
>   ㉯ 닝- : [니꾸], [니떠라], [니 : 니까], [네 : 두] (잇-, 連)

위의 활용형에서 두 동사의 어간과 어미 /-으니까/, /-어두/가 통합
할 때의 음성형은 완전히 동일하여 구별이 되지 않는다. 어미초가 모음
소인 것의 음성형을 기준으로 보면 두 동사가 모두 /ㅎ/를 어간말에 가
지는 것으로 보인다. 그러나 제시된 다른 자음소 어미와 통합할 때의 음
성형은 구별된다. 그러한 구별은 두 동사의 어간말자음소가 동일하지 않
은 데에 있다.

먼저 어미 /-구/, /-더라/와 통합할 때의 음성형을 보면 (2)㉮는 [니
쿠], [니터라]이고 (2)㉯는 [니꾸], [니떠라]이다. 두 동사가 모두 어간말
에 /ㅎ/를 가지고 있다면, 두 음성형이 모두 유기음소화가 되어야 할 것
이다. 그런데 (2)㉯에서는 유기음소화가 실현되지 않고 경음소화가 실현
되었다. 이로부터 동사 (2)㉯의 어간말음은 /ㅎ/와 다른 자음소로 구성되
었는데 모음소로 시작하는 어미와 통합하면 탈락하고 자음소로 시작하
는 어미와 통합하면 어미초의 평음을 경음소화하는 성격을 가졌음을 알
수 있다. 그런데 그러한 성격을 가진 음소는 후두폐쇄음 /ㆆ(ʔ)/밖에 없으
므로 (2)㉯의 어간말음은 /ㆆ/로 설정해야 한다. /ㆆ/음소는 이 지역어의
동사 (2)㉮와 (2)㉯의 의미를 구별시키는 기능을 가지므로 이 지역어에서
는 기저음소로 인정되어야 한다.

이상에서 알 수 있듯이 이 지역어의 자음소목록은 다른 지역어와 별

차이가 없다. 다만 일부 음소의 음가가 다른 지역어와 약간의 차이가 있
는 것이 특징적인데 /ㄴ, ㄷ, ㄸ, ㅌ, ㅅ, ㅆ/와 /ㅈ, ㅉ, ㅊ/의 음가가 표준
어와 달리 각각 치음소와 치조음소로 실현된다. 현재 이 지역어에서 /ㄴ,
ㄷ, ㄸ, ㅌ/ ; /ㅅ, ㅆ/는 설첨 부분이 윗니의 뒷부분에 놓이고 /ㅈ, ㅉ, ㅊ/
는 설단 부분이 윗니의 뒷부분과 잇몸 사이에 놓이는 바 다른 방언에 비
해 좀 더 앞쪽에서 조음된다.

서북방언의 특징을 논할 때 자주 지적되는 것이 이 방언의 /ㅈ, ㅉ, ㅊ/가
다른 방언과는 달리 구개음이 아닌 치조음이라는 것이다. 이에 대해서는
이미 많은 논의가 이루어졌다. *Corean Primer*의 introduction 부분에서는
/ㄷ, ㅌ/는 혀끝이 윗니의 끝 부분에 닿아 조음됨을 밝히고 있는데 이 또
한 /ㄷ, ㅌ/의 발음상 특징을 지적하고 있는 것으로 보인다.[3] 小倉進平
(1944)에서도 서북방언의 /ㅈ, ㅉ, ㅊ/가 치조음으로 발음됨을 밝히고 /ㄷ,
ㅌ/의 구개음화도 일어나지 않음을 보고하고 있고,[4] 한영순(1967 : 73)에
서는 /ㅈ/가 혀앞소리로서 혀 앞의 좁은 부분만 입천장의 앞부분에 가져
다 대었다가 날숨을 스치는 소리라고 밝혔으며 이기문(1972a, b)에서는
서북방언의 /ㅈ, ㅉ, ㅊ/가 치조음임을 밝히면서 중세한국어의 조음위치
가 그대로 유지되고 있음을 주장하였다. 김영배(1997a)에서도 서북방언
전체에서 /ㅈ/가 치조위치에서 조음됨을 밝히고 있다.

---

3) ······and d, t, like the Chinese, are pronounced with the tip of the tongue from the edge of
the upper row of teeth, instead of from the roof of the mouth(p.7, Note 2). 최명옥(1986 :
752)에서는 *Corean Primer*의 이러한 언급이 ㄷ, ㅌ, ㄸ, ㄴ, ㄹ이 치음소임을 말하는 것으
로 보았다.
4) /ㄷ, ㅌ/의 비구개음화는 이 지역어의 가장 큰 특징 중 하나이다. 중세한국어에서 /ㄷ, ㄸ,
ㅌ/+/야, 여, 요, 유, 애, 예, 이/와 같은 음절구조를 가졌던 단어들이 서북방언을 제외한
방언에서는 모두 구개음화현상을 겪어 /ㅈ, ㅉ, ㅊ/로 변천되고 모음소는 후에 단모음소
화되었으나, 서북방언에는 /ㄷ, ㄸ, ㅌ/를 그대로 보존하고 있다. 서북방언의 하위 지역어
인 이 지역어 역시 자음소는 /ㄷ, ㄸ, ㅌ/ 그대로 보존하고 있고 대신 이들 자음소 뒤에
오는 이중모음소의 활음소가 탈락하여 실현되는 양상을 보인다. 모음소에서는 /이/만이
아무런 변천도 겪지 않았고 그 밖의 이중모음은 모두 단모음으로 되어 /뎡다/>/뎡다/,
/튱셩/>/퉁셩/ 등으로 발음된다.

이러한 조음점의 차이는 음소의 분포나 음운과정에서도 다른 방언과 차이를 불러일으키는 요인이 된다. 예컨대 이 지역어는 구개음화를 겪지 않았고 어두 위치의 모음소 /이/ 앞에서도 /ㄴ/가 실현된다. 예를 들면 /니/(이, 齒), /니마/(이마, 額), /니불/(이불, 衾), /니밥/(이밥, 米飯), /닐굽/(일곱, 七), /님금/(임금, 王), /닙사구/(잎, 葉), /닙성/(옷, 衣), /닉ㅡ/(익ㅡ, 熟), /닙ㅡ/(입ㅡ, 着衣), /닑ㅡ/(읽ㅡ, 讀) 등이다.

앞에서 논의된 내용을 정리하여 이 지역어의 자음소를 조음위치와 조음방식을 기준으로 분류하면 다음과 같다.

조음방식 ＼ 조음위치		양순음소	치음소	치조음소	연구개음소	성문음소
파열음소	평음소	ㅂ(p)	ㄷ(t)		ㄱ(k)	ㆆ(ʔ)
	경음소	ㅃ(p')	ㄸ(t')		ㄲ(k')	
	격음소	ㅍ(pʰ)	ㅌ(tʰ)		ㅋ(kʰ)	
마찰음소	평음소		ㅅ(s)			ㅎ(h)
	경음소		ㅆ(s')			
파찰음소	평음소			ㅈ(ts)		
	경음소			ㅉ(ts')		
	격음소			ㅊ(tsʰ)		
비음소	비음소	ㅁ(m)	ㄴ(n)		ㅇ(ŋ)	

〈 현대 평양지역어의 자음소 〉

2.2. 유음소목록

이 지역어의 유음소는 /ㄹ/(l) 하나뿐이다.[5] /ㄹ/가 변별적 기능을 가지고 있음은 다음의 최소대립쌍에서 확인할 수 있다.

(1) ㉮ /ㄹ/ : /ㅇ/   /랄/(足) : /방/(房)

　　㉯ /ㄹ/ : /ㅁ/   /볼/(顔) : /봄/(春)

　　㉰ /ㄹ/ : /ㅅ/   /루명/(陋名) : /수명/(壽命)

　　㉱ /ㄹ/ : /ㄱ/   /로동/(勞動) : /고동/(汽笛)

　다른 지역어에서는 어두에 /ㄹ/가 외래어를 제외한 경우에는 나타나지 않으나 위의 예에서 볼 수 있듯이 이 지역어에서는 /ㄹ/가 어두에서도 많이 나타난다. 물론 이 경우는 고유어를 제외한 경우이다. 이러한 사실은 다음의 예들을 통해서도 알 수 있다. /력사/, /로동자/, /로력/, /록색/, /론문/, /류역/, /류로/, /리용/, /리해/, /리별/, /림산/ 등에서 보듯이 어두의 /ㄹ/는 폭넓게 분포한다. 반면 아래와 같은 몇몇 특수한 유형들도 존재한다.

　① /련결/－/연결/, /략탈/－/약탈/같은 경우는 두음법칙이 적용된 어형과 적용되지 않은 어형이 공존한다. 그 이유는 원래 /연결/과 /약탈/이 광범위하게 쓰였는데 북한에서 문화어 정책을 광범위하게 시행한 결과가 반영된 것이라고 할 수 있다. 이 지역에서 공존하고 있는 어형들은 아래에 제시한 예문들을 통하여 알 수 있다.

　　• /련결/ : /연결/
　　　－본평양하구 저짝 동평양을 련결하는 이 다리가 그 하나마께 업선는데.(본평양과 저쪽 동평양을 연결하는 이 다리가 그 하나밖에 없었는데.)
　　　－왱가 하문 우리 그 통시니 잘 안 돼서라미 사람 연결할레면 쪼금 품 쫌 메기야대.(왜냐하면 우리 그 통신이 잘 안 돼서 사람 연결하려면 조금 품 좀 들여야 해.)

　　• /략탈/ : /약탈/
　　　－기래니까 그 침냑따 본성이다 마리, 기래두 략탈 안하구 살 쑤 이

---

5) 종래에는 일반적으로 유음소 /ㄹ/를 자음소에 포함시켰으나 이 책에서는 유음소와 순수 자음소가 '어미초 /으/탈락'에서의 음운과정이 서로 다른 이유로 구분하여 서술한다.

띠.(그러니까 그 침략자 본성이란 말이오, 그래도 약탈하지 않고 살
수 있지.)
　－일본놈드리 두러와서 각쫑 마냉 다 하구 또 자워는 머 얼마나 약탈
　해가시요?(일본사람들이 들어와서 각종 만행 다 하고 또 자원은 얼
　마나 약탈 해갔어요?)

② /육/(육, 六)은 중부방언과 마찬가지로 두음법칙이 적용된 어형과 /ㄴ/을
유지하는 어형이 공존한다. 아래의 예에서 볼 수 있듯이 문화어의 /륙십/
은 사용되지 않았고 /육십/과 /눅십/이 보편적으로 사용되었다. /눅십/은
전통적인 평안방언을 계승한 것이고 /육십/은 1948년 <조선어 신철자
법>이 마련되기 전까지 공식적이고 광범위하게 쓰이던 것이다. 이에 따
라 이 지역어에서 60세 이상의 화자들은 어두위치에서 /ㄹ/를 /ㄹ/가 아닌
/ㄴ/로 발음하는 것을 알 수 있다.

　• /육/(육, 六)
　　－그 이후에 전후에 다시 육씸년대 와서 건설한 다리가 옹이교라구
　　지금 옹이교.(그 후에 전후에 다시 육십년대 와서 건설한 다리가 옹
　　이교라고 지금의 옹이교.)
　　－아마 노피가 육씸메댱가 기케 댈꺼야.(아마 높이가 육십미터인가
　　그렇게 될꺼야.)
　　－아리랑 축쩨는 기념행사때마담 기니까 당창건 육씸또리라등가 공
　　화국 창건 육씸똘 때……(아리랑 축제는 기념행사때마다 그러니까
　　당창건 육십돌이라든가 공화국 창건 육십돌 때……)
　　－그 천구백눅씸년대 칠씸년대에 노란 강내이가 드러완는데 그 강내
　　이 마시 업따구.(그 천구백 육십년대 칩십년대에 노란 강냉이가 들
　　어 왔는데 그 강냉이 맛이 없다고.)
　　－배레 고푸디 히미 드니까니 눅씸메다두 몯 가서 자빠딛따 마리.(배
　　가 고프고 힘이 드니까 육십미터도 못 가서 넘어졌다 말입니다.)

위에 제시된 예들에서 알 수 있듯이 이 지역어의 유음소 /ㄹ/는 어두

에서도 보편적으로 실현되지만 이와 달리 실현되지 않는 양상(/연결/, /눅
십/, /육십/)도 엿볼 수 있다.

2.3. 활음소목록

이 지역어의 활음소에는 /j/와 /w/가 있다. 이들 활음소가 변별적 기능
을 가지고 있음은 다음의 최소대립쌍에서 확인된다.

  (1) ㉮ /j/ : ∅   /약/[jak](藥) : /악/[ak](惡)
      ㉯ /j/ : /w/   /양/[jang](羊) : /왕/[wang](王)
      ㉰ /w/ : ∅   /화루/[hwaru](火爐) : /하루/[haru](一日)

/j/, /w/는 모두 어간말에서는 실현되지 않고 어두나 어중에서는 자음
소 뒤나 음절초에서 언제나 [j]와 [w]로 실현된다.

  (2) ㉮ /j/ : /례모/[ljemo](예의, 禮儀), /여럿/[jʌlʌt](여럿, 多), /약/[jak](약,
         藥), /욕심/[joks'im](욕심, 欲心), /유자/[judza](유자, 幼子)
      ㉯ /w/ : /관리/[kwalli](관리, 官吏), /퀀/[kwʌn](권, 卷), /퀀투/[k'wʌn
         thu](권투, 拳鬪), /디과/[tigwa](고구마, 甘藷),6) /왜놈/[wɛ
         nom](왜놈, 倭), /원망/[wʌnmang](원망, 怨望)

앞에서 논의된 이 지역어의 활음소를 혀의 위치와 입술의 모양을 기
준으로 정리하면 다음과 같다.

---

6) /디과/는 중국어 /地瓜/[digua]의 차용인 듯한데 세 제보자 모두 쓰고 있는 것으로 미루어
   보아 비교적 널리 쓰이고 있음을 알 수 있다.

입술의 모양 ＼ 혀의 위치	전 설	후 설
평 순	j	
원 순		w

〈 현대 평양지역어의 활음소 〉

2.4. 모음소목록

이 지역어의 모음소목록은 단(單)모음소목록과 이중(二重)모음소목록으로 구분된다.

2.4.1. 단(單)모음소목록

이 지역어에는 8개의 단(單)모음소가 존재한다. 단(單)모음소목록은 다시 단(短)모음소목록과 장(長)모음소목록으로 구분된다.

2.4.1.1. 단(短)모음소목록

이 지역어의 단(短)모음소목록은 8개의 단모음소 /이/(i), /에/(e), /애/(ɛ), /으/(ɯ), /어/(ʌ), /우/(u), /오/(o), /아/(a)로 구성된다. 이들 단(短)모음소가 변별적 기능을 가지고 있음은 아래에 제시된 최소대립쌍을 통해 확인할 수 있다.

(1) ㉮ /이/ : /아/　　　/티구/(打) : /타구/(乘)
　　㉯ /에/ : /애/　　　/베/(禾) : /배/(船), /테/(圍) : /태/(胎)
　　㉰ /으/ : /어/　　　/틀/(機) : /털/(毛)

   ⑪ /우/ : /오/   /우리/(寅) : /오리/(鴨)
   ⑫ /오/ : /아/   /봄/(春) : /밤/(夜)

 이 지역어에서는 모음소의 조음역이 중부방언과는 다소 다르다. 특히 후설모음소가 그러하다. 곽충구(2000 : 339)에서 육진방언의 모음소에 대하여 이미 논의하였는데 이 지역어의 모음소 역시 육진방언과 같은 경향이 나타난다. 즉 후설모음소 /어/는 중부방언보다 그 조음위치가 다소 고설이고 약간 전설 위치에서 조음되며 /오/는 중부방언보다는 저설 위치에서 약간 중설 쪽에 치우친 곳에서 조음된다. 그리하여 /어(ʌ)/와 /오(o)/의 차이가 아주 미약한 현상이 나타나는데 아래 제시된 어휘들을 통해 확인할 수 있다.

 • /어(ʌ)/와 /오(o)/
 /오마니/(어머니, 母), /보드나무/(버드나무, 柳), /볼써/(벌써, 已)

 다음으로 /우/의 조음역이 확대되어 /으/의 조음위치와 /우/가 아주 가깝고 일부 어휘들에서는 /으/>/우/를 보여주기도 한다. 아래의 예들에서 볼 수 있듯이 /으/>/우/는 연구개자음소 뒤에서 가장 뚜렷이 나타나며 '어휘에 따라 점진적'으로 이루어지고 있다. 아직 합류의 단계에는 이르지 못하였고 단지 규칙의 형태로서 존재한다. 변화의 속도가 제보자에 따라 다소 차이가 있었는데 세 제보자 중 나이가 가장 많은 주제보자가 가장 적게 변화되었고 나이가 가장 적은 남성 부제보자가 가장 많이 변화되었다.

 • /으(ɯ)/와 /우(u)/
 /구리-/(그리-, 畵), /구림/(그림, 畵), /구립-/(그립-, 想念), /깨꾸-/(깨끗-, 淨), /꿇-/(끓-, 沸), /움식/(음식, 飲食), /이꿀-/(이끌-, 引),

/퇴군/(퇴근, 退勤), /훌리-/(홀리-, 捭)

위에 제시된 예문처럼 이 지역어에서는 /어/와 /오/, /으/와 /우/의 변별
력이 점차 약화되어가는 특징이 보였고, 이는 나이가 많은 주제보자보다
나이가 적은 부제보자들에게서 더욱 뚜렷이 나타났다. 즉, 젊은 층으로
갈수록 /으/와 /우/의 변별력이 약해지고 있는 것이다.7) 일찍이 한영순
(1967 : 50~51)에서 평남의 젊은 층의 모음체계에서 /으/와 /우/는 거의 합
류 단계에 와 있다고 보고한 적이 있고 강순경(1997/2001)은 /에/와 /애/까
지 합류하여 5개의 모음소로, 곽충구(2003 : 64)는 평양 출신의 탈북자가
/으/와 /우/, /어/와 /오/의 합류로 6개의 모음소를 보여준다고 하였다. 여
기에서 이 지역어의 모음소를 6개라고 한 것은, 위에서 언급하였듯이 다
소 젊은 층의 제보자를 상대로 하였기 때문이라 생각된다. 그 후 필자의
조사에 의하면 지금의 6, 70대보다 4, 50대가 변별력이 더욱 약화되었으
나 그 아래 세대는 또 교육의 영향으로 잘 변별되었음을 알 수 있었다.
곽충구(2003)에서도 지적하였지만 필자의 조사에서도 /에/와 /애/는('벨/
뺄') 분명히 변별되었고8) 제보자들 역시 혀의 높이가 서로 다르다고 하
며 식별하였다. 그리고 /어/와 /오/, /으/와 /우/의 변별력이 약화되기는
하였으나 /글/(글, 文)과 /굴/(굴, 穴)9) ; /늘/(늘-, 增)과 /눌/(눌-, 燋) ; /쓰/(쓰,
用)와 /쑤/(쑤-, 熬粥) 그리고 /멋/(멋, 美)과 /못/(못, 池) ; /거리/(거리, 街)와 /고
리/(고리, 環) ; /설/(설, 元旦)과 /솔/(솔, 刷) ; /벌ː/(벌ː, 蜂)과 /볼ː/(볼ː, 寬)
과 같이 그 각각의 모음소들은 분명히 변별이 되고 제보자 역시 그 모음
소들을 식별하였다. 이런 점으로 미루어 이 책에서는 이 지역어의 단모

---

7) 그러나 40대 이하는 문화어의 영향으로 /으/와 /우/를 잘 변별하고 있었다.
8) 어두 위치의 /ㅐ/는 개구도가 아주 넓어 [æ]로도 느껴졌다.
9) /글/(글, 文)같은 경우 단독으로 질문하면 /굴/처럼 발음하였지만 다시 /굴/(굴, 穴)과 동시
  에 질문할 때는 분명히 차이가 보였고 제보자 역시 서로 다르다고 식별하기에 서로 다른
  모음소로 본다.

음소를 8개로 본다.

2.4.1.2. 장(長)모음소목록

또한 이 지역어에는 8개의 단(短)모음소와 더불어 8개의 장(長)모음소가 있다. 장(長)모음소목록은 8개의 단모음소에 대응되는 /이ː/(iː), /에ː/(eː), /애ː/(ɛː), /으ː/(ɯː), /어ː/(ʌː), /우ː/(uː), /오ː/(oː), /아ː/(aː)이다.10) 이들 장모음소가 변별적 기능을 가지고 있음은 다음의 최소대립쌍에서 확인된다.

(1) ㉮ /아ː/아ː/   /밤/(夜) : /밤ː/(栗) ; /말/(馬) : /말ː/(言)
    ㉯ /이ː/이ː/   /일/(一) : /일ː/(事)
    ㉰ /의ː/으ː/   /등/(背) : /등ː/(等)
    ㉱ /우ː/우ː/   /눈/(眼) : /눈ː/(雪)
    ㉲ /오ː/오ː/   /볼/(顔) : /볼ː/(寬) ; /손/(手) : /손ː/(孫)
    ㉳ /애ː/애ː/   /매/(鞭) : /매ː/(鷹) ; /배/(腹) : /배ː/(倍)
    ㉴ /어ː/어ː/   /벌/(罰) : /벌ː/(蜂)
    ㉵ /에ː/에ː/   /데기/(鍵子) : /데ː기/(祭器)

이 지역어에서 음장 변별은 대체로 첫 음절에 한정된다. 단어 층위에서는 장모음소가 어두 음절에 나타날 수 있는데 어두 음절에서 장모음소를 가지던 단어가 합성어의 두 번째 음절 이하로 가면, 원래의 장모음소가 단모음소로 되어 음장을 상실하게 되는 점은 중부 방언에서와 동일하다. 그러나 /어/의 장모음소 /어ː/는 중부 방언에서는 조음위치가 상승되어 /으/와 변별되지 않는 경우가 있으나 이 지역어에서는 이러한 상승이

_____

10) 이 책에서는 최명옥(2004 : 43)의 논의에 따라 장모음소를 기저음소로 한다. 구조주의 언어학적 관점에 의하면, 이들 장모음소는 단(短)모음소와 음장(音長)으로 분석되므로, 기저 장모음소가 인정되지 않는다. 그러나 기저형에서 단모음소와 음장이 결합하여 장모음소가 도출된다는 근거를 찾을 수 없으므로, 장모음소를 기저음소로 인정한다.

나타나지 않는다. 이를 구체적인 예로 제시하면 다음의 (2)와 같다.

(2) ㉮ 눈 : (雪) : /눈 : 송이/(雪花) ; /싸락눈/(霰)

　　 ㉯ 벌 : (蜂) : /벌 : 집/(蜂巢) ; /꿀벌/(蜜蜂)

　　 ㉰ 말 : (言) : /말 : 소리/(音聲) ; /낮말/(晝言)

　　 ㉱ 일 : (事) : /일 : 감/(事) ; /집일/(家事)

　　 ㉲ 손 : (孫) : /손 : 주/(孫子) ; /자손/(子孫)

　　 ㉳ 밤 : (栗) : /밤 : 송이/(栗房) ; /단밤/(甘栗)

　또한 용언의 활용에서 단모음소화와 보상적 장모음화는 중부 방언에
서와 그 양상이 거의 같다. 아래의 (3)㉮~㉰는 본래 장음으로 실현되던
어간에 모음으로 시작하는 어미가 결합되면 단모음소화하는 예를 보여
주는 것이고 (3)㉱~㉳는 단모음 어간에 모음으로 시작하는 어미가 결합
될 때 어간 모음과 어미초의 모음이 축약되어 보상적 장모음화를 보여
주는 예들이다.

(3) ㉮ [얄가두, 얄 : 떠라] (얇-, 薄)

　　 ㉯ [누러두, 눌 : 더라] (눋-, 燋)

　　 ㉰ [쏘라두, 쏠 : 더라] (썰-, 切)

　　 ㉱ [떼 : 두, 띠구] (찌-, 蒸)

　　 ㉲ [케 : 두, 케구] (켜-, 發火)

　　 ㉳ [채 : 두, 채구] (훔치-, 盜)

　앞에서 논의된 이 지역어의 모음소를 혀의 위치, 입술의 모양, 혀의
높이를 기준으로 정리하면 다음과 같다.

혀의 위치 입술의 모양 혀의 높이	전설모음소		후설모음소	
	평순	원순	평순	원순
고모음소	이i(이 : i :)		으ɯ(으 : ɯ :)	우u(우 : u :)
중모음소	에e(에 : e :)		어ʌ(어 : ʌ :)	오o(오 : o :)
저모음소	애ɛ(애 : ɛ :)		아a(아 : a :)	

〈현대 평양지역어의 모음소〉

2.4.2. 이중모음소목록

현대 이 지역어에는 10개의 이중모음소가 존재한다. 이중모음소목록은 단모음소(單母音素) 목록과 마찬가지로, 다시 단이중모음소(短二重母音素) 목록과 장이중모음소(長二重母音素) 목록으로 구분된다.

2.4.2.1. 단이중모음소(短二重母音素)목록

먼저 단이중모음소목록은 10개의 이중모음소 /야/(ja), /여/(jʌ), /요/ (jo), /유/(ju), /예/(je) ; /위/(wi), /웨/(we), /왜/(wɛ)[11], /워/(wʌ), /와/(wa)이다. 이중모음소는 j로 시작되는 'j시작 이중모음소'와 w로 시작되는 'w시작 이중모음소'로 나눌 수 있다. 현대 이 지역어의 단(短)이중모음소는 다음과 같은 예들을 통해서 확인할 수 있다.

(1) ㉮ /야/ : /양념/(양념, 調味料), /야덟/(여덟, 八)
　　　cf. /기야/(기와, 瓦), /두야/(주야, 晝夜)

---

11) 小倉進平(1944 : 264)에서는 서북방언에서의 /외/발음을 각각 [ö], [wɛ], [ɛ] 등 세 부류로 나누고 평양, 영변, 숙천지역은 단모음 (ö)의 부류에 속한다고 하였다. 그런데 필자의 조사결과에 의하면 이 지역어에서는 [wɜ]로 발음되며 중부방언의 [we]와는 구별이 된다. 이는 단모음소 /오/의 음성적 특징에서 찾아볼 수가 있는데 이 지역어의 /오/는 중부방언에 비해 혀의 높이가 낮다. 따라서 이 지역의 /오/는 음성적으로 [ɔ]에 가깝다.

ⓙ /여/ : /결/(성, 怒氣), /먹자구/(개구리, 蛙), /별로/(별로, 別), /여럿/
 (여럿, 多), /여울/(여울, 湍)
  cf. /물결/(물결, 波), /샛별/(샛별, 金星)

ⓛ /요/ : /요구/(요구, 要求), /욕질/(욕, 辱), /효도/(효도, 孝道)

ⓝ /유/ : /유리/(유리, 琉璃), /흉년/(흉년, 凶年)

ⓟ /예/ : /예/(예, 對答)
  cf. 명예(명예, 名譽)

ⓡ /위/ : /귀/[kwi](귀, 耳), /귀알/[kwial](귓불, 耳垂), /쉬다/[swida]
 (쉬다, 休), /위신/[wisin](위신, 威信), /쥐/[tswi](쥐, 鼠), /취미/
 [tsʰwimi](취미, 趣味)

ⓣ /웨/ : /꿰-/(꿰-, 貫)

ⓥ /왜/ : /돼-/[twɛ](되-, 化), /쇄/[swɛ](쇠, 鐵), /왜국/[wɛguk](외국,
 外國)
  cf. /홍돼기/(홍역, 疹)

ⓧ /와/ : /과목/(과목, 科目)
  cf. /디과/(고구마, 甘藷)

ⓩ /워/ : /월/(월, 月)
  cf. /누월/(유월, 六月), /당꿩/(장끼, 雉)

 이중모음소 /위/에 대해서는 보다 정밀한 검토가 필요하다. 위의 예문에서 보듯이 현재 이 지역어의 /위/는 이중모음소 [wi]로 실현되는 것이 가장 보편적이다. 그러나 간혹 단모음소 [ü](/쉬쉬/[süsü](蜀黍), /쉬/ [sü](蠅卵))로도 발음된다. 이런 이유로 현대 이 지역어에서 주변이음(主變異音)을 무엇으로 설정할 것인가가 문제가 된다. 김영배(1977)에서 서북방언의 /위/를 이중모음소 /wi/로 본 것을 감안하면 그 하위방언인 이 지역어에서도 /위/의 주변이음으로 [wi]를 설정하는 것이 타당해 보인다. 또한 이 지역어에서 /위/가 [ü]로 발음되는 경우가 극히 한정되어 있고 서남방언처럼 모든 환경에서 동일한 양상을 보이지 않는다는 점도 고려할 수 있다. 서남방언의 /위/는 선행 자음과 관계없이 모두 단모음 [ü]로 발음되지만 이 지역어에서는 선행자음소가 /ㅅ/일 때에 한해서만 단모음소로 발음되

고 나머지는 모두 이중모음소로 발음된다. 선행자음이 없는 '위'의 경우에도 이중모음 [wi]로 발음되기 때문에 이 책에서는 이 지역어에서 /위/의 주변이음을 [wi]로 본다.

그리고 이 지역어에서는 'j끝 이중모음소'는 존재하지 않는다. 기원적으로 'j끝 이중모음소'였던 /의, 에, 애, 이, 위, 외/ 중 중부방언에는 /의/(ɰi)가 아직 남아 있으나 이 지역어에서는 모두 단순모음화가 일어났다. 기원적으로 /의/를 가졌던 단어들은 이 지역어에서 모두 /이/나 /으/로 나타난다. 일반적으로 자음 뒤에서 /의/는 탈락된다. 특히 /희-/[hi](白)'의 경우 완전히 /히-/로 재구조화되어 /이/ 말음과 같은 활용 양상을 보여준다. 그리고 어두에서는 보편적으로 /이/가 탈락되어 /으문/[ɰmun](의문, 疑問), /으사/[ɰsa](의사, 醫者), /으자/[ɰtsa](의자, 椅子)로 발음된다.

2.4.2.2. 장이중모음소(長二重母音素)목록

다음 장(長)이중모음소목록은 /야ː/(jaː), /여ː/(jʌː), /요ː/(joː), /유ː/(juː), /애ː/(jɛː), /예ː/(jeː) ; /위ː/(wiː), /웨ː/(weː), /왜ː/(wɛː), /워ː/(wʌː), /와ː/(waː)로 11개가 있다. 현대 이 지역어의 장(長)이중모음소는 다음과 같은 예들을 통해서 확인할 수 있다.

(1) ㉮ /야ː/ ː /야ː기/(야ː기, 惹起), /얇ː-/(얇ː-, 薄)
ㅤ ㉯ /여ː/ ː /몍ː/(미역, 浴), /볙ː/(부엌, 廚)
ㅤ ㉰ /요ː/ ː /용ː구/(용ː구, 用具)
ㅤ ㉱ /유ː/ ː /유ː정/(유ː정, 有情)
ㅤ ㉲ /예ː/ ː /예ː술/(예ː술, 藝術), /예ː쁘다/(예쁘다, 美)
ㅤ ㉳ /위ː/ ː /위ː/(위ː, 上)
ㅤ ㉴ /웨ː/ ː /쉐ː수/(세ː수, 洗面)
ㅤ ㉵ /왜ː/ ː /괭ː이/(고양이, 猫), /돼ː-/(되ː-, 硬, 升)
ㅤ ㉶ /와ː/ ː /확ː/(확ː, 臼), /광ː산/(광ː산, 鑛山)
ㅤ ㉷ /워ː/ ː /꿘ː투/(권ː투, 拳鬪)

㉮ /얘ː/ː/얘ː/(얘ː, 이 아이의 준말)

　단(短)이중모음소 목록과 장(長)이중모음소 목록의 차이는 장이중모음소 /얘(jɛ)ː/에 대응되는 단이중모음소 /얘(jɛ)/가 없다는 점이다.

　앞에서 논의된 이 지역어의 이중모음소를 혀의 위치와 혀의 높이를 기준으로 분류하면 다음과 같다.

혀의 위치 〳 혀의 높이	j 시작		w 시작	
	전설	후설	전설	후설
고모음소		유ju(유ː ju ː)	위wi(위ː wi ː)	
중모음소	예je(예ː je ː)	여jʌ(여ː jʌ ː) 요jo(요ː jo ː)	웨we(웨ː we ː)	워wʌ(워ː wʌ ː)
저모음소	얘ː jɛ ː	야a(야ː ja ː)	왜wɛ(왜ː wɛ ː)	와wa(와ː wa ː)

〈 현대 평양지역어의 이중모음소 〉

3장

어간의 기저형

이 장의 논의 목적은 어간의 기저형을 설정하는 것이다. 현대 한국어에서 대부분의 공시적 음운과정은 어간과 어미의 기저형이 통합하는 과정에서 일어나기 때문이다. 이 경우의 어간은 곡용어간과 활용어간으로 구별되는데, 이들 어간의 기저형은 곡용형과 활용형을 분석하여 설정한다. 좀 더 구체적으로 서술하면, 곡용어간과 활용어간의 기저형은 ① 서로 다른 자음소나 모음소로 시작하는 어미들과 통합할 때에 실현되는 곡용형과 활용형을 분석하여 해당 어간의 교체형을 분석하여 정리하고, ② 정리된 교체형에서 차이를 보이는 형태음들에 대한 형태음소를 결정함으로써 설정된다.

그런데 ②의 경우에, ⓐ 모든 형태음들의 실현이 하나의 형태음소로부터 설명될 수 있는 것도 있지만, ⓑ 하나의 형태음소로부터 설명될 수 없는 것도 있다. 그 경우에는 둘 또는 세 개의 교체형이 어휘화되어 어휘부에 등재되어 있는 것으로 본다.[1] 이 경우에 ②ⓐ와 ⓑ에 해당하는

---

1) 이 문제에 대한 구체적인 논의는 최명옥(1985, 1988, 1993, 2006가, 나)을 참고하기 바람.

기저형을 각각 단일기저형과 복합기저형이라 한다.[2] 이 장에서도 어간의 기저형을 단일기저형과 복합기저형으로 구분하여 논하기로 한다.

어간에 대한 음운론적 논의 결과가 타당성을 얻기 위해서는 수집된 음성형으로부터 형태분석이 합당하게 이루어져야 하며 설정된 기저형으로부터 그 기저형의 모든 교체형의 도출을 합당하게 설명할 수 있어야 하고 형태분석과 기저형 설정을 위한 객관적인 기준이 있어야 한다. 이 장의 논의에 적용되는 형태분석과 기저형 설정을 위한 기준은 최명옥 (2006 : 36~37)에 제시된 것을 따르기로 한다. 논의의 편의를 위해서 그 부분을 이 책에 맞게 부분적인 수정을 가하여 제시하면 다음과 같다.[3]

기준 ①
어떤 음운론적 환경에서도 변화가 없는 형태는 그 자체가 <u>기저형</u>이 된다.

기준 ②
음성형에서 분석된 어간이나 어미가 둘 이상의 <u>교체형</u>을 가질 때는 ⓐ <u>교체형</u> 상호간에 동일한 부분은 해당하는 <u>기저형</u>의 일부가 된다. <u>기저형</u>의 일부로 표시할 때에는 이음들은 대당하는 기저음소로 바꾸어야 한다. ⓑ 차이를 보이는 음성들, 즉 교체음들에 대한 기저음소는 ㉠ 해당 교체음들 중의 어느 하나이거나 대상 언어의 음소목록에 있는 음소라야 하며, ㉡ 잠정 기저음소로부터 다른 교체음을 공시적 음운규칙으로써 설명할 수 없는 경우에는 그 교체음들 모두를 기저음소로 인정해야 한다.

기준 ③
ⓐ 어간의 경우, 어간말이 자음소나 유음소로 끝날 때에는 활용어간은 /어/로 시작하는 어미와 통합한 음성형에서, 곡용어간은 모음소로 시작하

---

2) 종래에 단일기저형을 '단수기저형', 복합기저형을 '다중기저형' 또는 '복수기저형'이라고 불러왔는데, 이 책에서는 최명옥(2004 : 225)에 따라 단일기저형과 복합기저형이라는 술어를 사용한다. 술어 변경의 이유는 최명옥(2004 : 225) 참조.
3) 수정된 부분을 밑줄로 표시한다.

는 어미와 통합한 음성형에서 분석된 어간형을, 어미의 경우, 어미초가 자음소로 시작될 때에는 모음소로 끝나는 어간과 통합한 음성형에서 분석된 어미형을 잠정 <u>기저형</u>으로 가정하고 그 합당성을 검증한다. 단, 활용어간의 잠정 <u>기저형</u>이 1음절로 구성되고 그 음절이 단모음소를 가지고 있다면, 그리고 자음소로 시작하는 어미와 통합하는 어간의 이형태가 장모음을 가지고 있다면, 잠정 <u>기저형</u>의 모음소를 장모음소로 표시해야 한다. ⓑ 활용어간의 경우, /어/로 시작하는 어미와 통합한 음성형에서 분석된 활용어간이 모음이나 자음 또는 [ㄹ]로 끝나는데도 자음소로 시작하는 어미와 통합한 음성형에서 어미초의 평음소가 유기음이나 경음으로 실현되면 /어/로 시작하는 어미와 통합한 음성형에서 분석된 활용어간말에 /ㅎ/나 /ᅙ/를 첨가하여 잠정 <u>기저형</u>으로 가정하고 그 합당성을 검증한다. 이 경우에 잠정 기저형의 어간말의 모음소는 자음소로 시작하는 어미와 통합한 형태의 어간말 모음과 동일한 것으로 한다. ⓒ 어간말이 모음소로 끝날 때에는 자음소로 시작하는 어미와 통합한 음성형에서 분석된 어간형을, 그리고 어미초가 모음소로 시작할 때에는 연구개 음소로 끝나고 그 음절의 모음소가 비원순모음인 어간과 통합한 음성형에서 분석된 어미형을 잠정 <u>기저형</u>으로 가정하고 그 합당성을 검증한다.

기준 ④
기준 ③으로 잠정 <u>기저형</u>을 정할 수 없는 경우, 즉 어간이 복합<u>기저형</u>으로 이루어질 때는 ⓐ 자음으로 끝나는 어간의 어휘화된 이형태는 ㉠ /으/로 시작하는 어미와 통합한 것이 있으면 그것으로 하고, ㉡ /으/로 시작하는 어미와 통합한 것이 없으면 /ㄷ/나 /ㅈ/로 시작하는 어미와 통합한 것으로 한다. 그리고 ⓑ 자음소로 시작하는 어미와 통합한 어간이 자음으로 끝나고, 모음소로 시작하는 어미와 통합한 어간이 유음으로 끝나는데도 유음 뒤에 어미초의 [으]가 실현되어 있으면, 모음소로 시작하는 어미와 통합하는 어간의 어휘화된 이형태는, 한국어의 다른 방언에 해당 어간이 단일화된 것이 있을 경우, 그것과 동일한 것으로 한다. ⓒ 자음소로 시작하는 어미와 통합한 어간이 모음으로 끝나는데도 /어/로 시작하는 어미와 통합한 어간이 자음이나 유음으로 끝나면, /어/로 시작하는 어미와 통합하는 어간의 어휘화된 이형태는 모음소로 끝나는 것으로 해야 한다. 그 때의 어휘화된 이형태는 ㉠ 해당 어간이 <u>한국어</u>의 다른 방언에 단일화된 것이 있으면 그것과 동일한 것이라고 가정하고, ⓒ 해당 어간의 단일화형이 없으면, 그리고 그 어간이 변화를 겪은 것이라면 해당 어간보다 앞 시기의 어간형과 동일한 것이라고 가정하여 그 합당성을 검증한다.

이상의 기준에 따라 이 책에서 논의할 대상이 되는 곡용어간은 180개이고 활용어간은 382개이다. 이것은 대상 언어에 존재하는 활용어간의 종성 체계와 모든 공시적 음운과정을 파악할 수 있도록 작성된 389개의 활용어간 중 이 지역어에서 사용되지 않는 7개를 제외한 숫자이다. 본장에서 논의될 곡용어간과 활용어간의 형태분석은 명확하고 한정된 어미가 통합된 경우에 한해서 이루어진다. 따라서 여기에서 어미의 기저형에 대해서는 간단히 논의하고 상세한 논의는 후일로 미룬다.

3.1. 곡용어간의 기저형

곡용어간의 기저형은 단일기저형과 복합기저형으로 구분하여 논의하며, 기저형 설정을 위해서 이 지역어의 곡용어간과 통합하는 이 지역어의 곡용어미는 '/-이, -이레, -가, -레/, /-을, -를/, /-만/, /-보담 (-보다)/, /-두(-도)/'이다.[4]

곡용형을 분석하기 위해서는 어간과 통합되는 이 지역어의 어미에 대한 기저형의 설정에 대해 먼저 논의할 필요가 있다. 어미의 기저형을 알면 음성형으로부터 어간의 형태를 쉽게 추출할 수 있기 때문이다. 또한

---

4) 이 지역어의 곡용어미는 이 외에도 표준어와 많은 차이를 보이는 형태, 즉 /-헌테(-한테)/, /-(으)루(-(으)로)/, /-부텀(-부터)/, /-마당(-마다)/들이 있지만 이 책에서 곡용어간 기저형과 통합되는 위의 다섯 가지만 선정해서 다루고 기타 곡용어미에 대한 상세한 논의는 후일로 미룬다.

한국어에서 어간말의 형태음소는 그 수가 많지만 어미초의 형태음소는
그 수가 매우 한정되어 있어 어간의 기저형에 앞서 어미의 기저형에 대
해서 논의하는 것이 비교적 쉽고 일반적이다.

① 서답-이	서답-울	서답-만	서답-뽀담	서답-뚜	(빨래, 洗濯物)
② 딮-이레	딮-울	딤-만	딥-뽀담	딥-뚜	(짚, 藁)
③ 놈-이	놈-울	놈-만	놈-보담	놈-두	(남, 他)
④ 빋-이레	빋-을	빔-만	빕-뽀담	빋-뚜	(빚, 債)
⑤ 갈기-가	갈기-를	갈기-만	갈기-보담	갈기-두	(가루, 粉)
⑥ 낸내-레	낸내-를	낸내-만	낸내-보담	낸내-두	(연기, 煙氣)

위의 자료는 이 지역어의 곡용어간 /서답/, /딮/, /놈/, /빋/, /갈기/, /낸
내/가 표준어의 곡용어미 '/-{이, 가}/, /-{ø, ㄹ}을/, /-만/, /-보다/,
/-도/'가 통합하는 경우에 해당하는 이 지역어의 음성형을 어간과 어미
로 분석한 것이다. 이 자료에서 결정할 것은 이 지역어의 곡용어미의 기
저형이다. 먼저 제시된 자료에서 각 항을 수직으로 정리하면, 그것이 이
지역어에 사용되는 해당 곡용어미의 기저형에 대한 교체형이 된다. 즉 표
준어 어미 각각에 대한 이 지역어 어미 기저형의 교체형은 [-이, -가,
-이레, -레], [-을, -울, -를], [-만], [-보담, -뽀담], [-두, -뚜]
가 된다. 이들 각 어미의 교체형을 정리하면, 각각 [-이{ø, 레}, -가, -레],
[-울, -{ø, ㄹ}을], [-만], [-{ㅂ, ㅃ}오담], [-{ㄷ, ㄸ}우]가 된다.
여기에서 각 어미에서 공통되는 부분 즉, { }밖의 부분은 어미 기저
형의 일부가 되며 교체형에서 차이를 보이는 { }안에 있는 부분들 간의
논의를 통해서 기저형의 나머지 부분을 결정할 수 있다. 구체적으로 서
술하면 우선 [-만]의 교체형은 아무런 음운과정을 거치지 않기에 그 자
체 /-만/이 기저형으로 된다. 다음 [-{ㄸ, ㄷ}우]의 경우, 공통부분인

[우]는 기저음소가 되어 /-{ }우/로 표시된다. 그리고 { } 속의 교체음 중 [ㄸ]를 기저음소로 할 경우에는 그것이 모음소나 /ㄹ/로 끝나는 어간 뒤에서 [ㄷ](d)로 실현되는 사실을 설명할 수 없다. 한국어에서 경음소나 유기음소는 유성음소 사이에서도 유성음화하지 않기 때문이다. 그러나 [ㄷ](d)의 무성음 [ㄷ](t)를 기저음소로 하는 경우에는 그것이 어간말의 평파열음소 뒤에서는 경음소화하여 [ㄸ]로 실현되고 어간말의 모음소나 /ㄹ/뒤에서는 유성음화하여 [ㄷ]로 되는 사실을 설명할 수 있다. 따라서 표준어 어미 /-도/에 대한 이 지역어의 어미 기저형은 /-두/가 된다. 동일한 논의에 의해서, [-{ㅃ, ㅂ}오담]의 기저형은 /-보담/이 된다.

그 다음 [-{ø, ㄹ}을, 울]의 경우 교체형 [-울]은 교체형 [-을]이 양순음소 뒤에서 원순모음소화하여 실현된 사실을 설명할 수 있다. 그러나 교체형 [-를]과 교체형 [-을]은 서로 간의 도출을 설명할 수 없다. 즉, { } 속의 어느 하나를 기저음소로 하여 다른것의 도출을 설명할 수 없다. 그러므로 기저형 설정기준 ②ⓑ의 ⓛ에 의해 교체음들 모두가 기저음소로 인정되어야 한다. 위의 예문에서 보면 두 개의 교체형 중에서 [-을]은 어간말의 형태음소가 자음소나 유음소인 어간 뒤에서 실현되며 [-를]은 어간말의 형태음소가 모음소인 어간 뒤에서 실현된다. 즉 이 어미는 복합기저형 /-{ø, ㄹ}을/로 통합하여 나타낼 수 있다.

끝으로 [-이{ø, 레}, -가, -레]의 경우, 역시 어느 하나를 기저음소로 하여 다른 것의 도출을 설명할 수 없다. 그러므로 기저형 설정기준 ②ⓑ의 ⓛ에 의해 교체음들 모두가 기저음소로 인정되어야 한다. 여기서 교체형 [-이{ø, 레}]는 어간말의 형태음소가 자음소나 유음소인 어간 뒤에서 실현되며 교체형 [-가, -레]는 어간말의 형태음소가 모음소인 어간 뒤에서 실현된다. 즉 그것들은 복합기저형 /-이{ø, 레}, -가, -레/ 로 통합하여 나타낼 수 있다.

이상의 논의 결과 이 지역어의 곡용형에 사용된 어미의 기저형과 교

체형은 다음과 같이 정리할 수 있다. 즉,

- /-만/ : [-만]
- /-두/ : [-뚜, -두]
- /-보담/ : [-뽀담, -보담]
- /-{ø, ㄹ}을, 울/ : [-을, -울, -를]
- /-이{ø, 레}, -가, -레/ : [-이, -이레, -가, -레]

3.1.1. 단일기저형

곡용어간의 단일기저형은 어간말이 자음소로 끝나는 것과 모음소로 끝나는 것으로 구분된다. 먼저 어간이 자음소로 끝나는 어간의 기저형에 대해 논의하고 다음으로 모음소로 끝나는 어간의 기저형에 대해서 논의한다.

3.1.1.1. 자음소로 끝나는 어간의 기저형

자음소로 끝나는 곡용어간의 기저형은 단일자음소로 끝나는 것과 자음소군으로 끝나는 것으로 구분한다. 먼저 단일자음소로 끝나는 어간의 기저형에 대해 논의하고 다음으로 자음소군으로 끝나는 어간의 기저형에 대해 논한다.

① 단일자음소로 끝나는 어간의 기저형

여기서는 조음점을 기준으로 어간말이 양순음소로 끝나는 어간의 기저형부터 시작하여 성문음소로 끝나는 어간의 기저형까지 차례로 논의한다.

• 양순음소로 끝나는 어간의 기저형

(1a)에 제시된 음성형은 표준어 /빨래/(洗濯物), /일곱/(七), /입/(口), /짚/(藁), /옆/(側), /섶/(邊), /남/(他), /기침/(喘), /여름/(夏)'에 해당하는 이 지역어의 곡용어간과 앞에서 제시한 이 지역어의 곡용어미를 통합한 것이고 (1b)는 그것을 분석한 것이다.

(1a)

㉮ /Xㅂ/류 : [서다비, 서다불, 서담만, 서답뽀담, 서답뚜] (빨래, 洗濯物)

[닐구비, 닐구불, 닐굼만, 닐굽뽀담, 닐굽뚜] (일곱, 七)

[니비, 니불, 님만, 닙뽀담, 닙뚜] (입, 口)

㉯ /Xㅍ/류 : [디피, 디풀, 딤만, 딥뽀담, 딥뚜] (짚, 藁)

[너피, 너풀, 넘만, 넙뽀담, 넙뚜] (옆, 側)

[써피, 써풀, 썸만, 썹뽀담, 썹뚜] (섶, 邊)

㉰ /Xㅁ/류 : [노미, 노물, 놈만, 놈보담, 놈두] (남, 他)

[기츠미, 기츠물, 기츰만, 기츰보담, 기츰두] (기침, 喘)

[너르미, 너르물, 너름만, 너름보담, 너름두] (여름, 夏)

(1b)

㉮ /Xㅂ/류 : 서답-이, 서답-울, 서답-만, 서답-뽀담, 서답-뚜 (빨래, 洗濯物)

닐굽-이, 닐굽-울, 닐굼-만, 닐굽-뽀담, 닐굽-뚜 (일곱, 七)

닙-이, 닙-울, 님-만, 닙-뽀담, 닙-뚜 (입, 口)

㉯ /Xㅍ/류 : 딮-이, 딮-울, 딤-만, 딥-뽀담, 딥-뚜 (짚, 藁)

넢-이, 넢-울, 넘-만, 넙-뽀담, 넙-뚜 (옆, 側)

썲-이, 썲-울, 썸-만, 썹-뽀담, 썹-뚜 (섶, 邊)

㉰ /Xㅁ/류 : 놈-이, 놈-울, 놈-만, 놈-보담, 놈-두 (남, 他)

기츰-이, 기츰-울, 기츰-만, 기츰-보담, 기츰-두 (기침, 喘)

너름-이, 너름-울, 너름-만, 너름-보담, 너름-두 (여름, 夏)

(1b)의 어간은 모두 자음소로 끝나므로 잠정 기저형은 각각 모음소로

시작하는 어미와 통합하는 교체형이라고 가정한다. 그러면 잠정 기저형은
㉮ /서답/, /닐굽/, /닙/, ㉯ /딮/, /넢/, /썼/, ㉰ /놈/, /기츰/, /너름/이 된다.

어간의 잠정 기저형에 어미 /-이/가 통합하면, 어간말 자음소는 아무
런 음운과정을 거치지 않는다. 그 결과 실현되는 어간의 음성형은 (1a)
㉮~㉰의 첫 번째 것과 일치한다.

다음으로 어간의 잠정 기저형에 어미 /-을/이 통합하면, 어미초의 /으/
는 어간말의 양순음소 뒤에서 원순모음소화하여 /우/로 실현된다. 그 결
과 실현되는 어간의 음성형은 (1a)㉮~㉰의 두 번째 것과 일치한다.

그 다음으로 어간의 잠정 기저형에 어미 /-만/이 통합하면, 어간말
자음소 /ㅂ/는 어미초의 비음소 앞에서 동화(비음소화)되어 /ㅁ/로 되며,
어간말 /ㅍ/는 먼저 어미초의 자음소 앞에서 평파열음소화하여 /ㅂ/로 되
고 다시 어미초의 비음소 앞에서 동화(비음소화)되어 /ㅁ/로 된다. 이상과
같은 음운과정을 거치면 더 이상 음운과정이 적용될 환경이 없다. 그 결
과 실현되는 어간의 음성형은 (1a)㉮~㉰의 세 번째 것과 일치한다.

마지막으로 잠정 기저형과 어미 /-보답/이나 /-두/가 통합하면, 먼저
어간말 /ㅍ/는 어미초의 자음소 앞에서 평파열음소화하여 /ㅂ/로 된다.
다음에 어간말의 평자음소 뒤에서 어미초의 /ㅂ/와 /ㄷ/는 경음소화하여
각각 /ㅃ/와 /ㄸ/로 된다. 그러나 명사의 어간말의 /ㅁ/ 뒤에서는 어미초
의 /ㅂ/나 /ㄷ/는 경음소화하지 않는다. 이러한 음운과정을 거친 뒤에는
더 이상 거쳐야 할 음운과정이 존재하지 않는다. 그 결과 실현되는 어간
의 음성형은 (1a)㉮~㉰의 네 번째, 다섯 번째 것과 일치한다.

이상과 같은 검증 결과, 잠정 기저형 ㉮ /서답/, /닐굽/, /닙/, ㉯ /딮/,
/넢/, /썼/, ㉰ /놈/, /기츰/, /너름/은 (1a)㉮~㉰에서 제시된 활용형의 어간
기저형으로서 합당하다는 것을 알 수 있다.

조사 자료에서 어간말 기저음소로 /ㅂ, ㅍ, ㅁ/를 가지는 곡용어간으로
는 (1c)와 같은 예들이 더 있다.

(1c)

㉮ /Xㅂ/류 : 곱(배, 倍), 녚집(옆집, 隣家), 두릅(두릅, 木頭菜), 밥(밥, 飯),
배꼽(배꼽, 臍), 삽(삽, 鍤), 손톱(손톱, 爪), 아굽(아홉, 九),
집(집, 家)

㉯ /Xㅍ/류 : 닢(잎, 葉), 앞(앞, 前)

㉰ /Xㅁ/류 : 감(감, 柿), 넝감(영감, 令監), 닛몸(잇몸, 齦), 덤심(점심, 午
飯), 밤(밤, 夜), 봄(봄, 春), 불사슴(불쏘시게, 長矵), 뻘함(서
랍, 舌盒), 뽐(뼘, 指距), 삼(삼, 麻), 상덤(상점, 商店), 손님
(천연두, 天然痘), 오좀(오줌, 尿), 자방침(재봉틀, 裁縫機),
춤(춤, 舞)

• 치음소 또는 치조음소로 끝나는 어간의 기저형

(2a)에 제시된 것은 ( ) 속의 표준어 곡용어간에 대한 이 지역어의 곡
용어간과 앞에서 제시한 이 지역어의 곡용어미를 통합한 것이고 (2b)는
그것을 분석한 것이다.

(2a)

㉮ /Xㄷ/류 : [비디, 비들, 빔만, 빕뽀담, 빋뚜] (빚, 債)

㉯ /Xㅌ/류 : [아래꾸티, 아래꾸틀, 아래꿈만, 아래꿉뽀담, 아래꾿뚜] (아
랫목, 奥)
[논바티, 논바틀, 논밤만, 논밥뽀담, 논받뚜] (논, 畓)
[사티, 사틀, 삼만, 삽뽀담, 삳뚜] (삿, 簟)

㉰ /Xㅅ/류 : [니우시, 니우슬, 니움만, 니웁뽀담, 니욷뚜] (이웃, 隣)
[꼬시, 꼬슬, 꼼만, 꼽뽀담, 꼳뚜] (꽃, 花)
[비시, 비슬, 빔만, 빕뽀담, 빋뚜] (빗, 梳)

㉱ /Xㅈ/류 : [나지, 나즐, 남만, 납뽀담, 낟뚜] (낮, 晝)
[저지, 저즐, 점만, 접뽀담, 젇뚜] (젖, 乳)

㉲ /Xㅊ/류 : [나치, 나츨, 남만, 납뽀담, 낟뚜] (낯, 顔)
[비치, 비츨, 빔만, 빕뽀담, 빋뚜] (빛, 光)
[오치, 오츨, 옴만, 옵뽀담, 옫뚜] (옻, 漆)

㉳ /Xㄴ/류 : [낭바니, 낭바늘, 낭밤만, 낭밤보담, 낭반두] (양반, 兩班)

[베켜니, 베켜늘, 베켬만, 베켬보담, 베켠두] (밖, 外)
[무니, 무늘, 뭄만, 뭄보담, 문두] (문, 門)

(2b)
㉮ /Xㄷ/류 : 빋−이, 빋−을, 빔−만, 빕−뽀담, 빋−뚜 (빚, 債)
㉯ /Xㅌ/류 : 아래꾿−이, 아래꾿−을, 아래꿈−만, 아래꿉−뽀담, 아래
　　　　　꾿−뚜 (아랫목, 奧)
　　　　　논밭−이, 논밭−을, 논밤−만, 논밥−뽀담, 논받−뚜 (논, 畓)
　　　　　삳−이, 삳−을, 삼−만, 삽−뽀담, 삳−뚜 (삿, 簟)
㉰ /Xㅅ/류 : 니욷−이, 니욷−을, 니움−만, 니웁−뽀담, 니욷−뚜 (이웃, 隣)
　　　　　꼳−이, 꼳−을, 꼼−만, 꼽−뽀담, 꼳−뚜 (꽃, 花)
　　　　　빋−이, 빋−을, 빔−만, 빕−뽀담, 빋−뚜 (빗, 梳)
㉱ /Xㅈ/류 : 낟−이, 낟−을, 남−만, 납−뽀담, 낟−뚜 (낮, 晝)
　　　　　젇−이, 젇−을, 점−만, 접−뽀담, 젇−뚜 (젖, 乳)
㉲ /Xㅊ/류 : 낟−이, 낟−을, 남−만, 납−뽀담, 낟−뚜 (낯, 顔)
　　　　　빋−이, 빋−을, 빔−만, 빕−뽀담, 빋−뚜 (빛, 光)
　　　　　옫−이, 옫−을, 옴−만, 옵−뽀담, 옫−뚜 (옻, 漆)
㉳ /Xㄴ/류 : 낭반−이, 낭반−을, 낭밤−만, 낭밤−보담, 낭반−두 (양반,
　　　　　兩班)
　　　　　베켠−이, 베켠−을, 베켬−만, 베켬−보담, 베켠−두 (밖, 外)
　　　　　문−이, 문−을, 문−만, 문−보담, 문−두 (문, 門)

(2b)의 어간은 모두 자음소로 끝나므로 잠정 기저형은 각각 모음소로
시작하는 어미와 통합하는 교체형이라고 가정한다. 그러면 잠정 기저형
은 ㉮ /빋/, ㉯ /아래꾿/, /논밭/, /삳/, ㉰ /니욷/, /꼳/, /빋/, ㉱ /낟/, /젇/
㉲ /낟/, /빋/, /옫/, ㉳ /낭반/, /베켠/, /문/이 된다.

어간의 잠정 기저형에 어미 /−이/나 /−을/이 통합하면, 어간말 자음
소는 아무런 음운과정을 거치지 않는다. 그 결과 실현되는 어간의 음성
형은 (2a)㉮∼㉳의 첫 번째와 두 번째 것과 일치한다.

다음 잠정 기저형에 어미 /−만/이 통합하면, 어간말의 /ㄷ/는 어미초

의 /ㅁ/ 앞에서 동화(비음소화)하여 양순음소 /ㅁ/로 되고 어간말의 /ㅌ, ㅅ, ㅈ, ㅊ/는 먼저 평파열음소화하여 /ㄷ/로 된 후 어미초의 /ㅁ/ 앞에서 다시 동화(비음소화)하여 /ㅁ/로 된다. 그 다음에는 더 이상의 음운과정을 거칠 것이 없으므로 음성으로 실현되는데, 그때의 어간 음성형은 (2a)㉮~㉴ 의 세 번째 것과 동일하다.

그 다음으로 잠정 기저형과 어미 /ㅡ보담/이 통합하면, 어간말 /ㄷ/는 어미초 /ㅂ/ 앞에서 동화(비음소화)하여 양순음소 /ㅂ/로 되며 어미초의 /ㅂ/ 는 어간말의 평파열음소 뒤에서 경음소화하여 /ㅃ/로 된다. 어간말의 /ㅌ, ㅅ, ㅈ, ㅊ/는 자음소 앞에서 먼저 평파열음소화하여 /ㄷ/로 되고 이렇게 형성된 어간말의 /ㄷ/는 다시 어미초 /ㅂ/ 앞에서 동화(비음소화)하여 양순 음소 /ㅂ/로 되며, 다음 어미초의 /ㅂ/는 어간말의 평파열음소 뒤에서 경 음소화하여 /ㅃ/로 된다. 한편 어간말의 /ㄴ/는 어미초의 /ㅂ/에 동화(비음 소화)하여 양순음소 /ㅁ/로 된다. 그리고 어간말의 비음소 /ㄴ, ㅁ, ㅇ/ 뒤에 서 어미초의 평음소는 경음소화하지 않는다. 그 다음 어간말의 자음소나 어미초의 자음소는 더 이상의 음운과정을 거칠 것이 없으므로 음성으로 실현된다. 그 결과 실현되는 어간의 음성형은 (2a)㉮~㉴의 네 번째 것과 일치한다.

마지막으로 잠정 기저형과 어미 /ㅡ두/가 통합하면, 어간말의 /ㄷ/ 뒤 에서 어미초의 /ㄷ/는 경음소화하여 /ㄸ/로 된다. 어간말의 /ㅌ, ㅅ, ㅈ, ㅊ/는 자음소 앞에서 먼저 평파열음소화하여 /ㄷ/로 되며 이렇게 형성된 어간말의 /ㄷ/ 뒤에서 어미초의 /ㄷ/ 역시 경음소화하여 /ㄸ/로 된다. 한 편 어간말의 /ㄴ/는 어미초의 /ㄷ/ 앞에서 아무런 음운과정을 거치지 않 으며, 어미초의 /ㄷ/도 어간말의 /ㄴ/ 뒤에서 아무런 음운과정을 거치지 않는다. 그 다음에는 어간말 자음소와 어미초 자음소는 더 이상 아무런 음운과정을 거치지 않는다. 그 결과 실현되는 어간의 음성형은 (2a)㉮~㉴ 의 다섯 번째 것과 일치한다.

이상과 같은 검증 결과, 잠정 기저형 ㉮ /빈/, ㉯ /아래끝/, /논밭/, /삽/, ㉰ /니웃/, /꼿/, /빗/, ㉱ /낮/, /젖/, ㉲ /낯/, /빛/, /옻/, ㉳ /낭반/, /베컨/, /문/은 (2a)㉮~㉳에서 제시된 곡용형의 어간 기저형으로서 합당하다는 것을 알 수 있다. 조사 자료에서 어간말 기저음소로 /ㄷ, ㅌ, ㅅ, ㅈ, ㅊ, ㄴ/를 가지는 곡용어간으로는 (2c)와 같은 예들이 더 있다.

(2c)
㉮ /Xㄷ/류 : 조사된 자료에는 앞의 한 어간만 있다.
㉯ /Xㅌ/류 : 끝(끝, 末), 밑(밑, 底), 웃끝(윗목, ↔아랫목)
㉰ /Xㅅ/류 : 그릇(그릇, 器), 낫(낫, 鎌), 맛(맛, 味), 삿갓(삿갓, 笠)
㉱ /Xㅈ/류 : 조사된 자료에는 앞의 두 어간만 있다.
㉲ /Xㅊ/류 : 조사된 자료에는 앞의 세 어간만 있다.
㉳ /Xㄴ/류 : 간 : (간, 肝), 관(관, 棺), 눈 : (눈, 雪), 눈(눈, 眼), 돈 : (돈 :, 錢), 손(손, 手), 신(신, 履)

• 연구개음소로 끝나는 어간의 기저형
(3a)에 제시된 음성형은 표준어 /저녁/(夕), /고모부/(姑母夫), /팥/(赤豆), /부엌/(廚), /구멍/(孔), /굴뚝/(堗), /옷/(衣)에 해당하는 이 지역어의 곡용어간과 앞에서 제시한 이 지역어의 곡용어미를 통합한 것이고 (3b)는 그것을 분석한 것이다.

(3a)
㉮ /Xㄱ/류 : [저나기, 저나글, 저낭만, 저낙뽀담, 저낙뚜] (저녁, 夕)
　　　　　　[작수기, 작수글, 작숭만, 작숙뽀담, 작숙뚜] (고모부, 姑母夫)
　　　　　　[파기, 파글, 팡만, 팍뽀담, 팍뚜] (팥, 赤豆)
㉯ /Xㅋ/류 : [벼키, 벼클, 병만, 벽뽀담, 벽뚜] (부엌, 廚)
㉰ /Xㅇ/류 : [구넝이, 구넝을, 구넝만, 구넝보담, 구넝두] (구멍, 孔)
　　　　　　[굴통이, 굴통을, 굴통만, 굴통보담, 굴통두] (굴뚝, 堗)
　　　　　　[닙성이, 닙성을, 닙성만, 닙성보담, 닙성두] (옷, 衣)

(3b)
㉮ /X ㄱ/류 : 저낙—이, 저낙—을, 저낭—만, 저낙—뽀담, 저낙—뚜 (저녁, 夕)

작숙—이, 작숙—을, 저낭—만, 저낙—뽀담, 저낙—뚜 (고모부, 姑母夫)

팍—이, 팍—을, 팡—만, 팍—뽀담, 팍—뚜 (팥, 赤豆)

㉯ /X ㅋ/류 : 벽—이, 벽—을, 병—만, 벽—뽀담, 벽—뚜 (부엌, 廚)

㉰ /X ㅇ/류 : 구넝—이, 구넝—을, 구넝—만, 구넝—보담, 구넝—두 (구멍, 孔)

굴통—이, 굴통—을, 굴통—만, 굴통—보담, 굴통—두 (굴뚝, 堗)

닙성—이, 닙성—을, 닙성—만, 닙성—보담, 닙성—두 (옷, 衣)

(3b)의 어간은 모두 자음소로 끝나므로 잠정 기저형은 각각 모음소로 시작하는 어미와 통합하는 교체형이라고 가정한다. 그러면 잠정 기저형은 ㉮ /저낙/, /작숙/, /팍/, ㉯ /벽/, ㉰ /구넝/, /굴통/, /닙성/이 된다.

어간의 잠정 기저형에 어미 /—이/나 /—을/이 통합하면, 어간말 자음소는 아무런 음운과정을 거치지 않는다. 그 결과 실현되는 어간의 음성형은 (3a)㉮~㉰의 첫 번째, 두 번째 것과 일치한다.

다음 잠정 기저형에 어미 /—만/이 통합하면, 어간말의 /ㄱ/, ㅋ/는 어미초의 /ㅁ/ 앞에서 동화(비음소화)하여 /ㅇ/로 된다. 그 다음에는 더 이상의 음운과정을 거칠 것이 없으므로 직접 음성으로 실현된다. 그 결과 실현되는 어간의 음성형은 (3a)㉮~㉰의 세 번째 것과 동일하다.

마지막으로 잠정 기저형과 어미 /—보담/이나 /—두/가 통합하면, 어간말의 /ㄱ/는 어미초의 /ㅂ/나 /ㄷ/를 경음소화하여 /ㅃ/나 /ㄸ/가 되고 어간말의 /ㅋ/는 어미초 /ㅂ/나 /ㄷ/ 앞에서 /ㄱ/로 평파열음소화된 다음 어미초의 /ㅂ/나 /ㄷ/를 경음소화하여 /ㅃ/나 /ㄸ/가 된다. 그러나 명사의 어간말 /ㅇ/ 뒤에서는 어미초의 /ㅂ/나 /ㄷ/는 경음소화하지 않는다. 그 결과 실현되는 어간의 음성형은 (3a)㉮~㉰의 네 번째, 다섯 번째 것과 일치한다.

이상과 같은 검증 결과, 잠정 기저형 ㉮ /저낙/, /작숙/, /팍/, ㉯ /벽/, ㉰

/구녕/, /굴통/, /닙성/은 (3a)㉮~㉲에서 제시된 곡용형의 어간 기저형으로서 합당하다는 것을 알 수 있다.

조사 자료에서 어간말 기저음소로 연구개음소 /ㄱ, ㅋ, ㅇ/를 가지는 곡용어간으로는 (3c)와 같은 예들이 더 있다.

(3c)

㉮ /Xㄱ-/류 : 국(국, 湯), 낭식(양식, 糧食), 당식(장식, 裝飾), 먹(미역, 浴), 몽석(멍석, 廛), 물팍(무릎, 膝), 바람뚝(담벽, 壁), 발꾸락(발가락, 足指), 새박(새벽, 晨), 속(속, 內), 싹(삯, 貰金), 아낙(안, 內), 오룩(오금, 膕), 책(책, 書), 콩팍(콩팥, 腎臟), 털뚝(철쭉, 花名), 흑(흙, 土), 확 : (확, 臼)

㉯ /Xㅋ-/류 : 조사된 자료에는 앞의 한 어간만 있다.

㉰ /Xㅇ-/류 : 강(강, 江), 발빠당(발바닥, 足底), 방(방, 房), 베랑(벼랑, 崖), 분탕(당면, 唐麵), 새껭(거울, 鏡), 새스방(신랑, 新郞), 양(양, 羊), 어방(어림, 槪算), 턴방(천정, 天棚)

② 자음소군으로 끝나는 어간의 기저형

(4a)에 제시된 음성형은 표준어 /닭/(鷄), /여덟/(八), /값/(價), /삶/(生)에 해당하는 이 지역어의 곡용어간과 앞에서 제시한 이 지역어의 곡용어미를 통합한 것이고 (4b)는 그것을 분석한 것이다.

(4a)

㉮ /Xㄺ/류 : [달기, 달글, 당만, 닥뽀담, 닥뚜] (닭, 鷄)

㉯ /Xㄼ/류 : [야덜비, 야덜불, 야덜만, 야덜보담, 야덜두] (여덟, 八)

㉰ /Xㅄ/류 : [갑시, 갑슬, 감만, 갑뽀담, 갑뚜] (값, 價)

㉱ /Xㄻ/류 : [살미, 물물, 삼 : 만, 삼 : 보담, 삼 : 두] (삶, 生)

(4b)

㉮ /Xㄺ/류 : 닭-이, 닭-을, 닥-만, 닥-뽀담, 닥-뚜 (닭, 鷄)

㉯ /Xㄼ/류 : 야덟-이, 야덟-을, 야덜-만, 야덜-보담, 야덜-두 (여덟, 八)

ⓓ /X ㅄ/류 : 값－이, 값－을, 갑－만, 갑－뿌담, 갑－뚜 (값, 價)
ⓔ /X ㄻ/류 : 삶－이, 삶－을, 삼ː－만, 삼ː－보담, 삼ː－두 (삶, 生)

(4b)는 형태분석에서 어간이 자음소로 끝난다는 것을 알 수 있다. 그러므로 잠정 기저형은 모음소로 시작하는 어미와 통합하는 교체형이라고 가정한다. 그러면 ㉮~ⓓ의 잠정 기저형은 ㉮ /닭/, ⓑ /야덟/, ⓓ /값/ ⓔ /삶/이 된다.

어간의 잠정 기저형에 어미 /－이/나 /－을/이 통합하면, 먼저 어간말 자음소군은 아무런 음운 과정을 거치지 않는다.[5] 그 결과 실현되는 어간의 음성형은 (4a)㉮~ⓔ의 첫 번째, 두 번째 것과 동일하다.

다음으로 어간의 잠정 기저형에 어미 /－만/이 통합하면, 먼저 어간말 자음소군이 단순화된다. 즉 어간말 자음소군 /ㄺ, ㄼ, ㅄ, ㄻ/는 각각 /ㄱ, ㄹ, ㅂ, ㅁ/로 된다. 그 다음 어간말의 /ㄱ/는 어미초의 /ㅁ/ 앞에서 비음소화하여 /ㅇ/로 된다. 그러나 어간말의 /ㄹ, ㅁ/는 아무런 음운변화가 없고 어간말의 /ㅂ/는 어미초의 /ㅁ/ 앞에서 비음소화하여 /ㅁ/로 된다. 그 다음 더 이상의 음운과정을 거칠 것이 없으므로 음성으로 실현되는데 그 음성형은 (4a)㉮~ⓔ의 세 번째 것과 동일하다.

끝으로 이들 잠정 기저형에 어미 /－보담/이나 /－두/가 통합하면, 먼저 어간말 자음소군은 단순화된다. 즉 어간말 자음소군 /ㄺ, ㄼ, ㅄ, ㄻ/는 각각 /ㄱ, ㄹ, ㅂ, ㅁ/로 된다. 이렇게 형성된 어간말의 평파열음소 /ㄱ, ㅂ/는 어미초의 /ㅂ/나 /ㄷ/를 경음소화하여 각각 /ㅃ/나 /ㄸ/로 되게 한다. 그러나 어간말의 /ㄹ/나 /ㅁ/는 어미초의 /ㅁ/ 앞에서 아무런 음운과정을 거치지 않는다. 그 결과 실현되는 어간의 음성형은 (4a)㉮~ⓔ의 네 번째, 다섯 번째 것과 동일하다.

---

5) 이때 아무런 음운과정은 거치지 않지만 음성으로 실현될 때에 어간의 평음소 /ㅂ(p), ㄱ(k)/는 이음 [ㅂ(b), ㄱ(g)]로 된다.

이상과 같은 검증 결과, 어간의 잠정 기저형 ㉮ /닭/, ㉯ /야덟/, ㉰ /값/, ㉱ /삶/은 각각 (4a)㉮~㉱에 제시된 곡용형의 어간기저형으로서 합당하다는 것을 알 수 있다.

이 지역어에서 어간말에 기저음소 /ㄺ, ㄻ, ㅄ, ㄻ/를 가지는 곡용어간은 조사된 자료에서 더 이상 발견되지 않는다.6)

3.1.1.2. 유음소로 끝나는 어간의 기저형

(5a)에 제시된 음성형은 표준어 /기/(旗), /넝쿨/(蔓), /이질/(痢疾)에 해당하는 이 지역어의 곡용어간과 앞에서 제시한 이 지역어의 곡용어미를 통합한 것이고 (5b)는 그것을 분석한 것이다.

(5a)
/Xㄹ/류 : [기빠리, 기빠를, 기빨만, 기빨보담, 기빨두] (기, 旗)
　　　　　[넌추리, 넌추를, 넌출만, 넌출보담, 넌출두] (넝쿨, 蔓)
　　　　　[니지리, 니지를, 니질만, 니질보담, 니질두] (이질, 痢疾)

(5b)
/Xㄹ/류 : 기빨-이, 기빨-을, 기빨-만, 기빨-보담, 기빨-두 (기, 旗)
　　　　　넌출-이, 넌출-을, 넌출-만, 넌출-보담, 넌출-두 (넝쿨, 蔓)
　　　　　니질-이, 니질-을, 니질-만, 니질-보담, 니질-두 (이질, 痢疾)

(5b)의 어간은 모두 유음소로 끝나므로 잠정 기저형은 각각 모음소로 시작하는 어미와 통합하는 교체형이라고 가정한다. 그러면 잠정 기저형은 /기빨/, /넌출/, /니질/이 된다.

어간의 잠정 기저형에 어미 /-이/, /-을/, /-만/, /-보담/, /-두/가 통합하면, 어간말 유음소는 아무런 음운과정을 거치지 않는다. 그 결과

6) 한국어에서 어간말 기저음소 /ㄺ/를 가지는 /흙/은 이 지역어에서 어간말 기저음소 /ㄱ/를 가져 /흑/으로 나타난다.

실현되는 어간의 음성형은 (5a)와 일치한다. 따라서 잠정 기저형 /기빨/, /년출/, /니질/은 (5a)에서 제시된 곡용형의 어간 기저형으로서 합당하다는 것을 알 수 있다.

이 지역어에서 어간말에 기저음소 /ㄹ/를 가지는 곡용어간으로는 (5c)와 같은 예들이 더 있다.

(5c)
/Xㄹ/류 : 개굴(개울, 瀆), 겷(성, 怒氣), 굴(굴, 穴), 귀알(귓불, 耳垂), 놀 :
(노을, 霞), 누월(유월, 六月), 니불(이불, 衾), 달(달, 月), 덜(절,
寺), 돌(돌, 週歲), 돌 : (돌 : , 石), 들(들, 野), 물(물, 水), 물겷(물
겷, 波), 발(발, 足), 벨(별, 星), 샛벨(샛별, 金星), 솔 : (솔 : , 刷),
쌀(쌀, 米), 여울(여울, 湍), 예 : 술(예 : 술, 藝術), 욕질(욕, 辱),
움물(우물, 井), 줄(줄, 鉉), 팔(팔, 臂)

3.1.1.3. 모음소로 끝나는 어간의 기저형

모음소로 끝나는 어간의 기저형은 단모음소로 끝나는 것과 이중모음소로 끝나는 것으로 나눌 수 있다. 이 지역어에서 단(單)모음소로 끝나는 곡용어간의 모음소로는 /이, 애, 에, 으, 어, 우, 오, 아/가 있고 이중모음소로 끝나는 곡용어간의 모음소로는 /야, 여, 요, 유, 예, 위, 웨, 왜, 와, 얘 : /가 있다. 그러나 어간이 모음소로 끝나는 경우에 어간이 거치는 음운과정은 어간말의 모음소에 한정되므로 어간말 이중모음소 /야, 와/는 단모음소 /아/, 이중모음소 /유/는 단모음소 /우/, 이중모음소 /위/는 단모음소 /이/가[7], 이중모음소 /예, 웨/는 단모음소 /에/, 이중모음소 /여/는 단모음소 /어/, 이중모음소 /요/는 단모음소 /오/, 이중모음소 /왜, 얘 : /는

---

7) 앞에서 언급했듯이 이 지역어에서 /위/는 이중모음소 [wi]와 단모음소 [ü]로 실현되지만 단모음소 [ü]는 선행자음소가 /ㅅ/일 때에 한해서만 나타나고 나머지는 모두 이중모음소 [wi]가 보편적으로 실현되기에 여기에서는 단모음소 /이/로 끝나는 기저형과 같이 다루기로 한다.

단모음소 /애/와 동일한 음운과정을 거치므로 모두 각각의 단모음소와
함께 다루기로 한다.

(6a)에 제시된 음성형은 ( ) 속의 표준어 곡용어간에 대한 이 지역어의
곡용어간과 앞에서 제시한 이 지역어의 곡용어미 '/−가/, /−를/, /−만/,
/−보담/'과 모음소로 시작하는 어미 /−에, −에게/를 통합한 것이고 (6b)
는 그것을 분석한 것이다.

(6a)
　㉠ /X이/류 : [베루디가, 베루디를, 베루디만, 베루디보담, 베루디에] (벼
　　　　　　　룩, 蚤)
　　　　　　　[단데기가, 단데기를, 단데기만, 단데기보담, 단데기에] (단
　　　　　　　지, 壇)
　　　　　　　[누펭이가, 누펭이를, 누펭이만, 누펭이보담, 누펭이에] (늪, 沼)
　㉡ /X애/류 : [초매 : 가, 초매 : 를, 초매 : 만, 초매 : 보담, 초매 : 에] (치
　　　　　　　마, 裳)
　　　　　　　[넙차개가, 넙차개를, 넙차개만, 넙차개보담, 넙차개에] (호
　　　　　　　주머니, 囊)
　　　　　　　[허캐가, 허캐를, 허캐만, 허캐보담, 허캐에] (서캐, 蟣)
　㉢ /X에/류 : [테네가, 테네를, 테네만, 테네보담, 테네에게] (처녀, 處女)
　　　　　　　[찔게가, 찔게를, 찔게만, 찔게보담, 찔게에] (반찬, 饌)
　　　　　　　[눙에가, 눙에를, 눙에만, 눙에보담, 눙에에] (누에, 蠶)
　㉣ /X으/류 : [낭그가, 낭그를, 낭그만, 낭그보담, 낭그에] (나무, 木)
　　　　　　　[까스가, 까스를, 까스만, 까스보담, 까스에] (가스, 燃料)
　　　　　　　[뻐스가, 뻐스를, 뻐스만, 뻐스보담, 뻐스에] (버스, 交通)
　㉤ /X어/류 : [고등어가, 고등어를, 고등어만, 고등어보담, 고등어에] (고
　　　　　　　등어, 魚名)
　　　　　　　[언어가, 언어를, 언어만, 언어보담, 언어에] (언어, 言語)
　　　　　　　[집터가, 집터를, 집터만, 집터보담, 집터에] (집터, 宅地)
　㉥ /X우/류 : [당수가, 당수를, 당수만, 당수보담, 당수에게] (장수, 商人)
　　　　　　　[먹자구가, 먹자구를, 먹자구만, 먹자구보담, 먹자구에] (개
　　　　　　　구리, 蛙)

[세구가, 세구를, 세구만, 세구보담, 세구에] (석유, 石油)

㉑ /X오/류 : [테조가, 테조를, 테조만, 테조보담, 테조에] (체조, 體操)

[째보가, 째보를, 째보만, 째보보담, 째보에게] (언청이, 兎脣)

[대들보가, 대들보를, 대들보만, 대들보보담, 대들보에] (대들보, 樑)

㉒ /X아/류 : [님자가, 님자를, 님자만, 님자보담, 님자에게] (임자, 夫婦
互稱)

[선스나가, 선스나를, 선스나만, 선스나보담, 선스나에게]
(남자아이, 男兒)

[니마가, 니마를, 니마만, 니마보담, 니마에] (이마, 額)

(6b)

㉮ /X이/류 : 베루디-가, 베루디-를, 베루디-만, 베루디-보담, 베루디
-에 (벼룩, 蚤)

단데기-가, 단데기-를, 단데기-만, 단데기-보담, 단데
기-에 (단지, 壇)

누펑이-가, 누펑이-를, 누펑이-만, 누펑이-보담, 누펑
이-에 (늪, 沼)

㉯ /X애/류 : 초매 : -가, 초매 : -를, 초매 : -만, 초매 : -보담. 초매 :
-에 (치마, 裳)

넙차개-가, 넙차개-를, 넙차개-만, 넙차개-보담, 넙차
개-에 (호주머니, 囊)

허캐-가, 허캐-를, 허캐-만, 허캐-보담, 허캐-에 (서캐, 蟣)

㉰ /X에/류 : 테네-가, 테네-를, 테네-만, 테네-보담, 테네-에게 (처
녀, 處女)

찔게-가, 찔게-를, 찔게-만, 찔게-보담, 찔게-에 (반찬, 饌)

눙에-가, 눙에-를, 눙에-만, 눙에-보담, 눙에-에 (누에, 蠶)

㉱ /X으/류 : 낭그-가, 낭그-를, 낭그-만, 낭그-보담, 낭그-에 (나무, 木)

가스-가, 가스-를, 가스-만, 가스-보담, 가스-에 (가스,
燃料)

버스-가, 버스-를, 버스-만, 버스-보담, 버스-에 (버스,
交通)

㉮ /X어/류 : 고등어—가, 고등어—를, 고등어—만, 고등어—보담, 고등
어—에 (고등어, 魚名)

언어—가, 언어—를, 언어—만, 언어—보담, 언어—에 (언어,
言語)

집터—가, 집터—를, 집터—만, 집터—보담, 집터—에 (집터,
宅地)

㉯ /X우/류 : 당수—가, 당수—를, 당수—만, 당수—보담, 당수—에게 (장
수, 商人)

먹자구—가, 먹자구—를, 먹자구—만, 먹자구—보담, 먹자
구—에 (개구리, 蛙)

세구—가, 세구—를, 세구—만, 세구—보담, 세구—에 (석유,
石油)

㉰ /X오/류 : 테조—가, 테조—를, 테조—만, 테조—보담, 테조—에 (체조,
體操)

째보—가, 째보—를, 째보—만, 째보—보담, 째보—에게 (언
청이, 兎脣)

대들보—가, 대들보—를, 대들보—만, 대들보—보담, 대들
보—에 (대들보, 樑)

㉱ /X아/류 : 님자—가, 님자—를, 님자—만, 님자—보담, 님자—에게 (임
자, 夫婦互稱)

선스나—가, 선스나—를, 선스나—만, 선스나—보담, 선스
나—에게 (남자아이, 男兒)

니마—가, 니마—를, 니마—만, 니마—보담, 니마—에 (이마, 額)

(6b)의 형태분석에 의하면 어간은 모두 모음소로 끝난다. 이 경우에는
자음소로 시작하는 어미 '/—가/, /—를/, /—만/, /—보담/'과 통합한 어간
형을 잠정 기저형으로 가정한다. 그렇게 되면 (6a)㉮~㉱의 잠정 기저형
은 ㉮ /베루디/, /단데기/, /누펭이/, ㉯ /초매 : /, /넙차개/, /허캐/, ㉰ /테네/,
/찔게/, /능에/, ㉱ /낭그/, /가스/, /버스/, ㉮ /고등어/, /언어/, /집터/, ㉯ /
당수/, /먹자구/, /세구/, ㉰ /테조/, /째보/, /대들보/, ㉱ /님자/, /선스나/, /
니마/가 된다.

어간의 잠정 기저형에 자음소로 시작하는 어미 '/-가/, /-를/, /-만/, /-보담/'을 통합하면, 어간은 아무런 음운과정도 거치지 않는다. 그 때에 실현되는 어간의 음성형은 (6a)㉮~㉲의 첫 번째, 두 번째, 세 번째, 네 번째 것과 동일하다.

다음으로 어간의 잠정 기저형에 모음소로 시작하는 어미 /-에, -에게/를 통합하면, 마찬가지로 어간은 어떠한 음운과정도 거치지 않는다. 그 때에 실현되는 어간의 음성형은 (6a)㉮~㉲의 다섯 번째 것과 동일하다.

이상과 같은 검증 결과, 어간의 잠정 기저형 ㉮ /베루디/, /단데기/, /누펑이/, ㉯ /초매/, /넙차개/, /허캐/, ㉰ /테네/, /찔게/, /눙에/, ㉱ /낭그/, /가스/, /버스/, ㉲ /고등어/, /언어/, /집터/, ㉳ /당수/, /멱자구/, /세구,/ ㉴ /테조/, /째보/, /대들보/, ㉵ /님자/, /선스나/, /니마/는 각각 (6a)㉮~㉵에 제시된 곡용형의 어간기저형으로서 합당하다는 것을 알 수 있다.

조사 자료에서 어간말 기저음소로 /이, 애, 에, 으, 어, 우, 오, 아/를 가지는 곡용어간으로는 (6c)와 같은 예들이 더 있다.

(6c)
㉮ /X이/류 : 갈기(가루, 粉), 강내이(옥수수, 穀名), 괭이(고양이, 猫), 귀[kwi](귀, 耳), 깍대기(껍질, 皮), 꼬랑댕이(꼬리, 尾), 너이(넷, 四), 돌챙이(도랑, 溝), 두루매기(두루마기, 周衣), 뒤(뒤, 後), 떠껭이(뚜껑, 盇), 메느리(며느리, 婦), 모캥이(모퉁이, 隅), 물고기(물고기, 魚), 버버리(벙어리, 啞), 벌기(벌레, 虫), 뱅아리(병아리, 雛), 뿌리기(뿌리, 根), 서이(셋, 三), 아주마니(숙모, 叔母), 아주바니(숙부, 叔父), 얼그맹이(곰보, 痲), 잔띠(잔디, 草芝), 저그니/적은이(시동생, 嫂同生), 제까치(젓가락, 筯), 쥐[tswi](쥐, 鼠), 집나니/집난이(출가한 딸, 出嫁女), 취미[tsʰwimi](취미, 趣味), 칼또매기(도마, 俎), 할마니(할머니, 祖母), 아바지(할아버지, 祖父), 위 : [wi :](위 :, 上), 홍돼기(홍역, 紅疫)

ᄔ /X애/류 : 가매(가마, 鍋), 감재(감자, 馬鈴薯), 개(개, 犬), 날쌔(새, 鳥),
냇내(연기, 煙氣), 노래(노래, 歌), 눈보래(눈보라, 風雪), 복
새(복숭아, 桃), 좨(죄, 罪), 얘 : (얘 : , 이 아이의 준말)

ᄕ /X에/류 : 가웨(가위, 剪刀), 강계(강계, 地名), 게 : (게 : , 蟹), 남네(남
녀, 男女), 널레(서까래, 橡), 달궤(달구, 夯物), 동세(동서,
姒), 명예(명예, 名譽), 베(벼, 稻), 어드메(어디, 何處), 에미
네(여자, 女), 예(대답, 對答), 헤(혀, 舌)

ᄚ /X으/류 : 구트쪼브(人名)

ᄜ /X어/류 : 선녀(선녀, 仙女)

ᄈ /X우/류 : 까마구(까마귀, 鳥), 꿘 : 투(권투, 拳鬪), 닙사구(잎, 葉), 당
나구(당나귀, 驢), 더우(더위, 暑), 덜구(절구, 搗臼), 데수(제
수, 弟嫂), 모다구(못, 釘), 무뉴(무늬, 紋), 바쿠(바퀴, 輪),
볼따구(볼, 腮), 뻬다구(뼈다귀, 骨), 사마구(사마귀, 痣), 새
우(새우, 蝦), 손주(손자, 孫子), 쉐 : 수(세 : 수, 洗面), 싸우
(사위, 婿), 씀바구(씀바귀, 苦菜), 용 : 구(용 : 구, 用具), 우
유(우유, 牛乳), 풍쑤(풍수, 風水), 호무(호미, 鋤), 힌 자우
(흰자, 卵白)

ᄴ /X오/류 : 수도(상수도, 水道), 차조(차조, 粘粟), 학교(학교, 學校)

ᅇ /X아/류 : 기아(기와, 瓦), 네사(예사, 例事), 당 : 가(장 : 가, 丈家), 데
사(제사, 祭祀), 데자(제자, 弟子), 두야(주야, 晝夜), 디과(고
구마, 甘藷), 식사(식사, 食事), 언나(갓난애, 嬰兒), 유 : 자
(유자, 柚子), 한나(하나, 一)

3.1.2. 복합기저형

곡용어간이 복합기저형인 것은 이 지역어에 많이 나타나지 않는다.
아래 이 지역어에 나타나는 곡용어간의 복합기저형에 대해서 논의한다.

어간말에 복합기저형태소 ㄴ{아−애}를 가지는 어간 기저형을 설정해
본다. 먼저 표준어 /나/(我)에 대한 이 지역어의 곡용형과 그에 대한 형태
분석을 제시하면 (7a), (7b)와 같다.

(7a)
/Xㄴ{아-애}/류 : [나와, 나에게, 내가] (我)
(7b)
/Xㄴ{아-애}/류 : 나-와, 나-에게, 내-가 (我)

(7b)에 제시된 형태분석에 의하면 자음소로 시작하는 어미 /-가/와 통합하는 어간형은 /내/로 나타나고 모음소로 시작하는 어미 /-와, -에게/와 통합하는 어간형은 /나/로 나타난다. 분석된 두 개의 교체형을 공통부분을 기준으로 묶으면 /ㄴ{아-애}/가 되는데, 두 개의 교체음 중 어느 하나를 기저형으로 하여서도 다른 교체음의 도출을 공시적 음운규칙으로 합당하게 설명할 수 없다. 그러므로 그것들은 어휘화된 교체형으로 인정해야 한다. 그렇게 되면 (7a)에 보이는 어간의 기저형은 복합기저형 /ㄴ{아-애}/로 표시된다.[8] 이 지역어에서 어간말에 복합기저형태소 ㄴ{아-애}를 가지는 곡용 어간으로는 이것 하나뿐이다.

아래 예문을 통하여 이 지역어의 어간말에 존재하는 복합기저형태소 ㄴ{아-애}를 확인할 수 있다.

- 내가 사어베서 성공해쓸 때라능게 군사봉무 끈나구 와쓸 때, 새 징무에 배치될 때 이런 때가 데일 도티머. (내가 사업에서 성공했을 때라는게 군사복무 끝나고 왔을 때, 새 직장에 배치될 때 이런 때가 가장 좋지뭐.)
- 내가 요기다가 요런 지불 진까수다 요러케 해서 승인돼야 집 진다 마리. (내가 여기에다가 이런 집을 짓겠습니다. 이렇게 해서 허락을 받아야 집 짓는단 말이오.)
- 나와 아이드리 인민대학쑵땅에 가티 가곤 해띠. (나와 아이들이 인민대학습당에 같이 가곤 했지.)
- 세대주레 겨리 나 이스문 나와 아이드른 아야 더 방에서 나오디 안티요 (가장이 화가 나 있으면 나와 아이들은 애당초 저 방에서 나오지 않지요)

---

8) /너/, /네/ ; /저/, /제/에 관련 내용 참조

3.2. 활용어간의 기저형

활용어간의 기저형은 단일기저형과 복합기저형으로 구분하여 논의하
며, 기저형 설정을 위해서 살펴본 이 지역어의 활용어간과 통합하는 이
지역어의 활용어미는 /-(으)니까/, /-어두(-어도)/, /-은다, -는다/, /-구
(-고)/, /-더라/이다.

여기에서 논의할 대상이 되는 활용어간은 모두 382개이다. 이것은 이
지역어에 존재하는 활용어간의 종성 체계와 모든 공시적 음운과정을 파
악할 수 있도록 작성된 389개의 활용어간 중 이 지역어에서 사용되지
않는 7개를 제외한 숫자이다.

활용형을 분석하기 위해서는 어간과 통합되는 이 지역어의 어미에 대
한 기저형의 설정에 대해 먼저 논의할 필요가 있다. 어미의 기저형을 알
면 음성형으로부터 어간의 형태를 쉽게 추출할 수 있기 때문이다.

① 닉-는다   닉-꾸   닉-떠라   닉-으니까   닉-어두   (익-, 熟)
② 밷:-는다   백:-꾸   밷:-떠라   밷-으니까   밷-어두   (뱉-, 唾)
③ 사:-ㄴ다   살:-구   살:-더라   사-니까   살-아두   (살-, 住)
④ 작:-따   작:-꾸   작:-떠라   작:-으니까   작:-아두   (작-, 小)
⑤ 크-다   크-구   크-더라   크-니까   크-어두   (크-, 大)

위의 자료는 이 지역어의 활용어간 /닉-/, /밷-/, /살-/, /작-/, /크-/
와 표준어의 활용어미 /-{는, 은}다/, /-고/, /-더라/, /-으니까/, /-어
도/가 통합하는 경우에 해당하는 이 지역어의 음성형을 어간과 어미로
분석한 것이다. 이 자료에서 결정할 것은 이 지역어의 활용어미의 기저
형이다. 먼저 제시된 자료에서 각 항을 수직으로 정리하면, 그것이 이
지역어에 사용되는 해당 활용어미의 기저형에 대한 교체형이 된다. 즉

표준어 어미 각각에 대한 이 지역어 어미 기저형의 교체형은 [−는다(nɯ
nda), −ㄴ다(nda), −따(t'a), −다(da)], [−꾸(k'u), −구(gu)], [−떠라(t'ʌɾa),
−더라(dʌɾa)], [−으니까(ɯnik'a), −니까(nik'a)], [−아두(adu), −어두(ʌdu)]
가 된다. 이들 각 어미의 교체형을 정리하면, 각각 −{ㄴ, ø}은다({n, ø}
ɯnda), −{따, 다}아({t', d}a), −{꾸, 구}우({k', g}u), −{따, 다}어라({t',
d}ʌɾa), −{으, ø}니까({ɯ, ø}nik'a), −{아, 어}두({a, ʌ}du)]가 된다.

　여기에서 각 어미에서 공통되는 부분, 즉 { }밖의 부분은 어미 기저형
의 일부가 되며 교체형에서 차이를 보이는 { }안에 있는 부분들 간의 논
의를 통해서 기저형의 나머지 부분을 결정할 수 있다. 구체적으로 서술하
면 [−{꾸, 구}우]의 경우, 공통부분인 [우]는 기저음소가 되어 /−{ }우/
로 표시된다. 그리고 { } 속의 교체음 중 [꾸]를 기저음소로 할 경우에
는 그것이 모음소나 /르/로 끝나는 어간 뒤에서 [구](g)로 실현되는 사실
을 설명할 수 없다. 한국어에서 경음소나 유기음소는 유성음소 사이에서
도 유성음화하지 않기 때문이다. 그러나 [구](g)의 무성음 [구](k)를 기저
음소로 하는 경우에는 그것이 어간말의 평파열음소 뒤에서는 경음소화
하여 [꾸]로 실현되고 어간말의 모음소나 /르/ 뒤에서는 유성음화하여
[구]로 되는 사실을 설명할 수 있다. 따라서 표준어 어미 /−고/에 대한
이 지역어의 어미 기저형은 /−구/가 된다.

　동일한 논의에 의해서, [−{따, 다}어라]의 기저형은 /−더라/가 된
다.[9] 그리고 [−{으, ø}니까]의 기저형은 /−으니까/가 된다. /으/를
기저음소로 삼은 것은 한국어에서 어간말 자음소 뒤에서 /으/가 삽입되
지 않는 것이 일반적인데 반하여 어간말 모음소나 /르/ 뒤에서 어미초의
/으/가 탈락하는 것이 일반적이기 때문이다. 그리고 [−{아, 어}두]의
기저형은 /−어두/가 된다. /어/를 기저음소로 삼은 것은 8개의 어간말

---

9) 유음 [ɾ]의 기저음소를 /l/로 한 것은 기저음소 /l/이 어두에서 [ɾ]로 실현되는 것이 기저음
　소 /ɾ/가 음절말에서 [l]로 실현되는 것보다 더 일반적이라는 사실에 말미암은 것이다.

모음소 중에서 어미초의 /어/와 통합하는 것은 5개(/이, 에, 으, 어, 우/)인데 반하여 어미초 /아/와 통합하는 것은 3개(/아, 오, 애/)이기 때문이다.

끝으로 [－{ㄴ, ø}은다, －{따, ㄷ}애의 경우, [－{따, ㄷ}애의 기저형은 /－다/가 된다. 그러나 [－{ㄴ, ø}은다]는 { } 속의 어느 하나를 기저음소로 하여 다른 것의 도출을 설명할 수 없다. 그러므로 기저형 설정 기준 ②ⓑ의 ⓛ에 의해 교체음들 모두가 기저음소로 인정되어야 하는 바 그 결과 복합기저형 /－{ㄴ, ø}은다/가 된다. 여기서 복합기저형 /－{ㄴ, ø}은다/는 동작동사의 어간 뒤에 선택되는데 어휘화된 교체형 /－는다/는 자음소로 끝나는 동작동사의 어간 뒤에 선택되고 /－은다/는 모음소나 /ㄹ/로 끝나는 동작동사의 어간 뒤에 선택된다. 그리고 기저형 /－다/는 상태동사의 어간이나 선어말어미 뒤에 선택된다. 그것들은 복합기저형 /－{{ㄴ－ø}은－ø}다/로 통합하여 나타낼 수 있다.

이상의 논의 결과 이 지역어의 활용형에 사용된 어미의 기저형과 교체형은 다음과 같이 정리할 수 있다. 즉,

- /－{{ㄴ－ø}은－ø}다({{n－ø}ɯn－ø}ta)/ : [－는다, －은다, －다]
- /－구(ku)/ : [－꾸, －구]
- /－더라(tʌla)/ : [－떠라, －더라]
- /－으니까(ɯnik'a)/ : [－으니까, －니까]
- /－어두(ʌtu)/ : [－아두, －어두]

3.2.1. 단일기저형

활용어간의 단일기저형은 어간말이 자음소로 끝나는 것과 모음소로 끝나는 것으로 구분한다. 먼저 어간이 자음소로 끝나는 어간의 기저형에 대해 논의하고 다음에 모음소로 끝나는 어간의 기저형에 대해서 논의한다.

3.2.1.1. 자음소로 끝나는 어간의 기저형

자음소로 끝나는 활용어간의 기저형은 단일자음소로 끝나는 것과 자음소군으로 끝나는 것으로 구분한다. 먼저 단일자음소로 끝나는 어간의 기저형에 대해 논의하고 다음에 자음소군으로 끝나는 어간의 기저형에 대해 논의한다.

① 자음소로 끝나는 어간의 기저형

여기서는 조음점을 기준으로 어간말이 양순음소로 끝나는 어간의 기저형에서 성문음소로 끝나는 어간의 기저형까지 논의한다. 이 경우의 기저형 설정은 앞에 제시한 기준 ①~④를 적용한다.

• 양순음소로 끝나는 어간의 기저형
(1a)에 제시된 것은 ( ) 속의 표준어 활용어간에 대한 이 지역어의 활용어간이 위에 제시된 이 지역어의 활용어미와 통합한 음성형이며 (1b)는 그것을 형태로 분석한 것이다.[10]

(1a)
㉮ /Xㅂ-/류 : [니부니까, 니버두, 닙는다, 닉꾸, 닙떠라] (입-, 着衣)
　　　　　　 [뽀부니까, 뽀바두, 뽑는다, 뽁꾸, 뽑떠라] (뽑-, 選)
　　　　　　 [씨부니까, 씨버두, 씸는다, 씩꾸, 씹떠라] (씹-, 嚼)
㉯ /Xㅍ-/류 : [가푸니까, 가파두, 갑는다, 각꾸, 갑떠라] (갚-, 報)
　　　　　　 [더푸니까, 더퍼두, 덥는다, 덕꾸, 덥떠라] (덮-, 蓋)
　　　　　　 [어푸니까, 어퍼두, 엄는다, 억꾸, 업떠라] (엎-, 覆)
㉰ /Xㅁ-/류 : [까무니까, 까마두, 깜ː는다, 깡ː꾸, 깜ː떠라] (감-, 洗髮)
　　　　　　 [가무니까, 가마두, 감ː는다, 강ː꾸, 감ː떠라] (감-, 瞑)
　　　　　　 [수무니까, 수머두, 숨ː는다, 숭ː꾸, 숨ː떠라] (숨-, 隱)

---

10) 이 지역어에 /ㅃ/로 끝나는 활용어간은 존재하지 않으므로 나머지 양순음소(/ㅂ/, /ㅍ/, /ㅁ/)로 끝나는 활용어간만 제시한다.

(1b)

㉮ /Xㅂ-/류 : 닙-우니까, 닙-어두, 님-는다, 닉-꾸, 닙-떠라 (입-,
着衣)

뽑-우니까, 뽑-아두, 뽐-는다, 뽁-꾸, 뽑-떠라 (뽑-, 選)

씹-우니까, 씹-어두, 씸-는다, 씩-꾸, 씹-떠라 (씹-, 嚼)

㉯ /Xㅍ-/류 : 갚-우니까, 갚-아두, 감-는다, 각-꾸, 갑-떠라 (갚-, 報)

덮-우니까, 덮-어두, 덤-는다, 덕-꾸, 덥-떠라 (덮-, 蓋)

엎-우니까, 엎-어두, 엄-는다, 억-꾸, 업-떠라 (엎-, 覆)

㉰ /Xㅁ-/류 : 깜-우니까, 깜-아두, 깜 : -는다, 깡 : -꾸, 깜 : -떠
라 (감-, 洗髮)

감-우니까, 감-아두, 감 : -는다, 강 : -꾸, 감 : -떠라
(감-, 瞑)

숨-우니까, 숨-어두, 숨 : -는다, 숭 : -꾸, 숨 : -떠라
(숨-, 隱)

(1b)의 어간은 모두 자음소로 끝나므로 잠정 기저형은 각각 /어/로 시
작하는 어미와 통합하는 교체형이라고 가정한다. 그러면 각 어간의 잠정
기저형은 ㉮ /닙-/, /뽑-/, /씹-/, ㉯ /갚-/, /덮-/, /엎-/, ㉰ /깜 : -/,
/감 : -/, /숨 : -/이 된다. 여기서 (1a)㉰의 잠정 기저형의 모음소를 /아 : /
라고 한 것은, 자음으로 시작하는 어미와 통합한 어간말이 장모음을 가
지고 있으므로 기저형 설정기준 ③ⓐ를 적용한 결과이다.

잠정 기저형에 어미 /-는다/가 통합하면, 어간말의 /ㅂ/는 어미초의 /ㄴ/
앞에서 동화(비음소화)되어 /ㅁ/로 되고 어간말의 /ㅍ/는 어미초의 /ㄴ/ 앞
에서 먼저 평파열음소화하여 /ㅂ/로 되고 다시 어미초의 비음소 앞에서
동화(비음소화)되어 /ㅁ/로 된다. 그러면 어간말의 /ㅂ/와 /ㅍ/는 모두 /ㅁ/
로 되고 더 이상의 아무런 음운과정을 거치지 않는다. 그 결과 실현되는
어간의 음성형은 (1a)㉮~㉰의 세 번째 것과 일치한다.

다음으로 잠정 기저형과 어미 /-꾸/가 통합하면, 어간말의 /ㅂ/는 어
미초의 /ㄱ/ 앞에서 동화(연구개음소화)되어 /ㄱ/로 되고, 어간말의 /ㅍ/는

어미초의 /ㄱ/ 앞에서 먼저 평파열음소화하여 /ㅂ/로 된 후 다시 어미초의 /ㄱ/에 동화(연구개음소화)되어 /ㄱ/로 된다. 그리고 어간말 /ㅁ/는 어미초의 /ㄱ/ 앞에서 동화(연구개음소화)되어 /ㅇ/로 된다. 그 결과 실현되는 어간의 음성형은 (1a)㉮~㉰의 네 번째 것과 일치한다.

다음 잠정 기저형과 어미 /-더라/가 통합하면, 먼저 어간말의 /ㅍ/는 어미초의 /ㄷ/ 앞에서 평파열음소화하여 /ㅂ/로 된다. 다음에 어간말의 평자음소 뒤에서 어미초의 /ㄷ/는 경음소화하여 /ㄸ/로 된다. 이러한 음운과정을 거친 뒤에는 더 이상 거쳐야 할 음운과정이 존재하지 않는다. 그 결과 실현되는 어간의 음성형은 (1a)㉮~㉰의 다섯 번째 것과 일치한다.

그 다음 잠정 기저형에 어미 /-으니까/가 통합하면, 어미초의 /으/는 어간말의 양순음소 뒤에서 원순모음소화하여 /우/로 실현된다. 그리고 ㉰의 어간 장모음소는 어미초의 모음소 앞에서 단모음소화한다. 이러한 음운과정을 거친 뒤에는 더 이상 거쳐야 할 음운과정이 존재하지 않는다. 그 결과 실현되는 어간의 음성형은 (1a)㉮~㉰의 첫 번째 것과 일치한다.

끝으로 잠정 기저형에 어미 /-어두/가 통합하면, 어간말 자음소는 다른 음운과정을 거치지 않으나 ㉰의 어간 장모음소는 어미초의 모음소 앞에서 단모음소화한다. 그 다음에는 더 이상 음운과정을 거치지 않는다.[11] 그 결과 실현되는 어간의 음성형은 (1a)㉮~㉰의 두 번째 것과 일치한다.

이상과 같은 검증 결과, 잠정 기저형 ㉮ /닙-/, /뽑-/, /씹-/, ㉯ /갚-/, /덮-/, /엎-/, ㉰ /깜ː-/, /감ː-/, /숨ː-/은 (1a)㉮~㉰에 제시된 활용형의 어간 기저형으로서 합당하다는 것을 알 수 있다.

조사 자료에서 어간말 기저음소로 /ㅂ, ㅍ, ㅁ/를 가지는 활용어간으로는 (1c)와 같은 예들이 더 있다.

---

11) 이때 더 이상의 음운과정은 거치지 않지만 음성으로 실현될 때에 어간의 평음소 /ㅂ(p)/는 이음 [ㅂ(b)]로 된다.

(1c)

㉮ /Xㅂ-/류 : 잡-(잡-, 執), 접-(접-, 摺), 업-(업-, 負) 등 소위
'ㅂ-정칙동사'들이 모두 여기에 포함된다.

㉯ /Xㅍ-/류 : 깊-(깊-, 深), 높-(높-, 高), 싶-(싶-, 望) 등이 있다.

㉰ /Xㅁ-/류 : 감 : -(감-, 捲), 남 : -(남-, 餘), 넘 : -(넘-, 越), 다듬
-(다듬-, 整), 담 : -(담-, 盛), 더듬-(더듬-, 摸), 쓰다
듬-(쓰다듬-, 撫), 심-(심-, 植) 등이 있다.

• 치음소 또는 치조음소로 끝나는 어간의 기저형

(2a)에 제시된 것은 ( ) 속의 표준어 활용어간에 대한 이 지역어의 활
용어간이 위에 제시된 이 지역어의 활용어미와 통합한 음성형이며 (2b)
는 그것을 형태로 분석한 것이다.12)

(2a)

㉮ /Xㄷ-/류 : [드드니까, 드더두, 든는다, 득꾸, 듣떠라] (듣-, 聞)13)
[배드니까, 배더두, 밴 : 는다, 백 : 꾸, 밷 : 떠라] (밷-, 唾)14)
[미드니까, 미더두, 민는다, 믹꾸, 믿떠라] (믿-, 信)

㉯ /Xㅌ-/류 : [부트니까, 부터두, 분는다, 북꾸, 붇떠라] (붙-, 附)
[야트니까, 야타두, 얀따, 약꾸, 얃떠라] (얕-, 淺)
[마트니까, 마타두, 만는다, 막꾸, 맏떠라] (맡-, 任)

㉰ /Xㅅ-/류 : [주스니까, 주서두, 준 : 는다, 죽 : 꾸, 줃 : 떠라] (줍-, 拾)
[이스니까, 이서두, 인는다, 익꾸, 읻떠라] (있-, 有)15)

---

12) 이 지역어에 치음소 중에 /ㄸ/, /ㅆ/로 끝나는 활용어간과 치조음소 중에 /ㅉ/로 끝나는
활용어간은 없으므로 나머지 치음소와 치조음소로 끝나는 활용형어간만 제시한다.

13) 한국어에서 어간말 기저음소 {ㄷ-ㄹ}를 가지는 것 중 이 활용어간만은 서북방언에서
어간말 기저음소로 /t/를 가진다.

14) 한국어에서 어간말 기저음소 /ㅌ/를 가지는 /밭-/ 활용어간은 이 지역어에서 어간말 기
저음소 /ㄷ/를 가져 /밷-/으로 나타난다.

15) 한국어에서 어간말 기저음소 /ㅆ/를 가지는 /있-/ 활용어간은 이 지역어에서 어간말 기
저음소 /ㅅ/를 가져 /잇-/으로 나타난다. 간혹 [이써서]와 같이 /있-/으로 나타나는 경
우도 있으나 아주 드물게 여성 부제보자한테서만 나타나는 바 이는 문화어의 영향이라
고 생각된다. 이러한 이유로 이 책에서는 어간말 기저음소를 /ㅅ/로 본다.

          [버스니까, 버서두, 번는다, 벅꾸, 벋떠라] (벗-, 脫)

ⓡ /Xㄴ-/류 : [아느니까, 아나두, 안 : 는다, 앙 : 꾸, 안 : 떠라] (안-, 抱)

          [시느니까, 시너두, 신는다, 싱꾸, 신떠라] (신-, 履)

ⓜ /Xㅈ-/류 : [자즈니까, 자자두, 잔 : 는다, 작 : 꾸, 잔 : 떠라] (잣-, 紡)

          [저즈니까, 저저두, 전는다, 적꾸, 젇떠라] (젖-, 潤)

          [꼬즈니까, 꼬자두, 꼰는다, 꼭꾸, 꼳떠라] (꽂-, 揷)

ⓑ /Xㅊ-/류 : [쪼츠니까, 쪼차두, 쫀는다, 쪽꾸, 쫃떠라] (쫓-, 追)

          [씨츠니까, 씨처두, 씬는다, 씩꾸, 씯떠라] (씻-, 洗)

(2b)

ⓐ /Xㄷ-/류 : 듣-으니까, 듣-어두, 든-는다, 득-꾸, 듣-떠라 (듣-, 聞)

          뱉-으니까, 뱉-어두, 밷 : -는다, 백 : -꾸, 밷 : -떠라 (뱉-, 唾)

          믿-으니까, 믿-어두, 민-는다, 믹-꾸, 믿-떠라 (믿-, 信)

ⓑ /Xㅌ-/류 : 붙-으니까, 붙-어두, 분-는다, 북-꾸, 붇-떠라 (붙-, 附)

          얕-으니까, 얕-아두, 얀-따, 약-꾸, 얕-떠라 (얕-, 淺)

          맡-으니까, 맡-아두, 만-는다, 막-꾸, 맡-떠라 (맡-, 任)

ⓒ /Xㅅ-/류 : 줏-으니까, 줏-어두, 준 : -는다, 죽 : -꾸, 준 : -떠라 (줍-, 拾)

          잇-으니까, 잇-어두, 인-는다, 익-꾸, 일-떠라 (있-, 有)

          벗-으니까, 벗-어두, 번-는다, 벅-꾸, 벋-떠라 (벗-, 脫)

ⓡ /Xㄴ-/류 : 안-으니까, 안-아두, 안 : -는다, 앙 : -꾸, 안 : -떠라 (안-, 抱)

          신-으니까, 신-어두, 신-는다, 싱-꾸, 신-떠라 (신-, 履)

ⓜ /Xㅈ-/류 : 잣-으니까, 잣-아두, 잔 : -는다, 작 : -꾸, 잔 : -떠라 (잣-, 紡)

          젖-으니까, 젖-어두, 전-는다, 적-꾸, 젇-떠라 (젖-, 潤)

          꽂-으니까, 꽂-아두, 꼰-는다, 꼭-꾸, 꼳-떠라 (꽂-, 揷)

ⓑ /Xㅊ-/류 : 쫓-으니까, 쫓-아두, 쫀-는다, 쪽-꾸, 쫃-떠라 (쫓-, 追)

          씻-으니까, 씻-어두, 씬-는다, 씩-꾸, 씯-떠라 (씻-, 洗)

(2b)는 활용어간이 모두 자음소로 끝나고 있음을 보여준다. 그러므로

각 활용어간의 잠정 기저형은 /어/로 시작하는 어미와 통합하는 교체형이라
고 가정한다. 그렇게 되면 각 어간의 잠정 기저형은 ㉮ /듣-/, /뻗ː-/, /
믿-/, ㉯ /붙-/, /얕-/, /맡-/, ㉰ /줏ː-/, /잇-/, /벗-/, ㉱ /안ː-/,
/신-/, ㉲ /잦ː-/, /젖-/, /꽂-/, ㉳ /쫓-/, /씿-/이 된다.

　이들 어간의 잠정 기저형에 어미 /-는다/가 통합하면, 어간말의 /ㄷ/
는 어미초의 /ㄴ/ 앞에서 동화(비음소화)되어 /ㄴ/로 되고, 어간말의 /ㅌ,
ㅅ, ㅈ, ㅊ/는 어미초의 /ㄴ/ 앞에서 먼저 평파열음소화하여 /ㄷ/로 된 후
다시 어미초의 /ㄴ/ 앞에서 동화(비음소화)되어 /ㄴ/로 된다. 그 다음에는
음운과정을 거칠 것이 없으므로 음성으로 실현되는데 그때의 어간 음성
형은 (2a)㉮~㉳의 세 번째 것과 동일하다.

　다음으로 어간의 잠정 기저형에 어미 /-구/가 통합하면, 어간말의 /ㄷ/
는 어미초의 /ㄱ/ 앞에서 동화(연구개음소화)되어 /ㄱ/로 되고, 어간말의
/ㅌ, ㅅ, ㅈ, ㅊ/는 어미초의 /ㄱ/ 앞에서 먼저 평파열음소화하여 /ㄷ/로
된 후 다시 어미초의 /ㄴ/ 앞에서 동화(연구개음소화)되어 /ㄱ/로 된다. 그
리고 어간말의 /ㄴ/는 어미초의 /ㄱ/ 앞에서 연구개음소화하여 /ㅇ/로 된
다. 그 다음에 어간말의 평자음소 뒤에서 어미초의 /ㄱ/는 경음소화하여
/ㄲ/로 된다. 그 뒤에는 음운과정을 거칠 것이 없으므로 음성으로 실현되
는데 그 때의 어간 음성형은 (2a)㉮~㉳의 네 번째 것과 동일하다.

　이번에는 어간의 잠정 기저형에 어미 /-더라/가 통합하는 경우를 보
기로 한다. 이 경우에도 역시 어간말의 /ㅌ, ㅅ, ㅈ, ㅊ/는 어미초의 /ㄷ/
앞에서 평파열음소화하여 /ㄷ/로 되며 그 다음에 어간말의 평자음소 뒤
에서 어미초의 /ㄷ/는 경음소화하여 /ㄸ/로 된다. 그 뒤에는 음운과정을
거칠 것이 없으므로 음성으로 실현된다. 이때의 어간 음성형은 (2a)㉮~㉳
의 다섯 번째 것과 동일하다.

　끝으로 어간의 잠정 기저형에 어미 /-으니까/나 /-어두/가 통합하면,
어간의 잠정 기저형 /뻗ː/, /줏ː-/, /안ː-/, /잦ː-/에만 음운과정이

일어난다. 이들의 경우 어간의 장모음소가 어미초의 모음소 앞에서 단
(短)모음소화한다. 그 다음에는 더 이상 음운과정을 거치지 않으므로 음
성으로 실현되는데 이때의 어간 음성형은 (2a)㉮~㉫의 첫 번째와 두 번
째 것과 동일하다.

  이상과 같은 검증 결과, 잠정 기저형 ㉮ /듣-/, /뻗 : -/, /믿-/, ㉯ /붙-/,
/얕-/, /맡-/, ㉰ /줏 : -/, /잇-/, /벗-/, ㉱ /안 : -/, /신-/, ㉲ /잦 : -/, /
젖-/, /꽂-/, ㉳ /쫓-/, /찢-/은 (2a)㉮~㉫에 제시된 활용형의 어간기
저형으로서 합당하다는 것을 알 수 있다.

  조사 자료에서 어간말 기저음소로 /ㄷ, ㅌ, ㅅ, ㄴ, ㅈ, ㅊ/를 가지는
활용어간으로는 (2c)와 같은 예들이 더 있다.

(2c)
  ㉮ /Xㄷ-/류 : 묻-(묻-, 埋), 뜯-(뜯-, 摘), 얻 : -(얻-, 得), 뻗-(뻗
        -, 伸), 닫-(닫-, 閉), 딛-(딛-, 踏) 등 소위 'ㄷ-정칙
        동사'들이 모두 여기에 포함된다.
  ㉯ /Xㅌ-/류 : 조사된 자료에는 앞의 세 어간만 있다.
  ㉰ /Xㅅ-/류 : 빗-(빗-, 梳), 웃-(웃-, 笑)
  ㉱ /Xㄴ-/류 : 조사된 자료에는 앞의 두 어간만 있다.
  ㉲ /Xㅈ-/류 : 낮-(낮-, 低), 맺-(맺-, 結), 늦-(늦-, 晚), 짖-(짖-, 吠)
  ㉳ /Xㅊ-/류 : 조사된 자료에는 앞의 두 어간만 있다.

• 연구개음소로 끝나는 어간의 기저형

  (3a)에 제시된 것은 ( ) 속의 표준어 활용어간에 대한 이 지역어의 활
용어간이 위에 제시된 이 지역어의 활용어미와 통합한 음성형이며 (3b)
는 그것을 형태로 분석한 것이다.16)

---

16) 이 지역어에 연구개음소 중에 /ㅋ/나 /ㆁ/로 끝나는 활용어간은 존재하지 않으므로 나머
   지 연구개음소 /ㄱ, ㄲ/로 끝나는 활용어간만 제시한다.

(3a)

㉮ /Xㄱ-/류 : [니그니까, 니거두, 닝는다, 닉꾸, 닉떠라] (익-, 熟)

　　　　　　 [주구니까, 주거두, 중는다, 죽꾸, 죽떠라] (죽-, 死)

　　　　　　 [시그니까, 시거두, 싱는다, 식꾸, 식떠라] (식-, 被冷)

㉯ /Xㄲ-/류 : [까끄니까, 까까두, 깡는다, 깍꾸, 깍떠라] (깎-, 削)

　　　　　　 [나끄니까, 나까두, 낭는다, 낙꾸, 낙떠라] (낚-, 釣)

　　　　　　 [무꾸니까, 무꺼두, 뭉는다, 묵꾸, 묵떠라] (묶-, 束)

(3b)

㉮ /Xㄱ-/류 : 닉-으니까, 닉-어두, 닝-는다, 닉-꾸, 닉-떠라 (익-, 熟)

　　　　　　 죽-우니까, 죽-어두, 중-는다, 죽-꾸, 죽-떠라 (죽-, 死)

　　　　　　 식-으니까, 식-어두, 싱-는다, 식-꾸, 식-떠라 (식-,

　　　　　　 被冷)

㉯ /Xㄲ-/류 : 깎-으니까, 깎-아두, 깡-는다, 깍-꾸, 깍-떠라 (깎-, 削)

　　　　　　 낚-으니까, 낚-아두, 낭-는다, 낙-꾸, 낙-떠라 (낚-, 釣)

　　　　　　 묶-우니까, 묶-어두, 뭉-는다, 묵-꾸, 묵-떠라 (묶-, 束)

　　(3b)는 활용어간이 모두 자음소로 끝나고 있음을 보여준다. 그러므로 각 활용어간의 잠정 기저형은 /어/로 시작하는 어미와 통합하는 교체형이라고 가정한다. 그렇게 되면 각 어간의 잠정 기저형은 ㉮ /닉-/, /죽-/, /식-/, ㉯ /깎-/, /낚-/, /묶-/이 된다.

　　어간의 잠정 기저형에 어미 /-는다/가 통합하면, 어간말의 /ㄱ/는 어미초의 /ㄴ/ 앞에서 동화(비음소화)되어 /ㅇ/로 되고, 어간말의 /ㄲ/는 어미초의 /ㄴ/ 앞에서 먼저 평파열음소화되어 /ㄱ/로 된 후 다시 동화(비음소화)되어 /ㅇ/로 된다. 그 다음에는 더 이상의 음운과정을 거칠 것이 없으므로 음성으로 실현되는데 이때의 어간 음성형은 (3a)㉮, ㉯의 세 번째 것과 동일하다.

　　다음으로 어간의 잠정 기저형에 어미 /-구/와 /-더라/가 통합하면, 어간말의 /ㄱ/ 뒤에서 어미초의 /ㄱ/, /ㄷ/는 경음소화하여 각각 /ㄲ/, /ㄸ/

로 되고, 어간말의 /ㄲ/는 어미초의 /ㄱ/ 앞에서 먼저 평파열음소화하여 /ㄱ/로 된다. 그 다음 다시 어간말의 /ㄱ/ 뒤에서 어미초의 /ㄱ/, /ㄷ/는 경음소화하여 각각 /ㄲ/, /ㄸ/로 되지만 어간말은 더 이상의 음운과정을 거칠 것이 없다. 그 결과 실현되는 어간의 음성형은 (3a)㉮, ㉯의 네 번째와 다섯 번째 것과 동일하다.

그 다음으로 어간의 잠정 기저형에 어미 /-으니까/가 통합하면, 어미초의 /으/는 앞 음절에 있는 원순모음소 /우/ 뒤에서 원순모음소화하여 /우/로 실현된다.[17] 그리고 더 이상 음운과정을 거칠 것이 없으므로 음성으로 실현된다.[18] 그 때의 어간 음성형은 (3a)㉮, ㉯의 첫 번째 것과 동일하다.

끝으로 어간의 잠정 기저형에 어미 /-어두/가 통합하면, 어간말 자음소는 아무런 음운과정을 거치지 않기 때문에 음성으로 실현된다. 그 때의 어간 음성형은 (3a)㉮, ㉯의 두 번째 것과 동일하다.

이상과 같은 검증 결과, 잠정 기저형 ㉮ /늑-/, /죽-/, /식-/, ㉯ /깎-/, /낚-/, /묶-/은 (3a)㉮, ㉯에 제시된 활용형의 어간기저형으로서 합당하다는 것을 알 수 있다.

조사 자료에서 어간말 기저음소로 /ㄱ, ㄲ/를 가지는 활용어간으로는 (3c)와 같은 예들이 더 있다.

(3c)

    ㉮ /Xㄱ-/류 : 썩-(썩-, 腐), 막-(막-, 防), 녹-(녹-, 溶), 속-(속-,
            被欺), 먹-(먹-, 食)

    ㉯ /Xㄲ-/류 : 섞-(섞-, 混), 꺾-(꺾-, 折), 엮-(엮-, 編)

---

17) 이것은 앞 음절이 원순모음소이면 어미초의 /으/는 원순모음소화한다는 서북방언의 음운규칙에 의해서 변화된 것이다.
18) 이 경우에 어간말의 /ㄱ(k)/는 두 모음소 사이에서 유성자음 [ㄱ(g)]로 실현된다.

• 성문음소로 끝나는 어간의 기저형

이 지역어의 활용어간말이 가지는 성문음소에는 /ㅎ/나 /ㆆ/가 있다. (4a)에 제시된 것은 ( ) 속의 표준어 활용어간에 대한 이 지역어의 활용어간이 위에 제시된 이 지역어의 활용어미와 통합한 음성형이며 (4b)는 그것을 형태로 분석한 것이다.

(4a)

㉮ /Xㅎ-/류 : [도으니까, 도아두, 도 : 타, 도 : 쿠, 도 : 터라] (좋-, 好)[19)]

　　　　　　 [뽀오니까, **뽜**:두, 뽄 : 는다, 뽀 : 쿠, 뽀 : 터라] (빻-, 粉)

　　　　　　 [띠 : 니까, 떼 : 두, 띤는다, 띠쿠, 띠터라] (찧-, 搗)

㉯ /Xㆆ-/류 : [니 : 니까, 네 : 두, 닌는다, 니꾸, 니떠라] (잇-, 連)

　　　　　　 [저 : 니까, 저어 : 두, 전 : 는다, 저 : 꾸, 저 : 떠라] (젓-, 漕)

　　　　　　 [부우니까, 붜 : 두, 분 : 는다, 부 : 꾸, 부 : 떠라] (붓-, 腫)

(4b)

㉮ /Xㅎ-/류 : 도-으니까, 도-아두, 돟 : -다, 돟 : -구, 돟 : -더라 (좋-, 好)

　　　　　　 뽀 : -오니까, 뽀-아두, 뽇 : -는다, 뽛 : -구, 뽛 : -더라 (빻-, 粉)

　　　　　　 띠-으니까, 띠-어두, 띤-는다, 띻-구, 띻-더라 (찧-, 搗)

㉯ /Xㆆ-/류 : 니-으니까, 니-어두, 닌-는다, 니C : -구, 니C : -더라 (잇-, 連)

　　　　　　 저 : -으니까, 저 : -어두, 전 : -는다, 저C : -구, 저C : -더라 (젓-, 漕)

　　　　　　 부-우니까, 부 : -어두, 분 : 는다, 부C : -구, 부C : -더라 (붓-, 腫)

(4b)는 ㉮, ㉯에서 /어/로 시작하는 어미와 통합한 활용형을 보면, 어간형이 모음소로 끝난다. 그러나 자음소로 시작하는 어미 /-다, -구,

---

19) [돠 : 두]가 아닌 [도아두]로 실현되는 것에 대해선 그 이유를 알 수 없다.

−더라/와 통합한 활용형을 보면, 어미초의 평자음소가 유기음이나 경음
으로 실현된다. 이 경우에는 기준 ③ⓑ를 적용하여 그들의 잠정 기저형
을 각각 ㉮ /둥 : −/, /뽕 : −/, /땅−/, ㉯ /닝−/, /정 : −/, /붕 : −/이라
고 가정하고 그것이 합당한가를 검증해 보기로 한다.

먼저 어간의 잠정 기저형에 어미 /−다/가 통합하면, 어간말의 /ㅎ/는
어미초의 /ㄷ/ 앞에서 유기음소화되어 /ㅌ/로 된다. 그리고 어미 /−는다/
가 통합하면, 어간말의 /ㅎ/와 /ㆆ/는 어미초의 /ㄴ/ 앞에서 평파열음소화
되어 모두 /ㄷ/로 되고, 다시 /ㄷ/는 어미초의 /ㄴ/에 동화(비음소화)되어
/ㄴ/로 된다. 그 다음에는 다른 음운과정을 거치지 않으므로 음성으로 실
현되는데 이때의 음성형은 (4a)㉮, ㉯의 세 번째 것과 동일하다.

다음으로 어간의 잠정 기저형에 어미 /−구/와 /−더라/가 통합하면,
어간말의 /ㅎ/는 어미초의 /ㄱ/나 /ㄷ/ 앞에서 유기음소화하여 /ㅋ/나 /ㅌ/
로 되고 어간말의 /ㆆ/는 어미초의 /ㄱ/나 /ㄷ/ 앞에서 경음소화하여 /ㄲ/
나 /ㄸ/로 된다. 그 다음에는 다른 음운과정을 거치지 않으므로 음성으로
실현되는데 이때의 음성형은 (4a)㉮, ㉯의 네 번째와 다섯 번째 것과 동
일하다.

끝으로 어간의 잠정 기저형에 어미 /−으니까/나 /−어두/가 통합하면,
어간말 자음소 /ㅎ/와 /ㆆ/는 두 모음소 사이에서 모두 탈락한다. 그 다
음 어미 /−어두/와 통합할 때 어간 첫 음절의 모음소가 /이/이면 활음소
화하여 /j/로 되고, 어간 첫 음절의 모음소가 /오, 우/이면 활음소화하여
/w/로 된다. 그리고 어간이 1음절일 경우에 모두 보상적 장음이 발생한
다. 그 다음에는 더 이상의 음운과정을 거치지 않으므로 음성으로 실현
되는데 이때의 음성형은 (4a)㉮, ㉯의 첫 번째와 두 번째 것과 동일하다.

이상과 같은 검증 결과, 잠정 기저형 ㉮ /둥 : −/, /뽕 : −/, /땅−/, ㉯
/닝−/, /정 : −/, /붕 : −/은 각각 (4a)㉮, ㉯에 제시된 활용형의 어간기
저형으로서 합당하다는 것을 알 수 있다.

조사 자료에서 어간말 기저음소로 /ㅎ/나 /ㆆ/를 가지는 활용어간으로
는 (4c)와 같은 예들이 더 있다.

(4c)

    ㉮ /Xㅎ-/류 : 땋-(땋-, 緝), 그렇-(그렇-, 當), 놓-(놓-, 放), 넣-(넣-,
              入), 닿-(닿-, 接), 낳-(낳-, 産)

    ㉯ /Xㆆ-/류 : 낳-(낫-, 愈), 붕-(붓-, 注), 긍-(긋-, 劃), 닝-(이-,
              蓋), 징-(짓-, 作), 공-(고-, 煮)

② 자음소군으로 끝나는 어간의 기저형

이 지역어에 존재하는 활용어간말 자음소군으로 /ㅄ, ㄵ, ㄾ, ㄼ, ㄻ,
ㄺ ; ㄶ, ㅀ, ㆀ/가 있다. 여기에서는 먼저 어간말 자음소군 /ㅄ, ㄵ, ㄾ,
ㄼ, ㄻ, ㄺ/를 가지는 어간의 기저형 설정에 대해서 논의하고 다음에 어
간말 자음소군 /ㄶ, ㅀ, ㆀ/를 가지는 어간의 기저형 설정에 대해서 논의
하기로 한다.

먼저 어간말 자음소군 /ㅄ, ㄵ, ㄾ, ㄼ, ㄻ, ㄺ/를 가지는 어간의 기저
형 설정에 대해서 논의한다. (5a)에 제시된 것은 ( ) 속의 표준어 활용어
간에 대한 이 지역어의 활용어간이 위에 제시된 이 지역어의 활용어미
와 통합한 음성형이며 (5b)는 그것을 형태로 분석한 것이다.

(5a)

    ㉮ /Xㅄ-/류 : [업 : 스니까, 업 : 서두, 업 : 따, 억 : 꾸, 업 : 떠라] (없 : -,
         無)[20]

    ㉯ /Xㄵ-/류 : [언즈니까, 언저두, 언는다, 엉꾸, 언떠라] (얹-, 載)
              [안즈니까, 안자두, 안는다, 앙꾸, 안떠라] (앉-, 坐)

    ㉰ /Xㄾ-/류 : [할트니까, 할타두, 할른다, 할꾸, 할떠라] (핥-, 舐)

---

20) 이 지역어에서는 [억 : 꾸]가 아닌 [업 : 꾸]로 실현되는 경우, 즉 연구개음소화가 거부되
    는 예외도 있었다. 이런 현상은 부제보자 박○○의 질문조사에서 가장 많이 나타났는데
    이는 형태소 경계에 음장이 개재되면서 연구개음소화의 제약조건이 되었다고 생각된다.

[흘트니까, 흘터두, 흘른다, 흘꾸, 흘떠라] (훑-, 扱)

㉣ /Xᆰ-/류: [설부니까, 설바두, 설 : 따, 설 : 꾸, 설 : 떠라] (섧-, 哀)

[발부니까, 발바두, 발 : 른다, 발 : 꾸, 발 : 떠라] (밟-, 踏)

[널부니까, 널버두, 널따, 널꾸, 널떠라] (넓-, 廣)

㉤ /Xᆱ-/류: [살무니까, 살마두, 삼 : 는다, 상 : 꾸, 삼 : 떠라] (삶-, 烹)

[달무니까, 달마두, 담 : 는다, 당 : 꾸, 담 : 떠라] (닮-, 似)

[골무니까, 골마두, 곰 : 는다, 공 : 꾸, 곰 : 떠라] (곪-, 膿)

㉥ /Xᆰ-/류: [발그니까, 발가두, 발른다, 발꾸, 발떠라] (바르-, 摘出)

[딸그니까, 딸가두, 딸따, 딸꾸, 딸떠라] (짧-, 短)

[얄그니까, 얄가두, 얄 : 따, 얄 : 꾸, 얄 : 떠라] (얇-, 薄)[21]

(5b)

㉮ /Xᆹ-/류 : 없 : -으니까, 없 : -어두, 업 : -따, 억 : -꾸, 업 : -떠라 (없-, 無)

㉯ /Xᆬ-/류 : 얹-으니까, 얹-어두, 언-는다, 엉-꾸, 언-떠라 (얹-, 載)

앉-으니까, 앉-아두, 안-는다, 앙-꾸, 안-떠라 (앉-, 坐)

㉰ /Xᆴ-/류 : 핥-으니까, 핥-아두, 할-른다, 할-꾸, 할-떠라 (핥-, 舐)

훑-으니까, 훑-어두, 홀-른다, 홀-꾸, 홀-떠라 (훑-, 扱)

㉱ /Xᆲ-/류 : 섧-우니까, 섧-아두, 설 : -따, 설 : -꾸, 설 : -떠라 (섧-, 哀)

밟-우니까, 밟-아두, 발 : -른다, 발 : -꾸, 발 : -떠라 (밟-, 踏)

넓-우니까, 넓-어두, 널-따, 널-꾸, 널-떠라 (넓-, 廣)

㉲ /Xᆱ-/류 : 삶-우니까, 삶-아두, 삼 : -는다, 상 : -꾸, 삼 : -떠라 (삶-, 烹)

닮-우니까, 닮-아두, 담 : -는다, 당 : -꾸, 담 : -떠라 (닮-, 似)

곪-우니까, 곪-아두, 곰 : -는다, 공 : -꾸, 곰 : -떠라 (곪-, 膿)

㉳ /Xᆰ-/류 : 밝-으니까, 밝-아두, 발-른다, 발-꾸, 발-떠라 (바르-,

---

21) 이 지역어에서 어간말이 'ᆲ'인 '얇-', '짧-' 등 형용사는 모두 어간말 'ᆰ'으로 실현
된다.

摘出)

닭−으니까, 닭−아두, 딸−따, 딸−꾸, 딸−떠라 (짧−, 短)
얇−으니까, 얇−아두, 얄 : −따, 얄 : −꾸, 얄 : −떠라
(얇−, 薄)

(5b)는 형태분석을 통하여 어간이 자음소로 끝난다는 것을 알 수 있다. 그러므로 잠정 기저형은 /어/로 시작하는 어미와 통합한 어간형태로 하고 거기에 기준 ③ⓑ를 적용하면 ㉮∼㉨의 잠정 기저형은 ㉮ /없 : −/, ㉯ /엱−/, /앉−/, ㉰ /핥−/, /훑−/, ㉱ /섧 : −/, /밟 : −/, /넓−/, ㉲ /삶 : −/, /닮 : −/, /곪 : −/, ㉳ /밝−/, /맑−/, /얇 : −/이 된다.

이들 잠정 기저형에 자음소로 시작하는 어미 /−다/나 /−는다/가 통합하면 어간말 자음소군이 단순화된다. 즉 어간말 자음소군 /ㅄ, ㄵ, ㄾ, ㄼ, ㄻ, ㄺ/는 /ㅂ, ㄴ, ㄹ, ㄹ, ㅁ, ㄹ/로 된다. 이렇게 형성된 어간말의 /ㅂ, ㄹ/는 어미초의 /ㄷ/를 경음소화하여 모두 /ㄸ/로 되게 하고, 어간말의 /ㄹ/는 어미초의 /ㄴ/를 유음소화하여 /ㄹ/로 되게 한다. 그 다음에 어미초의 /ㄷ/나 /ㄴ/ 앞에서 어간말 자음소는 더 이상의 음운과정을 거칠 것이 없으므로 이때의 어간 음성형은 (5a)㉮∼㉨의 세 번째 것과 동일하다.

다음으로 어간의 잠정 기저형에 어미 /−구/가 통합하면, 어미초의 /ㄱ/ 앞에서 자음소군이 단순화된다. 즉 어간말 자음소군 /ㅄ, ㄵ, ㄾ, ㄼ, ㄻ, ㄺ/는 /ㅂ, ㄴ, ㄹ, ㄹ, ㅁ, ㄹ/로 된다. 이렇게 형성된 어간말의 /ㄹ/는 어미초의 /ㄱ/를 경음소화하여 /ㄲ/로 되게 하고 /ㅂ, ㄴ, ㅁ/는 먼저 연구개음소화하여 각각 /ㄱ, ㅇ, ㅇ/로 되고 다시 어미초의 /ㄱ/를 경음소화하여 모두 /ㄲ/로 되게 한다. 그 다음 어간말 자음소는 더 이상의 음운과정을 거치지 않으므로 이때의 어간 음성형은 (5a)㉮∼㉨의 네 번째 것과 동일하다.

이번에는 어간의 잠정 기저형에 어미 /−더라/가 통합하는 경우를 보

기로 한다. 이 경우에도 어미초의 /ㄱ/ 앞에서 자음소군이 단순화된다. 즉 어간말 자음소군 /ㅄ, ㄵ, ㄾ, ㄼ, ㄻ, ㄺ/는 /ㅂ, ㄴ, ㄹ, ㄹ, ㅁ, ㄹ/로 된다. 이렇게 형성된 어간말의 /ㅂ, ㄴ, ㄹ, ㄹ, ㅁ, ㄹ/는 어미초의 /ㄷ/를 경음소화하여 /ㄸ/로 되게 한다. 그 다음 어간말 자음소는 더 이상의 음운과정을 거칠 것이 없으므로 음성으로 실현된다. 그 때 실현되는 어간 음성형은 (5a)㉮~㉳의 다섯 번째 것과 동일하다.

그 다음으로 어간의 잠정 기저형에 모음으로 시작하는 어미 /—어두/가 통합하면, 어간말 자음소군은 아무런 음운 과정을 거치지 않으므로 음성으로 실현된다.[22] 그러므로 실현되는 어간의 음성형는 (5a)㉮~㉳의 두 번째 것과 동일하다.

끝으로 어간의 잠정 기저형에 모음으로 시작하는 어미 /—으니까/가 통합하면, 어간말이 양순음소인 /ㄼ, ㄻ/ 뒤에서의 어미초 /으/는 원순모음소화여 /우/로 된다. 그 다음 더 이상 아무런 음운 과정을 거치지 않으므로 음성으로 실현된다. 그때 실현되는 어간의 음성형는 (5a)㉮~㉳의 첫 번째 것과 동일하다.

이상과 같은 검증 결과, 어간의 잠정 기저형 ㉮ /없ː—/, ㉯ /얹—/, /앉—/, ㉰ /핥—/, /훑—/, ㉱ /섧ː—/, /밟ː—/, /넓—/, ㉲ /삶ː—/, /닮ː—/, /곪ː—/, ㉳ /밝—/, /땕—/, /얅ː—/은 각각 (5a)㉮~㉳에 제시된 활용형의 어간 기저형으로서 합당하다는 것을 알 수 있다.

조사 자료에서 어간말 기저음소로 /ㄻ, ㄺ/를 가지는 활용어간으로는 (5c)와 같은 예들이 더 있다.

(5c)
㉮ /Xㅄ—/류 : 조사된 자료에는 앞의 한 어간만 있다.
㉯ /Xㄵ—/류 : 조사된 자료에는 앞의 두 어간만 있다.

22) 여기서 음성으로 실현될 때에 어간의 평음소 /ㅈ(ts), ㅂ(p), ㄱ(k)/는 유성음사이에서 이음 [ㅈ(dz), ㅂ(b), ㄱ(g)]로 된다.

㉰ /X꾜-/류 : 조사된 자료에는 앞의 두 어간만 있다.
㉱ /X랴-/류 : 조사된 자료에는 앞의 세 어간만 있다.
㉲ /X꾜-/류 : 젊 : -(젊-, 年靑), 굶 : -(굶-, 飢), 옮 : -(옮-, 遷)
㉳ /X리ㄱ-/류 : 늙-(읽-, 讀), 갉-(갉-, 搔), 맑-(맑-, 淸), 늙-(늙-, 老), 굵 : -(굵-, 太), 밝-(밝-, 明), 긁-(긁-, 搔)

  다음으로 어간말 자음소군으로 /ㄴㅎ, ㅀ, ㄹㅎ/를 가지는 어간의 활용형의 기저형 설정에 대해서 논의한다. (6a)에 제시된 것은 ( ) 속의 표준어 활용어간에 대한 이 지역어의 활용어간이 위에 제시된 이 지역어의 활용어미와 통합한 음성형이며 (6b)는 그것을 형태로 분석한 것이다.

(6a)
㉮ /Xㄴㅎ-/류 : [마 : 느니까, 마 : 나두, 만 : 타, 망 : 쿠, 만 : 터라] (많-, 多)
[끄느니까, 끄너두, 끈타, 끙쿠, 끈터라] (끊-, 切)
[귀타느니까, 귀타나두, 귀탄타, 귀탕쿠, 귀탄터라] (귀찮-, 煩)
㉯ /Xㅀ-/류 : [히르니까, 히러두, 힐른다, 힐쿠, 힐터라] (잃-, 失)
[다르니까, 다러두, 달른다, 달쿠, 달터라] (닳-, 磨)
[꾸르니까, 꾸러두, 꿀른다, 꿀쿠, 꿀터라] (꿇-, 跪)
㉰ /Xㅀ-/류 : [깨다르니까, 깨다라두, 깨달른다, 깨달꾸, 깨달떠라] (깨닫-, 覺)

(6b)
㉮ /Xㄴㅎ-/류 : 만 : -으니까, 만 : -아두, 만 : -타, 만C : -구, 만C : -더라 (많-, 多)
끈-으니까, 끈-어두, 끈-타, 끈C-구, 끈C-더라 (끊-, 切)
귀탄-으니까, 귀탄-아두, 귀탄-타, 귀탄C-구, 귀탄C-더라 (귀찮-, 煩)
㉯ /Xㅀ-/류 : 힐 - 으니까, 힐 - 어두, 힐 - 른다, 힐C - 구, 힐C - 더라 (잃 -, 失)
달-으니까, 달-아두, 달-른다, 달C-구, 달C-더라 (닳-, 磨)

꿀-으니까, 꿀-어두, 꿀-른다, 꿀C-구, 꿀C-더라 (꿇-, 跪)

㉓ /Xㅀ-/류 : 깨달-으니까, 깨달-어두, 깨달-른다, 깨달C-구, 깨달

C-더라 (깨닳-, 覺)

(6b)를 형태분석하면 어간이 자음소로 끝난다는 것을 알 수 있다. 따라서 각 어간의 잠정 기저형은 /어/로 시작하는 어미와 통합하는 형태, 즉 ㉮ /만 : -/, /끈-/, /귀탄-/, ㉯ /힐-/, /달-/, /꿀-/, ㉓ /깨달-/이 된다. 그런데 (6a)에서 어미 /-CY/와 통합할 때에 C가 유기음이나 경음으로 실현되므로, 기저형 설정기준 ③ⓑ를 적용하면 잠정 기저형은 ㉮ /많 : -/, /끊-/, /귀닳-/, ㉯ /힗-/, /닳-/, /꿇-/, ㉓ /깨닳-/이 된다. 이제 이들 잠정 기저형을 (6a)의 활용형과 비교분석하여 어간의 형태로서 합당한 것인가를 검증해보아야 한다.[23]

먼저 어간의 잠정 기저형 ㉮에 어미 /-다/ 통합하면, 어간말의 /ㅎ/는 어미초의 /ㄷ/ 앞에서 동화(유기음소화)하여 /ㅌ/로 되고 잠정 기저형 ㉯, ㉓에 어미 /-는다/가 통합하면 어미초의 /ㄴ/ 앞에서 어간말의 자음소군 /ㅀ, ㄹㅎ/는 /ㄹ, ㄹ/로 단순화한다. 그 다음에 자음소군 단순화에 의한 어간말의 /ㄹ/는 어미초의 /ㄴ/ 앞에서 탈락조건이 되지만, 그렇게 되면 어간의 의미를 알 수 없게 된다. 그 때문에 예상과는 달리 그 경우에는 어간말의 /ㄹ/는 그대로 유지되고 어미초 /ㄴ/가 유음소화한다.[24] 이제 더 이상 어간말 자음소는 음운과정을 거치지 않으므로 음성으로 실현된다. 그 때의 어간 음성형은 (6a)의 세 번째 것과 같다.

다음으로 어간의 잠정 기저형에 어미 /-구/나 /-더라/가 통합하면, 어간말의 /ㅎ, ㆆ/와 어미초의 /ㄱ, ㄷ/가 축약하여 각각 /ㅋ, ㅌ/와 /ㄲ, ㄸ/로 된다. 그 다음에 ㉮의 어간말자음소 /ㄴ/는 어미초 /ㅋ/ 앞에서 동

---

23) 이 책에서 /-CY/는 자음소로 시작하는 어미를 나타낸다.

24) 최명옥(2005 : 285~311), <한국어 음운규칙의 적용한계와 그 대체기제>에서 이에 대해 상세히 논의하였다.

화(연구개음소화)하여 /ㅇ/로 된다. 여기까지의 음운과정이 끝나면 어간은
더 이상의 음운과정을 거치지 않는다. 이때의 어간 음성형은 (6a)의 네
번째와 다섯 번째 것과 동일하다.

끝으로 어간의 잠정 기저형에 어미 /─으니까/나 /─어두/가 통합하면,
두 모음소 사이에서 어간말의 /ㅎ/나 /ㆆ/가 탈락한다. 그 다음에 어간은
더 이상의 음운과정을 거치지 않기 때문에 음성으로 실현된다.[25] 그 결
과 실현되는 어간 음성형은 (6a)의 첫 번째와 두 번째 것과 동일하다.

이상과 같은 검증 결과 잠정 기저형 ㉮ /많 : ─/, /끊─/, /귀닳─/, ㉯
/힗─/, /닳─/, /꿇 : ─/, ㉰ /깨닳─/은 (6a)㉮~㉰에 제시된 활용형의
어간기저형으로서 합당하다는 것을 알 수 있다.

조사 자료에서 어간말 기저음소로 /ㅀㅎ, ㅀㆆ/를 가지는 활용어간으로는
(6c)와 같은 예들이 더 있다.

(6c)
㉮ /Xㅀㅎ─/류 : 괜닳─(괜찮─, 無妨)
㉯ /Xㅀㆆ─/류 : 앓─(앓─, 痛), 곯─(곯─, 鰕), 옳─(옳─, 可), 뚫─(뚫─,
穿), 끓─(끓─, 沸), 싫─(싫─, 厭)
㉰ /Xㅀㆆ─/류 : 조사된 자료에는 앞의 한 어간만 있다.

3.2.1.2. 유음소로 끝나는 어간의 기저형

(7a)에 제시된 것은 유음소 /ㄹ/로 끝나는 ( ) 속의 표준어 활용어간에
대한 이 지역어의 활용어간이 위에 제시된 이 지역어의 활용어미와 통
합한 음성형이며 (7b)는 그것을 형태로 분석한 것이다.

(7a)
/Xㄹ─/류 : [누 : 니까, 누러두, 눈 : 다, 눌 : 구, 눌 : 더라] (눋─, 燋)

─────────────
25) 이 경우에 어간말의 /ㄹ/는 이음 [ㄹ(r)]로 된다.

[쏘 : 니까, 쏘라두, 쏜 : 다, 쏠 : 구, 쏠 : 더라] (썰−, 切)
[뛰디니까, 뛰디러두, 뛰딘다, 뛰딜구, 뛰딜더라] (두드리−, 敲)

(7b)

/X르−/류 : 누 : −니까, 눌−어두, 눈 : −다, 눌 : −구, 눌 : −더라 (눋−, 燻)
　　　　 쏘 : −니까, 쏠−아두, 쏜 : −다, 쏠 : −구, 쏠 : −더라 (썰−, 切)
　　　　 뛰디−니까, 뛰딜−어두, 뛰딘−다, 뛰딜−구, 뛰딜−더라
　　　　 (두드리−, 敲)

(7b)는 활용어간이 모두 유음소로 끝나고 있음을 보여준다. 그러므로 각 활용어간의 잠정 기저형은 /어/로 시작하는 어미와 통합하는 이형태라고 가정한다. 그렇게 되면 각 어간의 잠정 기저형은 /눌 : −/, /쏠 : −/, /뛰딜−/이 된다.

이들 어간의 잠정 기저형에 어미 /−은다/가 통합하면, 어간말 /ㄹ/ 뒤에서 어미초의 /으/가 탈락하고 다시 어미초의 /ㄴ/(/으/가 탈락된 다음) 앞에서 어간말의 /ㄹ/가 탈락한다. 그 다음에는 음운과정을 거칠 것이 없으므로 음성으로 실현되는데, 그때의 어간 음성형은 (7a)의 세 번째 것과 동일하다.

다음으로 어간의 잠정 기저형에 어미 /−구/가 통합하면, 어미초의 /ㄱ/ 앞에서 아무런 음운과정을 거칠 것이 없으므로 음성으로 실현되는데, 이때의 어간 음성형은 (7a)네 번째 것과 동일하다.

이번에는 어간의 잠정 기저형에 어미 /−더라/가 통합하는 경우를 보기로 한다. 그 경우에도 역시 아무런 음운과정을 거칠 것이 없으므로 음성으로 실현되는데 이때의 어간 음성형은 (7a)의 다섯 번째 것과 동일하다.

그 다음으로 어간의 잠정 기저형에 어미 /−으니까/와 통합하면, 어간말의 /ㄹ/ 뒤에서 어미초의 /으/가 탈락한다. 그 다음 어간은 더 이상 음운과정을 거칠 것이 없으므로 음성으로 실현되는데 이때의 어간 음성형

은 (7a)의 첫 번째 것과 동일하다.

그 다음으로 어간의 잠정 기저형에 어미 /−어두/와 통합하면, 어간의 모음소는 단(短)모음소화한다. 그 다음에는 모든 어간은 더 이상 음운과 정을 거치지 않으므로 음성으로 실현되는데, 이때의 어간 음성형은 (7a)의 첫 번째 것과 동일하다.

이상과 같은 검증 결과, 잠정 기저형 /눌 : −/, /쏠 : −/, /뛰딜−/은 (7a)에 제시된 활용형의 어간기저형으로서 합당하다는 것을 알 수 있다. 조사 자료에서 어간말 기저음소로 /ㄹ/를 가지는 활용어간으로는 (7c)와 같은 예들이 더 있다.

(7c)
/X ㄹ−/류 : 말−(말−, 捲), 날−(날−, 飛), 팔−(팔−, 賣), 빨−(빨−, 洗), 살 : −(살−, 住), 가물−(가물−, 旱), 드물−(드물−, 稀), 까불−(까불−, 箕), 울 : −(울−, 泣), 기울−(기울−, 傾), 쭐−(줄−, 短縮), 늘−(늘−, 增), 가늘−(가늘−, 細), 들−(들−, 擧), 만들−(만들−, 作), 빼뜰 : −(빼앗−, 奪), 쓸−(슗−, 屑), 쓸−(쓸−, 蠅卵), 흐틀−(흩−, 散), 비 : 틀−(비틀−, 捻), 일 : −(일 −, 淘), 질−(질−, 泥), 알 : −(알−, 知), 졸−(졸−, 睡), 불 : −(불−, 吹), 끌 : −(끌−, 引), 길 : −(길−, 長)

3.2.1.3. 모음소로 끝나는 어간의 기저형

모음소로 끝나는 어간의 기저형은 단모음소로 끝나는 것과 이중모음소로 끝나는 것으로 나눌 수 있다. 이 지역어에서 모음소로 끝나는 활용 어간의 경우, 어간말 모음소 중 단모음소로는 /이, 에, 애, 으, 어, 우, 오, 아/가 있고 이중모음소로는 /위, 왜/가 있다. 그러나 어간이 모음소로 끝나는 경우에 어간이 거치는 음운과정은 어간말의 모음소에 한정되므로, 어간말 이중모음소 /위, 왜/가 거치는 음운과정은 어간말 단모음소 /이, 애/가 거치는 음운과정과 동일하다. 그러므로 여기서는 이중모음소 /위/

와 /왜/로 끝나는 어간의 기저형은 각각 단모음소 /이/나 /애/로 끝나는 어간의 기저형과 함께 다루기로 한다.

 (8a)에 제시된 것은 모음소로 끝나는 ( ) 속의 표준어 활용어간에 대한 이 지역어의 활용어간이 위에 제시된 이 지역어의 활용어미와 통합한 음성형이며 (8b)는 그것을 형태로 분석한 것이다.

(8a)

㉮ /X이-/류 : [하부티니까, 하부테두, 하부틴다, 하부티구, 하부티더라]
        (할퀴-, 搔)
        [깨티니까, 깨테두, 깨틴다, 깨티구, 깨티더라] (깨-, 破)
        [띠니까, 떼ː두, 띤다, 띠구, 띠더라] (찌-, 蒸)

㉯ /X에-/류 : [세니까, 세ː두, 센다, 세구, 세더라] (서-, 立)
        [헤ː니까, 헤ː두, 헨ː다, 헤ː구, 헤ː더라] (세-, 算)
        [케니까, 케ː두, 켄다, 케구, 케더라] (켜-, 發火)

㉰ /X애-/류 : [채니까, 채ː두, 챈다, 채구, 채더라] (훔치-, 盜)
        [쵀ː니까, 쵀ː두, 쵄ː다, 쵀ː구, 쵀ː더라] (쬐-, 曝)
        [지대니까, 지대ː두, 지댄다, 지대구, 지대더라] (기대-,
        依支)

㉱ /X으-/류 : [뜨니까, 떠두, 뜬다, 뜨구, 뜨더라] (뜨-, 浮)
        [따르니까, 따라두, 따른다, 따르구, 따르더라] (따르-, 注)
        [분지르니까, 분지러두, 분지른다, 분지르구, 분지르더라]
        (부러뜨리-, 折)

㉲ /X어-/류 : [건ː너니까, 건ː너두, 건ː넌다, 건ː너구, 건ː너더라]
        (건너-, 渡)

㉳ /X우-/류 : [뿔구니까, 뿔궈두, 뿔군다, 뿔구구, 불꾸더라] (불리-,
        使增)
        [노누니까, 노놔두, 노눈다, 노누구, 노누더라] (나누-, 分)
        [쫄쿠니까, 쫄콰두, 쫄쿤다, 쫄쿠구, 쫄쿠더라] (조르-,
        使縮)

㉴ /X오-/류 : [꼬ː니까, 꽈ː두, 꼰ː다, 꼬ː구, 꼬ː더라] (꼬-, 索)
        [쏘ː니까, 쏴ː두, 쏜ː다, 쏘ː구, 쏘ː더라] (쏘-, 射)

[오니까, 와:두, 온다, 오구, 오더라] (오-, 來)
㉑ /X아-/류 : [까니까, 까두, 깐다, 까구, 까더라] (까-, 孵化)
　　　　　[만나니까, 만나두, 만난다, 만나구, 만나더라] (만나-, 逢)
　　　　　[자니까, 자두, 잔다, 자구, 자더라] (자-, 宿)

(8b)
㉮ /X이-/류 : 하부티-니까, 하부티-어두, 하부티-ㄴ다, 하부티-구,
　　　　　하부티-더라 (할퀴-, 搔)
　　　　　깨티-니까, 깨티-어두, 깨티-ㄴ다, 깨티-구, 깨티-더
　　　　　라 (깨-, 破)
　　　　　띠-니까, 띠-어두, 띠-ㄴ다, 띠-구, 띠-더라 (찌-, 蒸)
㉯ /X에-/류 : 세-니까, 세-어두, 세-ㄴ다, 세-구, 세-더라 (서-, 立)
　　　　　헤:-니까, 헤:-어두, 헤:-ㄴ다, 헤:-구, 헤:-더
　　　　　라 (세-, 算)
　　　　　케-니까, 케-어두, 케-ㄴ다, 케-구, 케-더라 (켜-, 發火)
㉰ /X애-/류 : 채-니까, 채-아두, 채-ㄴ다, 채-구, 채-더라 (훔치-, 盜)
　　　　　쫴:-니까, 쫴:-아두, 쫴:-ㄴ다, 쫴:-구, 쫴:-더
　　　　　라 (쬐-, 曝)
　　　　　지대-니까, 지대-아두, 지대-ㄴ다, 지대-구, 지대-더라
　　　　　(기대-, 依支)
㉱ /X으-/류 : 뜨-니까, 뜨-어두, 뜨-ㄴ다, 뜨-구, 뜨-더라 (뜨-, 浮)
　　　　　따르-니까, 따르-아두, 따르-ㄴ다, 따르-구, 따르-더
　　　　　라 (따르-, 注)
　　　　　분지르-니까, 분지르-어두, 분지르-ㄴ다, 분지르-구,
　　　　　분지르-더라 (부러뜨리-, 折)
㉲ /X어-/류 : 건:너-니까, 건:너-어두, 건:너-ㄴ다, 건:너-구, 건
　　　　　:너-더라 (건너-, 渡)
㉳ /X우-/류 : 뿔구-니까, 뿔구-어두, 뿔꾸-ㄴ다, 뿔구-구, 불꾸-더
　　　　　라 (불리-, 使增)
　　　　　노누-니까, 노누-아두, 노누-ㄴ다, 노누-구, 노누-더
　　　　　라 (나누-, 分)
　　　　　쫄쿠-니까, 쫄쿠-아두, 쫄쿠-ㄴ다, 쫄쿠-구, 쫄쿠-더

라 (조르-, 使縮)

㊂ /X오-/류 : 꼬 : -니까, 꼬 : -아두, 꼬 : -ㄴ다, 꼬 : -구, 꼬 : -더
라 (꼬-, 索)

쏘 : -니까, 쏘 : -아두, 쏘 : -ㄴ다, 쏘 : -구, 쏘 : -더
라 (쏘-, 射)

오-니까, 오-아두, 오-ㄴ다, 오-구, 오-더라 (오-, 來)

㊃ /X아-/류 : 까-니까, 까-아두, 까-ㄴ다, 까-구, 까-더라 (까-, 孵化)

만나-니까, 만나-아두, 만나-ㄴ다, 만나-구, 만나-더
라 (만나-, 逢)

자-니까, 자-아두, 자-ㄴ다, 자-구, 자-더라 (자-, 宿)

(8b)의 형태분석에 의하면 어간은 모두 모음소로 끝난다. 이 경우에는 위에 제시된 기저형 설정기준 ④를 적용하여 어미 /-CY/와 통합한 어간형을 잠정 기저형으로 가정한다. 그렇게 되면 (8a)㉮~㊃의 잠정 기저형은 ㉮ /하부티-/, /깨티-/, /띠-/, ㉯ /세-/, /헤 : -/, /케-/, ㉰ /채-/, /쫴 : -/, /지대-/, ㉱ /뜨-/, /따르-/, /분지르-/, ㉲ /건 : 너-/ ㉳ /뿔구-/, /노누-/, /쫄쿠-/, ㊂ /꼬 : -/, /쏘 : -/, /오-/, ㊃ /까-/, /만나-/, /자-/가 되는데 이들 잠정 기저형이 합당한가를 검증해보기로 한다.

먼저 ㉮~㊃의 잠정 기저형에 어미 /-은다/나 /-으니까/가 통합하면, 어간말의 모음소 뒤 /이, 에, 애, 으, 어, 우, 오, 아/ 뒤에서 어미초 /으/가 탈락한다. 그 다음에는 어떠한 음운과정을 더 거칠 것이 없으므로 이 때의 어간 음성형은 (8a)㉮~㊃의 세 번째와 첫 번째 것과 동일하다.

다음으로 어간의 잠정 기저형에 어미 /-구/나 /-더라/가 통합하면, 어간은 아무런 음운과정을 거치지 않으므로 이 때에 실현되는 어간의 음성형은 (8a)㉮~㊃의 네 번째와 다섯 번째 것과 동일하다.

끝으로 어간의 잠정 기저형에 어미 /-어두/가 통합할 때 어간말 모음소에 따라 모두 다르게 나타난다. 우선 잠정 기저형 ㉮의 어간말 모음소 /이/는 활음소화하여 /j/로 되며 그와 함께 어미초의 /어/는 장모음소 /어 : /

로 된다. 그리고 활음소화에 의한 /j/와 어미초의 /어ː/가 통합한 이중모
음소 /여ː/는 축약하여 /에ː/로 된다. 다음 잠정 기저형 ④와 ⑤의 어
간말 모음소 /에/와 /애/ 뒤에서 어미초의 /어/는 완전순행동화하여 각각
/에/와 /애/로 실현된다.[26] 그리고 잠정 기저형 ②와 ⑩의 어간말 모음소
/으/와 /어/는 어미초의 /어/ 앞에서 탈락하고 ②의 잠정기저형 /따르-/
는 1음절 모음소 /아/의 영향으로 어미초의 /어/는 /아/로 된다.

한편 잠정 기저형 ⑪의 어간말 모음소 /우/는 어미초의 /어/와 /어/ 앞
에서 활음소화하여 /w/로 된다. 어간이 1음절인 경우에는 어간말 모음소
/우/가 활음소화 할 때 어미초의 /어/는 장모음소 /어ː/로 되지만 여기서
는 모두 2음절이기에 어미초의 /어/는 장모음소화하지 않는다. 다음 잠
정 기저형 ㉑의 어간말 모음소 /오/ 뒤에서 어미초 /어/는 /아/로 되고 어
간말 모음소 /오/는 어미초의 /어/와 /어/ 앞에서 활음소화하여 /w/로 된
다. 어간이 1음절인 경우에는 어간말 모음소 /우/가 활음소화 할 때 어미
초의 /어/는 장모음소 /어ː/로 된다. 마지막으로 잠정 기저형 ㉒의 어간
말 모음소 /아/ 뒤에서도 어미초 /어/는 /아/로 되고 다음 어간말의 /아/
는 어미초의 /어/ 앞에서 탈락한다. 그 뒤에 어간은 더 이상 거쳐야 할
음운과정이 없으므로 음성으로 실현된다. 그 때 실현되는 어간의 음성형
은 (8a)㉮~㉕의 두 번째 것과 동일하다.

이상과 같은 검증 결과 어간의 잠정 기저형 ㉮ /하부티-/, /깨티-/,
/띠-/, ㉯ /세-/, /헤ː-/, /케-/, ㉰ /채-/, /쮀ː-/, /지대-/, ㉱ /뜨-/,
/따르-/, /분지르-/, ㉲ /건ː너-/, ㉳ /뿔구-/, /노누-/, /쫄쿠-/, ㉴ /꼬ː
-/, /쏘ː-/, /오-/, ㉕ /까-/, /만나-/, /자-/는 각각 (8a)㉮~㉕에 제시된
활용형이 어간기저형으로서 합당하다는 것을 알 수 있다.

조사 자료에서 어간말 기저음소로 /이, 에, 애, 으, 어, 우, 오, 아/를

---

26) 최명옥(1988)에서는 어간말 모음소가 /에/나 /애/이면 어미초의 /어/는 어간말 모음소에
   완전순행동화한다고 상세히 설명되어 있다.

가지는 활용어간으로는 (8c)와 같은 예들이 더 있다.

(8c)

㉮ /X이-/류 : 가리-(가리-, 選), 가리-(가리-, 遮), 갈기-(갈기-, 打), 건지-(건지-, 救), 겐디-(견디-, 忍), 겔리-(결리-, 疼), 고이-(괴-, 滓), 고티-(고치-, 改), 공기-(곪-, 被膿), 구기-(구기-, 皺), 그리-(그리-, 畵), 기-(기-, 匍腹), 기다리-(기다리-, 待), 꾸부리-(구부리-, 屈), 뀌 : -(뀌-, 屁), 끓이-(끓이-, 使沸), 끄슬리-(그을리-, 被燻), 끄치-(그치-, 止), 끼-(끼-, 揷), 끼이-(끼-, 안개), 내리-(내리-, 降), 누비-(누비-, 縫), 느리-(느리-, 緩), 닙히-(입히-, 使衣), 다치-(다치-, 傷), 달리-(달리-, 走), 당기-(당기-, 引), 던지-(던지-, 投), 뒤지-(뒤지-, 索), 때리-(다리-, 秤), 때리-(달이-, 煎), 때리-(때리-, 打), 떼 : -(떼-, 分離), 뛰-(뛰-, 走), 마시-(마시-, 飮), 마치-(마치-, 終), 만지-(만지-, 摸), 말리-(말리-, 使乾), 말리-(말리-, 仲裁), 메 : -(메-, 擔), 모이-(모이-, 集), 무치-(무치-, 拌), 버리-(버리-, 捨), 벌 : 리-(벌리-, 使隔), 부시-(부시-, 碎, 照), 불거디-(부러지-, 被切), 비 : -(비-, 空), 비비-(비비-, 捻), 사귀-(사귀-, 交際), 쉬 : -(쉬-, 休), 시-(시-, 酸), 시키-(시키-, 使), 식히-(식히-, 使令), 쏘기-(속이-, 欺), 쑤시-(후비-, 空), 아니-(아니-, 否), 아리-(아리-, 痛), 얼리-(얼리-, 使鬪), 엉키-(엉키-, 凝), 여위-(여위-, 瘠), 오이-(외-, 暗誦), 옹기-(옮기-, 遷), 이-(이-, 戴), 이기-(이기-, 勝), 일으키-(일으키-, 使起), 자빠디-(자빠지-, 後倒), 저리-(저리-, 痲), 조이-(죄-, 縮), 쥐-(쥐-, 握), 지-(지-, 負), 찌리-(지리-, 尿臭), 채리-(차리-, 備), 뛰 : -(뛰-, 跳), 티-(치-, 試), 티-(치-, 打), 피-(피-, 開), 홀리-(홀리-, 誘惑), 휘-(휘-, 曲), 히-(희-, 白) 등

ⓝ /X에-/류 : 꿰-(꿰-, 貫通), 베-(베-, 枕), 쎄-(세-强), 케-(켜-, 伸), 케-(켜-, 引水), 페-(펴-, 伸), 헤-(세-, 算) 등

ⓓ /X애-/류 : 달래-(달래-, 撫), 돼:-(되-, 硬), 돼:-(되-, 升), 돼 :-(되-, 化), 매-(매-, 結), 쇄:-(쇠-, 老), 쇄:-(쐬-, 兜), 포개-(포개-, 重) 등

ⓛ /X으-/류 : 끄-(끄-, 消), 모으-(모으-, 集), 쓰-(쓰-, 苦), 쓰-(쓰-, 冠), 쓰-(쓰-, 書), 쓰-(쓰-, 用), 크-(크-, 大) 등

ⓜ /X어-/류 : 조사된 자료에는 앞의 한 어간만 있다.

ⓑ /X우-/류 : 꾸- (꾸-, 夢), 누-(누-, 尿), 당구-(담그-, 沈), 데우-(데우-, 熩), 마추-(마추-, 組合), 메꾸-(메우-, 塡), 바꾸-(바꾸-, 換), 보구-(볶-, 炒), 절쿠-(절이-, 鹽), 주-(주-, 與), 추-(추-, 舞), 치우-(치우-, 除去), 키우-(키우-, 飼育), 피우-(피우-, 吸煙) 등

ⓢ /X오-/류 : 보-(보-, 視), 쏘-(쏘-, 射) 등

ⓐ /X아-/류 : 가-(가-, 去), 사-(사-, 買), 싸-(싸-, 廉價), 짜-(짜-, 鹽), 차-(차-, 冷), 차-(차-, 滿), 차-(차-, 蹴), 타-(타-, 乘), 나가-(나가-, 出), 자라-(자라-, 成長) 등

3.2.2. 복합기저형

현대한국어의 활용에서 소위 '변칙'이라고 하는 현상은 복합기저형을 가지는 활용어간이 통사부와 음운부를 거치는 과정에서 통합하는 어미와 함께 실현한 결과이다. 이러한 논의는 최명옥(1982)에서 처음으로 이루어졌고 그 뒤 최명옥(1985, 1988, 1993)에서 복합기저형 전반에 대한 논의로 확대되었다. 논의의 주요 내용을 간단히 정리하면 다음과 같다. 한국어에서 어간이나 어미는 음운변화가 일어날 때 통합하는 어미초나 어간말 기저음소가 자음소냐 모음소냐에 따라서 재구조화가 달리 일어날 수 있다는 것이다.

예를 들어, 음소목록에서 /ㅸ(ß)/가 소멸되면서 어간말에 /ㅸ(ß)/를 가지

고 있던 /덥-/(暑)은 어미 /-CY/와 통합하면 /덥-/으로 재구조화되고
어미 /-VY/와 통합하면 /더우-/로 재구조화되었다.27) 이들 교체형은
둘 중 어느 하나를 기저형으로 하여 다른 하나의 교체형의 도출을 규칙
에 의해서 설명할 수 없다. 그러므로 그들 교체형은 어휘화된 것으로 인
정해야 한다. 이 경우 이런 어간의 기저형은 /더{ㅂ-우}-/로 표시되어
야 한다. 이렇게 둘 이상의 어휘화된 교체형으로 구성된 어간 기저형을
복합기저형이라고 한다. 복합기저형을 이루는 /덥-/과 /더우-/는 통사부
에서 /덥] CY/와 /더우] VY/와 같이 어휘선택규칙에 의해 어미 /-CY/
와는 /덥-/이 통합되고 어미 /-VY/와는 /더우-/가 통합한다. 그다음
그것이 음운부로 넘어가서 일정한 음운과정을 거친 다음에 음성으로 실
현되는 것이다. 그러므로 어간을 단일기저형으로 가정할 때에는 그 어간
의 활용은 '변칙'이라고 하겠지만 어간을 복합기저형으로 보면 그 어간
의 활용은 '변칙'이 아니다.

여기서 논의할 것은 이러한 복합기저형의 설정에 대한 것이다.

먼저 어간말 복합기저음소 '{ㅂ-우}'를 가지는 어간 기저형의 설정에
대해 논의한다. 표준어 /더럽-/(汚), /가깝-/(近), /가렵-/(癢)에 대한 이 지
역어의 활용형과 그에 대한 형태분석결과를 제시하면 (9a), (9b)와 같다.

(9a)
/X{ㅂ-우}-/류 : [티꺼우니까, 티꺼워두, 티껍따, 티꺽꾸, 티껍떠라]
(더럽-, 汚)
[가차우니까, 가차와두, 가찹따, 가착꾸, 가찹떠라]
(가깝-, 近)
[개러우니까, 개러와두, 개럽따, 개럭꾸, 개럽떠라]
(가렵-, 癢)

(9b)
/X{ㅂ-우}-/류 : 티꺼우-니까, 티꺼우-어두, 티껍-따, 티꺽-꾸, 티

---

27) 이 책에서 /-VY/는 모음소로 시작하는 어미를 나타낸다.

껍-떠라 (더럽-, 汚)

가차우-니까, 가차우-아두, 가찹-따, 가착-꾸, 가
찹-떠라 (가깝-, 近)

개러우-니까, 개러우-아두, 개럽-따, 개럭-꾸, 개
럽-떠라 (가렵-, 癢)

(9b)를 형태분석하면, 어미 /-VY/와 통합한 어간형은 모음이나 활음
으로 끝나고 어미 /-CY/와 통합한 어간형은 모두 자음으로 끝난다. 그
런데 어간말음이 모음이나 활음으로 끝나는 어간형을 잠정 기저형이라
고 하면, 어미 /-CY/와 통합할 때 어간말의 /우/나 /w/가 자음소로 되고
그 자음소가 어미초의 자음소에 따라 /ㄱ/나 /ㅂ/로 된 다음에 음성으로
실현된다고 보아야 한다. 그런데 그러한 음운과정을 공시적 음운규칙에
의해 합당하게 설명할 수 없다. 한편 어간말이 자음으로 끝나는 어간형
을 잠정 기저형이라고 하면, 어미 /-VY/와 통합할 때에 그 어간말 자음
소가 /우/나 /w/로 된 다음에 음성으로 실현된다고 보아야 한다. 이 경우
에도 그러한 음운과정을 공시적 음운규칙에 의해 합당하게 설명할 수
없다.

그러므로 기저형 설정기준 ②ⓑ의 ㉡을 적용하여 교체음들을 모두 기
저음소로 인정해야 한다. 그런데 교체음 {ㄱ, ㅂ}는 기저형 설정 기준
④ⓐ의 ㉡에 의해 /ㅂ/를 기저음소로 하여 다른 두 교체음의 도출을 설
명할 수 있다. 즉 어간말의 /ㅂ/는 어미초의 /ㄱ/ 앞에서는 동화(연구개음
소화)하여 /ㄱ/로 된 다음에 음성으로 실현된다는 것이다. 그리고 교체음
{우, w}의 경우 /w/는 어간말에 분포될 수 없다는 한국어의 분포제약에
의해 어간말에서 기저음소가 될 수 없으므로 /우/만 기저음소가 될 수
있다. 그렇게 되면 최종적으로 남는 교체음은 /ㅂ/와 /우/가 된다. 이 두
교체음은 어느 하나를 기저음소로 하여 다른 하나를 합당하게 도출할
수 없다. 그러므로 (9a)의 활용형을 보이는 어간은 두 개의 어휘화된 교

체형 /티껍-/, /가찹-/, /개럽-/과 /티꺼우-/, /가차우-/, /개러우-/를 가진다고 해야 한다. 따라서 (9a)와 같은 활용형을 보이는 어간의 기저형은 /티꺼{ㅂ-우}-/, /가차{ㅂ-우}-/, /개러{ㅂ-우}-/로 표시된다.

이제 잠정 기저형 /티꺼{ㅂ-우}-/, /가차{ㅂ-우}-/, /개러{ㅂ-우}-/가 합당 한지를 검증하기로 한다. 먼저 어휘화된 잠정 교체형 /티껍-/, /가찹-/, /개럽-/에 어미 /-다/, /-구/, /-더라/가 통합하면 어미초의 /ㄷ/와 /ㄱ/는 앞의 평파열자음소 /ㅂ/에 의하여 경음소화되어 각각 /ㄸ/와 /ㄲ/로 된다. 그리고 어미초의 /ㄱ/ 앞에서 어간말의 /ㅂ/는 동화(연구개음소화)하여 /ㄱ/로 된다. 그 다음에는 더 이상 음운과정을 거치지 않으므로 음성으로 실현된다. 다음에 어휘화된 잠정 교체형 /티꺼우-/, /가차우-/, /개러우-/에 어미 /-으니까/와 /-어두/가 통합하면 어간말의 모음소 뒤에서는 어미초의 /으/가 탈락하는데 비해, 어미초의 /어/ 앞에서는 어간말의 /우/가 활음소화하여 /w/로 된다. 그 다음에는 더 이상의 음운과정을 거치지 않으므로 음성으로 실현된다. 그 때의 어간 음성형은 (9a)에 제시된 활용형의 어간형과 동일하다. 따라서 잠정 기저형 /티꺼{ㅂ-우}-/, /가차{ㅂ-우}-/, /개러{ㅂ-우}-/는 (9a)와 같은 활용형을 보이는 어간의 기저형으로서 합당하다는 것을 알 수 있다.

이 지역어에서 어간말 기저음소 '{ㅂ-우}'를 가지는 활용어간으로는 (9c)에 제시된 것들이 더 있다.

(9c)
/X{ㅂ-우}-/류 : 가비{ㅂ-우}-(가볍-, 輕), 고{ㅂ-우}-(곱-, 麗), 구{ㅂ-우}-(굽-, 炙), 기{ㅂ-우}-(깁-, 縫), 누{ㅂ-우}-(눕-, 臥), 더{ㅂ-우}(덥-, 暑), 도{ㅂ-우}-(돕-, 助), 두꺼{ㅂ-우}-(두껍-, 厚), 매{ㅂ-우}-(맵-, 辛), 매러{ㅂ-우}-(마렵-, 尿意), 무거{ㅂ-우}(무겁-, 重), 무서{ㅂ-우}-(무섭-, 恐), 미{ㅂ-우}-(밉-, 憎), 미끄러{ㅂ-우}-(미끄럽-, 滑), 반가

{ㅂ-우}-(반갑-, 歡), 부끄러{ㅂ-우}-(부끄럽-,
恥), 사나{ㅂ-우}-(사납-, 猛), 쉬{ㅂ-우}-(쉽-,
易), 아까{ㅂ-우}(아깝-, 惜), 어두{ㅂ-우}-(어둡-,
暗), 춥{ㅂ-우}-(춥-, 寒) 등 소위 'ㅂ-변칙동사'들
이 모두 여기에 포함

이어서 어간말 복합기저음소(군) '이{ø-라}'를 가지는 기저형의 설정에
대해 논의한다. 그러한 활용어간의 예로서 표준어 /아니-/(否)와 /-이-/
(繫詞)에 대한 이 지역어의 활용형과 그에 대한 형태분석을 제시하면 (10a),
(10b)와 같다.

(10a)
/X이{ø-라}-/류 : [아니니까, 아니라두, 아니다, 아니구, 아니더라] (아
　　　　　　　니-, 否)
　　　　　　　[-이니까, -이라두, -이다, -이구, -이더라] (이
　　　　　　　-, 繫詞)

(10b)
/X이{ø-라}-/류 : 아니-니까, 아니-라-두, 아니-다, 아니-구, 아
　　　　　　　니-더라 (아니-, 否)
　　　　　　　-이-니까, -이-라-두, -이-다, -이-구, -이
　　　　　　　-더라 (이-, 繫詞)

(10b)를 형태분석하면, 어미 /-(으)CY/ 앞에서는 어간형이 /아니-/, /-이
-/라는 것이 분명하지만, /어/로 시작하는 어미 앞에서는 어간형을 어떻게
분석해야 할 것인지를 쉽게 결정할 수 없다. 다만 다음과 같은 세 가지
분석을 가정할 수 있다. 첫째는 /아니ㄹ-아두/(aniɾ-adu), /-이ㄹ-아두/(iɾ
-adu)이고, 둘째는 /아니-라두/(ani-ɾadu), /-이-라두/(i-ɾadu)이며, 셋째는 /아니
라-두/(aniɾa-du), /-이라-두/(iɾa-du)로 가정할 수 있다.[28] 그런데 어미 /-(으)

CY/ 앞에서 실현되는 어간형과 /어/로 시작하는 어미 앞에서 실현되는 어간형 중 어느 것도 어간의 기저형이 모음소나 자음소 중 어느 하나로 끝난다고 할 수 없다. 그러므로 이 경우에는 두 개의 교체형(어간형) 중 어느 하나를 기저형으로 하여 다른 하나의 교체형을 합당하게 도출할 수 있는지를 검토 해보아야 한다.

먼저 어미 /-(으)CY/ 앞에서 실현되는 교체형 /아니-/, /-이-/를 기저형이라고 가정해보자. 그러면 그것이 /어/로 시작하는 어미와 통합할 때 /ㄹ/가 첨가되어 [ㄹ]로 실현된다는 사실을 설명할 수 없으며 아울러 어간말의 /이/ 뒤에서 어미초의 /어/가 /아/로 실현된다는 사실도 설명할 수 없다. 여기서 활용형 /아니라두/, /-이라두/를 /아니ㄹ-아두/(aniɾ-adu), /-이ㄹ-아두/(-iɾ-adu)로 분석해야 할 것인가 아니면 /아니-라두/(ani-ɾadu), /-이-라두/(i-ɾadu)로 분석해야 할 것인가 그것도 아니면 /아니라-두/(aniɾa-du), -이라-두/(iɾa-du)로 분석해야 할 것인가 하는 문제가 제기된다.

첫 번째와 마지막 분석방법에 의하면 어간이 복합기저형이 되고, 두 번째 분석방법에 의하면 어미가 복합기저형이 된다. 그런데 어간이 복합기저형이 되는 경우에는 첫 번째 분석방법의 경우 어미초의 /어/가 /아/로 되는 것을 설명하기 어려우나 마지막 분석방법의 경우 어미초의 /어/가 /아/로 되는 것을 완전순행동화에 의해 설명할 수 있다. 그렇지만 그 경우에는 어간에 /라(ɾa)/가 덧붙는 사실을 설명하기가 어렵다. 반대로 어미가 복합기저형이 되는 경우에는 어미 앞에 /ㄹ/가 덧붙는다는 사실을 설명하기가 어렵다.

따라서 어미 /-어두/와 통합하는 3개의 교체형 중에서 가장 적합한 교체형은 /아니라-/, /-이라-/라고 생각할 수 있다. 어간 /아니-/, /-이-/는 원래 부정 부사 /아니/와 계사 /-이-/가 통합하여 형성된 것으로서 계사

---

28) 이에 대해서는 최명옥(2006b : 416)에서 상세히 설명되었다.

/-이-/의 활용 방식을 그대로 따르기 때문이다. 예를 들면, /북] 이-/(鼓)나 /소] 이-/(牛)는 /어/ 이외의 음소로 시작하는 어미와 통합하면 /부기다, 부기구, 부기더라, 부기니까/와 /쇼(이)다, 쇼(이)구, 쇼(이)더라, 쇼(이)니까/와 같이 활용한다. 이것은 다음에서 보듯이 계사와 동일한 동사 /이-/(戴)가 같은 어미와 통합할 때의 활용형 /인다, 이구, 이더라, 이니까/(戴)와 일치한다.

그런데 문제는 어미 /-어두/와 통합할 때의 활용이다. 이 경우에 동사 /이-/(戴)는 의무적으로 활음소화하여 [여두]로 실현된다. 그러나 /북] 이-/(鼓)나 /소] 이-/(牛)는 [부겨두]나 [소여두]로 되지 않는다. 그렇게 되면 어간이 '명사] 계사'라는 것이 분명하지 않게 되기 때문인 것으로 보인다. 특히 명사가 자음소나 유음소로 끝나는 경우가 그러하다. 어간이 '명사] 계사'라는 것을 분명하게 하는 방안은 계사 /-이-/가 음성형에서 분명히 드러나게 하는 것이다. 그것을 가능하게 하는 것이 계사의 서술형 /이] 다/에 해당하는 [이라]이다. 한국어에서 거의 모든 활용어간에 통합되는 서술 종결 어미는 /-다/이기 때문이다.

그러나 전 시기에는 특이하게도 계사 /-이-/와 회상어미 /-더-/에는 /-다/보다는 /-라/가 통합되었다. 그리하여 /-라/는 그 특이성으로 인하여 어간의 일부로 인식되어 /-더라/로 재구조화되었다. 그와 동일하게 어미 /-어두/와 통합하는 계사 /-이-/에도 '라(la)'가 통합하여 /-이라-/가 된 것으로 보인다. 그리하여 /어/로 시작하는 어미, 예를 들어 /-어두/와 통합하는 계사의 어간은 /-이라-/가 선택되어 /부기라] 어두/와 같이 되고 이어 다음과 같은 일련의 음운과정을 거친 뒤에 음성으로 실현되는 것이라 하겠다. 즉 /부기라] 어두/(어미초 /어/의 /아/화) → /부기라아두/(동일 모음 소탈락) → /부기라두(pukilatu)/ → [부기라두](pugiɾadu)이다. 그러므로 (10a)와 같은 활용을 보이는 어간의 기저형은 어휘화된 교체형 /아니-/, /-이-/와 /아니라-/, /-이라-/를 가지며 그것은 복합기저형 /이{ø-라}-/로 표시된다.

이 지역어에서 어간말 기저음소 '이{ø-라}'를 가지는 것으로는 위의 두 어간 뿐이다.

다음으로 어간말 복합기저음소 '{ㅍ, ㅃ}{우-으}'를 가지는 어간 기저형의 설정을 보기로 한다. 먼저 표준어 /푸-/(汲), /고프-/(餓), /기쁘-/(喜)에 대한 이 지역어의 활용형과 그에 대한 형태분석 결과를 제시하면 (11a), (11b)와 같다.

(11a)
/X{ㅍ, ㅃ}{우-으}-/류 : [푸니까, 퍼두, 푼다, 푸구, 푸더라] (푸-, 汲)
　　　　　　　　　　　 [고푸니까, 고파두, 고푸다, 고푸구, 고푸더라] (고프-, 餓)
　　　　　　　　　　　 [기뿌니까, 기뻐두, 기뿌다, 기뿌구, 기뿌더라] (기쁘-, 喜)

(11b)
/X{ㅍ, ㅃ}{우-으}-/류 : 푸-니까, ㅍ-어두, 푼-다, 푸-구, 푸-더라 (푸-, 汲)
　　　　　　　　　　　 고푸-니까, 고프-어두, 고푸-다, 고푸-구, 고푸-더라 (고프-, 餓)
　　　　　　　　　　　 기뿌-니까, 기쁘-어두, 기뿌-다, 기뿌-구, 기뿌-더라 (기쁘-, 喜)

(11b)를 보면 자음소나 어미 /-으니까/와 통합한 어간형은 /푸-/, /고푸-/, /기뿌-/이고, 어미 /-어두/와 통합하는 어간형은 /ㅍ-/, /고프-/, /기쁘-/이다. 모음소로 끝나는 어간의 기저형에 대한 형태분석에서 알 수 있듯이 활용형에 대한 형태분석에서 자음소나 어미 /-으니까/와 통합한 어간형이 모음으로 끝난다는 것은 그 어간의 기저형이 모음소로 끝난다는 것을 알려준다. 그렇게 되면 (11a)와 같은 활용형을 보이는 어

간의 기저형은 /푸-/, /고푸-/, /기뿌-/가 되어야 한다. 그런데 문제는, /가두] 어두/ → /가두아두/ → /가돠두/ → [가돠두](ⅩⅣ)에서 보듯이, /푸-/, /고푸-/, /기뿌-/에 어미 /-어두/가 통합할 경우에, 이 지역어에서는 어간말의 /우/가 어미초의 /어/ 또는 /아/(어미초 /어/의 /아/화에 의한) 앞에서 의무적으로 활음소화하여 /w/로 된 뒤에 음성으로 실현되는데, 실제 활용형에는 [w]가 나타나지 않는다는 것이다. 이 사실은 어미 /-어두/와 통합하는 어간의 어휘화 된 이형태가 /프-/, /고프-/, /기쁘-/가 아니면 어미초의 /어/ 또는 /아/(어미초 /어/의 /아/화에 의한) 앞에서 탈락하는 모음소를 가진 [프V-], [고프V-], [기쁘V-]라는 것을 말해준다.

그런데 위에서 자음소로 끝나는 어간의 기저형에 대한 형태분석과 모음소로 끝나는 어간의 기저형에 대한 형태분석에서 보듯이, 한국어에서 어미 /-CY/와 통합하는 어간이 자음소로 끝나면 어미 /-VY/와 통합하는 어간은 자음소로 끝나거나 모음소로 끝난다. 그렇지만 어미 /-CY/와 통합하는 어간이 모음소로 끝나면 어미 /-VY/와 통합하는 어간은 반드시 모음소로 끝난다. 이 점을 고려하면 어미 /-어두/와 통합하는 어간의 어휘화된 교체형은 /프V-/, /고프V-/, /기쁘V-/가 되어야 한다. 이 경우에 적용되는 것이 기저형 설정기준 ④ⓒ이다. 이 기준에 의하면 어휘화된 교체형 /푸-/, /고푸-/, /기뿌-/와 /프V-/, /고프V-/, /기쁘V-/는 다른 지역어에서 단일화된 예가 발견되지 않으므로, 어미 /-어두/에 통합되는 어간의 어휘화된 교체형은 앞 시기의 어형 /프-/, /고프-/, /기쁘-/와 동일한 것이라고 가정할 수 있다.

그러니까 앞 시기의 어간 /프-/, /고프-/, /기쁘-/가 어미 /-(으)CY/와 통합하는 과정에서 원순모음소화규칙이 적용됨으로써 /푸-/, /고푸-/, /기뿌-/로 재구조화한다. 그러나 어미 /-어Y/와 통합 할 때는 어간말의 /으/가 탈락하기 때문에 어미 /-어Y/ 앞에서는 여전히 어간이 /프-/, /고프-/, /기쁘-/로 남게 된다. 그 결과 (11a)와 같은 활용을 보이는 것이

다. 그런데 교체형 [푸ㅡ], [고푸ㅡ], [기뿌ㅡ]와 [프ㅡ], [고프ㅡ], [기
쁘ㅡ] 중 어느 하나를 기저형으로 하는 경우에 어간말의 /우/가 /으/로
되거나 반대로 /으/가 /우/로 되는 사실을 공시적 음운규칙으로 합당하게
설명할 수 없다. 그러므로 교체형 [푸ㅡ], [고푸ㅡ], [기뿌ㅡ]와 [프ㅡ],
[고프ㅡ], [기쁘ㅡ]는 어휘화된 교체형으로 인정해야 한다. 따라서 (11a)
의 활용형을 보이는 어간의 기저형은 /ㅍ{우ㅡ으}ㅡ/, /고ㅍ{우ㅡ으}ㅡ/,
/기ㅃ{우ㅡ으}ㅡ/로 표시된다.

  이 지역어에서 어간말 기저음소로 '{ㅍ, ㅃ}{우ㅡ으}'를 가지는 활용
어간으로는 (11c)와 같은 예들이 더 있다.

  (11c)
  /X{ㅍ, ㅃ}{우ㅡ으}ㅡ/류 : 바ㅃ{우ㅡ으}ㅡ(바쁘ㅡ, 忙), 슬ㅍ{우ㅡ으}ㅡ
                           (슬프ㅡ, 哀), 아ㅍ{우ㅡ으}ㅡ(아파ㅡ, 痛)

  이어서 어간말 복합기저음소 '{ㄷㅡㄹㅎ}'를 가지는 어간 기저형의 설
정을 보기로 한다. 먼저 표준어 /붇ㅡ/(增), /싣ㅡ/(載), /걷ㅡ/(步)에 대한 이
지역어의 활용형과 그에 대한 형태분석결과를 제시하면 (12a), (12b)와
같다.

  (12a)
  /X{ㄷㅡㄹㅎ}ㅡ/류 : [뿌르니까, 뿌러두, 뿐는다, 뿍꾸, 뿓떠라] (붇ㅡ, 增)
                       [시르니까, 시러두, 신는다, 식꾸, 싣떠라] (싣ㅡ, 載)
                       [거르니까, 거러두, 건는다, 걱꾸, 걷떠라] (걷ㅡ, 步)

  (12b)
  /X{ㄷㅡㄹㅎ}ㅡ/류 : 뿌르ㅡ으니까, 뿌르ㅡ어두, 뿐ㅡ는다, 뿍ㅡ꾸, 뿓ㅡ떠
                       라 (붇ㅡ, 增)
                       시르ㅡ으니까, 시르ㅡ어두, 신ㅡ는다, 식ㅡ꾸, 싣ㅡ떠
                       라 (싣ㅡ, 載)

거르-으니까, 거르-어두, 건-는다, 걱-꾸, 걷-떠
라 (걷-, 步)

(12b)를 형태분석하면 어미 /-CY/와 통합한 어간형은 /뿐-, 신-, 건-/,
/뿍-, 식-, 걱-/, /뿐-, 신-, 걷-/이고 어미 /-VY/와 통합한 어간은
/뿌르-, 시르-, 거르-/이다. 어미 /-VY/와 통합한 어간이 /르(r)/로 끝
난다는 이것은 자음소로 시작하는 어미(/-CY/)와 통합하는 기저형의 말
자음소가 유기음소나 경음소가 아니라는 것을 말해준다. 그런데 어간의
교체형 중에서 어미 /-CY/와 통합한 교체형이 가지는 어간말 자음 [ㄴ,
ㄱ, ㄷ]와 어미 /-VY/와 통합한 교체형이 가지는 어간말 유음 [르(r)]는
어느 하나의 기저음소에서 도출된다는 것을 합당하게 설명할 수 없다.
그러므로 (12a)와 같은 활용을 보이는 어간은 어휘화된 교체형을 가진다
고 보아야 한다. 이 경우에 기저형 설정기준 ④ⓐ와 ④ⓑ를 적용하면,
어미 /-CY/와 통합하여 어휘화된 잠정 교체형은 /뿐-, 신-, 건-/이
되고, 어미 /-VY/와 통합하는 어휘화된 교체형은 /뿛-, 싫-, 겲-/이
된다. (12a)의 활용어간은 동북방언과 경북의 동북부지역어에서도 /뿛-,
싫-, 겲-/로 단일화되어 있다. 따라서 (12a)와 같은 활용을 보이는 어
간의 잠정 기저형은 /뿌{ㄷ-ㄹ3}-/, /시{ㄷ-ㄹ3}-/, /거{ㄷ-ㄹ3}-/로
표시된다.

이 경우에 어휘화된 잠정 교체형 /뿐-/, /신-/, /건-/에 어미 /-는다
/, /-구/, /-더라/가 통합하면, 어미초의 /ㄴ/ 앞에서 어간말의 /ㄷ/는 동
화(비음소화)하여 /ㄴ/로 되고, 어미초의 /ㄱ/ 앞에서는 어간말의 /ㄷ/가 동
화(연구개음소화)하여 /ㄱ/로 된다. 그리고 어미초의 /ㄷ/ 앞에서는 어간말
의 /ㄷ/는 아무런 음운과정을 거치지 않으므로 음성으로 실현된다. 그 때
의 음성형은 (12a)에서 해당 어미와 통합하는 것과 동일하다. 다음으로
어휘화된 잠정 교체형 /뿛-/, /싫-/, /겲-/에 어미 /-으니까/나 /-어두

/가 통합하면 유성음소 사이에서 /ㅎ(?)/가 탈락하고 그 다음에 /ㄹ/ 뒤에서 어미초의 /으/가 탈락할 수 있다. 그러나 그렇게 되면 어간의 의미가 파괴되므로 더 이상의 음운과정이 적용되지 않는다.[29] 그 다음 단계에서 음성으로 실현되는데 그 때의 음성형은 (12a)의 활용 예에서 해당 어미와 통합한 활용형과 동일하다. 이러한 검증 결과 어간의 잠정 기저형 /뿌{ㄷ-ㄹㅎ}-/, /시{ㄷ-ㄹㅎ}-/, /거{ㄷ-ㄹㅎ}-/는 (12a)와 같은 활용형을 보이는 어간의 기저형으로서 합당하다는 것을 알 수 있다.

이 지역어에서 어간말 복합기저음소 '{ㄷ-ㄹㅎ}'를 가지는 활용 어간으로는 (12c)에 제시된 것이 더 있다.

(12c)
/X{ㄷ-ㄹㅎ}-/류 : 무{ㄷ-ㄹㅎ}-(묻-, 問) 등[30]

이어서 어간말 복합기저음소 'ㅌ{ø-애}'를 가지는 활용어간의 기저형 설정에 대하여 보기로 한다. 어간말 복합기저음소 'ㅌ{ø-애}'를 가지는 기저형의 예로 표준어 동사 /같-/(如)에 대한 이 지역어의 활용형과 그에 대한 형태분석결과를 제시하면 (13a), (13b)와 같다.

(13a)
/Xㅌ{ø-애}-/류 : [가트니까, 가태 : 두, 갇따, 각꾸, 갇떠라] (같-, 如)

(13b)
/Xㅌ{ø-애}-/류 : 같-으니까, 같-애 : -두, 갇-따, 각-꾸, 갇-떠라
　　　　　　　　　(같-, 如)

---

29) 어간의 의미 파괴와 음운과정의 적용에 대해서는 최명옥(2005 : 302)에서 상세히 설명되었다.
30) 소위 'ㄷ-변칙동사'에 속하는 동사 /듣-/(聞), /깨닫-/(覺)에 대한 이 지역어의 기저형은 /tɯr-/, k'ɛraʔ-/이다.

(13b)를 형태분석하면 어미 /-CY/와 통합한 어간형은 /갇-/, /각-/이고 어미 /-으니까/와 통합한 어간형은 /같-/이며 어미 /-어두/와 통합하는 어간형은 분석하기 어렵지만 /같-애 : -두/는 어간 /같애-/에 어미 /-어두/가 통합된 것으로 볼 수 있다. 그 이유는 어간말 모음소를 /아/라고 한다면 그것이 어미초의 /어/와 통합하여 [애 :]로 되는 것을 공시적 음운규칙에 의해서 합당하게 설명할 수 없다. 그러나 어간말 모음소를 /애/라고 한다면 앞의 (8a, b) ㉯에서 보듯이 어간말 모음소가 /애/이면 어미초의 /어/는 어간말 모음소에 완전순행동화하기 때문에 합당하게 설명할 수 있다.

그렇게 되면 어미 /-(으)CY/와 통합하는 어간의 교체형은 /가{ㄷ, ㄱ, ㅌ}-/이고 어미 /-어두/와 통합하는 어간의 교체형은 /같애-/가 된다. 이들 교체형 중 자음소로 끝나는 교체형을 기저형이라고 할 경우에는 어미초의 /어/ 앞에서 /애/가 첨가되는 것을 합당하게 설명할 수 없으며 /같애-/를 기저형이라고 할 경우에는 어미초의 자음소 앞에서 어간말의 /애/가 탈락하는 사실을 합당하게 설명할 수 없다. 그러므로 (13a)와 같은 활용형을 보이는 어간은 어휘화된 교체형 /가{ㄷ, ㄱ, ㅌ}-/와 /같애-/를 가진다고 해야 한다. 그 중에서 어미 /-(으)CY/와 통합하는 교체형들의 교체음 [ㄷ, ㄱ, ㅌ]의 기저음소는 잠정 기저형을 정할 때 자음소로 끝나는 어간의 어휘화된 교체형은 /으/로 시작하는 어미와 통합한 것이 있으면 그것으로 한다는 기저형 설정기준 ④ⓐ의 ㉠에 의해서 /ㅌ/가 된다. 따라서 (13a)와 같은 활용형을 보이는 어간은 두 개의 어휘화된 교체형 /같-/과 /가태-/를 가지며 그것들을 포함하는 잠정 기저형은 /같{ø-애}-/로 표시된다.

이 잠정 기저형이 합당한가를 검정하면 다음과 같다. 먼저 어휘화된 교체형 /같-/이 어미 /-다/, /-구/, /-더라/, /-으니까/가 통합하면, 어간말 /ㅌ/는 우선 어미초의 /ㄷ/ 앞에서는 평파열음소화하여 /ㄷ/로 된다.

다음에 어간말 /ㄷ/ 뒤에서 어미초 /ㄷ/는 경음소화하여 /ㄸ/로 된다. 그리고 어간말의 /ㅌ/는 어미초의 /ㄱ/ 앞에서는 평파열음소화하여 /ㄷ/로 실현되고 이렇게 실현된 어간말 /ㄷ/는 다시 어미초 /ㄱ/에 동화(연구개음소화)되어 연구개음소 /ㄱ/로 된다. 또한 어간말의 /ㅌ/는 어미초의 /으/ 앞에서는 아무런 음운과정을 거치지 않는다. 그 결과 실현된 음성형은 (13a)의 활용형에서 해당 어미와 통합한 어간과 동일하다. 다음에 어휘화된 교체형 /같애-/와 어미 /-어두/가 통합하면, 위에서 이미 말했듯이 어미초의 /어/는 어간말 모음소 /애/에 완전순행동화하여 /애/로 된다. 그 다음에는 더 이상 음운과정을 거치지 않으므로 그때의 음성형은 (13a)의 활용형에서 해당 어미와 통합한 어간과 동일하다.

지금까지의 검증 결과로 복합기저형 /같{ø-애}-/는 (13a)와 같은 활용형을 보이는 어간의 기저형으로서 합당하다는 것을 알 수 있다.

이 지역어에서 어간말에 복합기저음소 ㅌ{ø-애}를 가지는 활용어간은 조사된 자료에서 더 이상 발견되지 않는다.

다음은 어간말 복합기저음소(군) '르{ø-ㄹ}으'를 가지는 활용어간의 기저형 설정에 대하여 보기로 한다. 이러한 기저형의 예로 표준어 동사 /다르-/(異), /마르-/(乾), /흐르-/(流)에 대응하는 이 지역어의 활용형과 그에 대한 형태분석 결과를 제시하면 (14a), (14b)와 같다.

(14a)

/X르{ø-ㄹ}으-/류 : [다르니까, 달라두, 다르다, 다르구, 다르더라] (다르-, 異)

[마르니까, 말라두, 마른다, 마르구, 마르더라] (마르-, 乾)

[흐르니까, 흘러두, 흐른다, 흐르구, 흐르더라] (흐르-, 流)

(14b)

/X르{ø-르}으-/류 : 다르-니까, 달르-아두, 다르-다, 다르-구, 다
르-더라 (다르-, 異)

마르-니까, 말르-아두, 마르-ㄴ다, 마르-구, 마
르-더라 (마르-, 乾)

흐르-니까, 흘르-어두, 흐르-ㄴ다, 흐르-구, 흐
르-더라 (흐르-, 流)

　(14b)를 형태분석하면, 어미 /-(으)CY/와 통합한 어간형은 /다르-/,
/마르-/, /흐르-/이고 어미 /-어Y/와 통합한 어간형은 /달르-/, /말르-/,
/흘르-/이다. 이들 두 교체형은 어느 하나를 기저형으로 하여 다른 하나
의 교체형을 합당하게 도출할 수 없다. 그러므로 그들 교체형은 어휘화된
것으로 보아야 한다. 그 경우에 어미 /-(으)CY/와 통합하는 어휘화된 교체
형은 /다르-/, /마르-/, /흐르-/로 표시되고 어미 /-어Y/와 통합하는 어
휘화된 교체형은 /달르-/, /말르-/, /흘르-/로 표시된다. 그런데 어미 /-(으)
CY/와 통합하는 어간형이 모음으로 끝나는데도 어미 /-어Y/와 통합한
어간이 유음으로 끝나고 있다. 그러므로 '자음소로 시작하는 어미와 통
합한 어간이 모음으로 끝나는데도 /어/로 시작하는 어미와 통합한 어간
이 자음이나 유음으로 끝나면, /어/로 시작하는 어미와 통합하는 어간의
어휘화된 이형태는 모음소로 끝나는 것으로 해야 하고 또 그 때의 어휘
화된 이형태는 해당 어간이 한국어의 다른 방언에 단일화된 것이 있으
면 그것과 동일한 것이라고 가정해야 한다.'는 기저형 설정기준 ④ⓒ의
㉠를 적용한다. 따라서 어미 /-어Y/와 통합하여 어휘화된 교체형 /달르
-/, /말르-/, /흘르-/를 /달르-/, /말르-/, /흘르-/로 수정해야 한다.
그 이유는 이 동사가 현재 중부방언에서 /달르-/, /말르-/, /흘르-/로
단일화되어 있기 때문이다. 그렇게 되면 (14a)와 같은 활용을 보이는 어
간의 잠정 기저형은 /달{ø-르}으-/, /말{ø-르}으-/, /흘{ø-르}으-/

로 표시된다.

위의 잠정 기저형이 합당한가를 검정하면 다음과 같다. 어미 /-(으)CY/
와 통합하는 어휘화된 교체형 /다르-/, /마르-/, /흐르-/에 어미 /-다,
-은다/, /-구/, /-더라/, /-으니까/가 통합하면, 어간말의 /으/ 뒤에서
어미초의 /으/가 탈락되고, 어미초의 /ㄱ/와 /ㄷ/ 앞에서 어간말의 /으/는
아무 음운과정을 거치지 않는다. 그 다음에 음성으로 실현되는데 그 때
의 음성형은 (14a)의 활용형에서 해당 어미와 통합하는 것과 동일하다.
다음으로 어휘화된 교체형 /달르-/, /말르-/, /흘르-/에 어미 /-어두/
가 통합하면 어미초의 /어/ 앞에서 어간말의 /으/가 탈락한다. 그 다음에
는 아무런 음운과정을 거치지 않으므로 이때의 음성형은 해당 어미와 통
합한 것과 동일하다. 이러한 검증 결과 어간의 잠정 기저형 /달{ø-ㄹ}으
-/, /말{ø-ㄹ}으-/, /흘{ø-ㄹ}으-/는 (14a)와 같은 활용을 보이는
어간의 기저형으로서 합당하다는 것을 알 수 있다. 이 지역어에서 어간
말 복합기저음소(군) '르{ø-ㄹ}으'를 가지는 활용 어간으로는 (14c)에
제시된 것이 더 있다.

(14c)
/X르{ø-ㄹ}으-/류 : 발{ø-ㄹ}으-(바르-, 正) 등

이어서 어간말 복합기저음소(군) '{오, 우}르{우-르}'를 가지는 활용
어간의 기저형 설정에 대하여 보기로 한다. 이러한 기저형의 예로 표준
어 동사 /부르-/(呼), /누르-/(壓), /모르-/(不知)에 대한 이 지역어의 활용
형과 그에 대한 형태분석결과를 제시하면 (15a), (15b)와 같다.

(15a)
/X{오, 우}르{우-르}-/류 : [부루니까, 불러두, 부룬다, 부루구, 부루
                     더라] (부르-, 呼)

[누루니까, 눌러두, 누룬다, 누루구, 누루
더라] (누르-, 壓)
[모루니까, 몰라두, 모룬다, 모루구, 모루
더라] (모르-, 不知)

(15b)

/X{오, 우}ㄹ{우-르}-/류 : 부루-니까, 불르-어두, 부루-ㄴ다, 부루
-구, 부루-더라 (부르-, 呼)
누루-니까, 눌르-어두, 누루-ㄴ다, 누루
-구, 누루-더라 (누르-, 壓)
모루-니까, 몰르-아두, 모루-ㄴ다, 모루
-구, 모루-더라 (모르-, 不知)

(15a)와 같은 활용형은 어미 /-(으)CY/와 통합하는 어간말 모음이
[우]라는 것을 제외하면 (14a)의 어간과 동일한 활용을 한다.[31] 그러므로
(14)의 논의를 적용하면 어미 /-(으)CY/와 통합하는 어간의 어휘화된
교체형은 /부루-/, /누루-/, /모루-/이고 어미 /-어Y/와 통합하는 어휘
화된 교체형은 /불르-/, /눌르-/, /몰르-/가 된다. 그런데 어미 /-(으)
CY/와 통합하는 어간이 모음으로 끝나는데도 어미 /-어Y/와 통합하는
어간이 유음으로 끝나므로, 위와 마찬가지로 기저형 설정기준 ④ⓒ의 ㉠
에 의해서 어미 /-어Y/와 통합하는 어간의 어휘화된 교체형은 /불르-/, /
눌르-/, /몰르-/로 수정되어야 한다. 그 이유 역시 이 동사는 현재 중부
방언에서 /불르-/, /눌르-/, /몰르-/로 단일화되어 있기 때문이다. 그
결과 (15a)와 같은 활용형을 보이는 어간의 잠정 기저형은 복합기저형 /불
{우-르}-/, /눌{우-르}-/, /몰{우-르}-/로 표시된다.
위의 잠정 기저형이 합당한가에 대한 검정은 (14a)의 어간에 대한 잠

---

31) (15a)의 활용형에 보이는 어간말 모음 [우]는 기저음소 /우/가 음성으로 실현된 것이다.
어간말 기저음소 /우/는 원래 /으/였으나 앞 음절이 원순모음소인 경우 그 다음 음절의
/으/는 원순모음소화 한다는 서북방언의 음운규칙에 의해서 변화된 것이다.

정 기저형에 대한 논의와 동일하다. 즉 어미 /-(으)CY/와 통합하는 어휘
화된 교체형 /부루-/, /누루-/, /모루-/에 어미 /-은다/, /-구/, /-더라
/, /-으니까/가 통합하면, 어간말의 /우/ 뒤에서 어미초의 /으/가 탈락되
고, 어미초의 /ㄱ/와 /ㄷ/ 앞에서 어간말의 /우/는 아무 음운과정을 거치
지 않는다. 그 다음에 음성으로 실현되는데 그 때의 음성형은 (15a)의
활용형에서 해당 어미와 통합하는 것과 동일하다. 다음으로 어휘화된 교
체형 /불르-/, /눌르-/, /몰르-/에 어미 /-어두/가 통합하면 어미초의 /
어/ 앞에서 어간말의 /으/가 탈락한다. 그 다음에는 아무런 음운과정을
거치지 않으므로 이때의 음성형은 해당 어미와 통합한 것과 동일하다.
그러므로 설정된 기저형 /불{우-르}-/, /눌{우-르}-/, /몰{우-르}-/
는 (15a)와 같은 활용형을 보이는 어간의 기저형으로서 합당하다.

이 지역어에서 어간말 복합기저음소(군) '{오, 우}르{우-르}'를 가지
는 활용어간으로는 (15c)에 제시된 것들이 더 있다.

(15c)
/X{오, 우}르{우-르}-/류 : 굴{우-르}-(구르-, 轉), 물{우-르}-
(무르-, 軟), 주물{우-르}-(주무르-,
摸), 올{우-르}-(오르-, 登) 등

마지막으로 어간말 복합기저음소 'ㅎ{아-애}'를 가지는 어간 기저형
의 설정에 대하여 보기로 한다. 이러한 기저형의 예로 표준어 /갸름하-/
(長), /따뜻하-/(溫), /뾰족하-/(尖)에 대한 이 지역어의 활용형과 그에 대
한 형태분석결과를 제시하면 (16a), (16b)와 같다.

(16a)
/Xㅎ{아-애}-/류 : [걀쑥하니까, 걀쑥해 : 두, 걀쑥하다, 걀쑥하구, 걀
쑥하더라] (갸름하-, 長)

[따따하니까, 따따해 : 두, 따따하다, 따따하구, 따
따하더라] (따뜻하-, 溫)
[뾰족하니까, 뾰족해 : 두, 뾰족하다, 뾰족하구, 뾰
족하더라] (뾰족하-, 尖)

(16b)
/Xㅎ{아-애}-/류 : 갈쑥하-니까, 갈쑥해 : -두, 갈쑥하-다, 갈쑥하-구,
갈쑥하-더라 (갸름하-, 長)
따따하-니까, 따따해 : -두, 따따하-다, 따따하-구,
따따하-더라 (따뜻하-, 溫)
뾰족하-니까, 뾰족해 : -두, 뾰족하-다, 뾰족하-구,
뾰족하-더라 (뾰족하-, 尖)

(16b)에 제시된 형태분석에 의하면, 어미 /-(으)CY/와 통합하는 어간형
은 /갈쑥하-/, /따따하-/, /뾰족하-/로 쉽게 분석할 수 있지만 어미 /-어
Y/와 통합하는 어간형을 분석하기는 어렵다. 그러나 그것은 어간 /갈쑥
해-/, /따따해-/, /뾰족해-/에 어미 /-어Y/가 통합한 것으로 볼 수 있
다. 그 이유는 위의 (13b)에서 논의하였듯이 어간말 모음소를 /아/라고
한다면 그것이 어미초의 /어/와 통합하여 [애 :]로 되는 것을 공시적 음
운규칙으로는 합당하게 설명할 수 없지만, 어간말 모음소를 /애/라고 한
다면 어간말 모음소가 /에/나 /애/일 때는 어미초의 /어/가 어간말 모음소
에 완전순행동화한 것으로 볼 수 있기 때문이다.

분석된 두 개 교체형의 공통부분을 기준으로 묶으면 [갈쑥ㅎ{아-애}
-], [따따ㅎ{아-애}-], [뾰족ㅎ{아-애}-]가 되는데, 두 개의 교체음
중 어느 하나를 기저형의 어간말 자음소로 하여서는 다른 교체음을 공시
적 음운규칙으로 합당하게 도출할 수 없다. 그러므로 그것들은 어휘화된
교체형으로 인정해야 한다. 그렇게 되면 (14a)와 같은 활용형을 보이는 어
간의 기저형은 복합기저형 /갈쑥ㅎ{아-애}-/, /따따ㅎ{아-애}-/, /뾰

족ㅎ{아−애}−/로 표시된다.

이 지역어에서 어간말에 복합기저음소 'ㅎ{아−애}'를 가지는 활용어간으로는 (16c)에 제시된 것들이 더 있다.

(16c)
/Xㅎ{아−애}−/류 : 고소ㅎ{아−애}−(고소하−, 香味), 권ㅎ{아−애}−
(권하−, 勸), 몯ㅎ{아−애}−(못하−, 不爲), 빼족ㅎ
{아−애}−(뾰족하−尖), ㅎ{아−애}−(하−, 爲) 등

이 장에서는 이 지역어에 존재하는 어간의 기저형을 설정하였다. 이들 어간의 기저형 설정은 곡용어간과 활용어간으로 나누어 논의하였다. 이 지역어에 사용되는 어간의 기저형은 단일기저형과 복합기저형으로 구성된다. 그리고 단일기저형은 다시 자음소로 끝나는 기저형, 유음소로 끝나는 기저형, 모음소로 끝나는 기저형으로 구분되고 자음소로 끝나는 기저형은 다시 단일자음소로 끝나는 기저형과 자음소군으로 끝나는 기저형으로 구분된다. 그들 각각에 대한 기저형 유형과 어간말 기저음소의 목록을 함께 나타내면 다음과 같다.

우선 곡용어간의 단일기저형에는 단일 자음소로 끝나는 12가지의 기저형 유형 X{ㅂ, ㅍ, ㄷ, ㅌ, ㅅ, ㅈ, ㅊ, ㄱ, ㅋ, ㅇ, ㅁ, ㄴ}과 자음소군으로 끝나는 4가지의 기저형 유형 X{ㅄ, ㄺ, ㄼ, ㄻ}, 그리고 유음소로 끝나는 1가지의 기저형 유형 X{ㄹ}와 모음소로 끝나는 8가지의 기저형 유형 X{이, 에, 애, 으, 어, 우, 오, 아} 등이 있다. 복합기저형에는 1가지의 기저형 유형 Xㄴ{아−애}가 있다.

다음 활용어간의 단일기저형에는 단일 자음소로 끝나는 13가지의 기저형 유형 X{ㅂ, ㅍ, ㄷ, ㅌ, ㅅ, ㅈ, ㅊ, ㄱ, ㅋ, ㅎ, ㅇ, ㅁ, ㄴ}과 자음소군으로 끝나는 9가지의 기저형 유형 X{ㅄ, ㄵ, ㄾ, ㄼ, ㄻ, ㄺ ; ㄶ, ㅀ, ㅀ}, 그리고 유음소로 끝나는 1가지의 기저형 유형 X{ㄹ}와 모음소로

끝나는 8가지의 기저형 유형 X{이, 에, 애, 으, 어, 우, 오, 아} 등이 있다. 복합기저형에는 8가지의 기저형 유형 X{{ㅂ-우}, 이{ø-라}, {ㅍ, ㅃ}{우-으}, {ㄷ-ㅎ}, ㅌ{ø-애}, ㄹ{ø-ㄹ}으, {오, 우}ㄹ{우-르}, ㅎ{아-애}}가 있다.

음운과정과 음운규칙

　이 장에서는 이 지역어의 형태소 경계에서 일어나는 공시적인 음운과
정에는 어떠한 것이 있는지 살펴보고 이를 규칙으로 나타내고자 한다.
음운과정은 음운의 변동 양상에 따라 크게 '교체, 탈락, 삽입, 축약'과
같이 유형화할 수 있는데, 이 책에서는 이 지역어에 존재하는 음운과정
을 네 유형으로 구분하여 서술한다.

4.1. 교체

　'교체'란 어간과 어미가 통합할 때, 그 경계에 있는 형태음소가 다른
형태음소로 변동하는 것을 말한다. '교체'는 크게 자음소교체와 모음소
교체로 구분되는데 먼저 자음소교체부터 논의하기로 한다.

4.1.1. 자음소교체

자음소교체에는 평파열음소화, 자음소동화, 경음소화가 포함된다. 다음에 이들 하나하나에 대해서 차례로 검토해 보기로 한다.

4.1.1.1. 평파열음소화

한국어에서 비음소를 제외한 어간말 자음소는 그 자체로 끝나거나 자음소로 시작하는 어미와 통합하면 /ㅂ, ㄷ, ㄱ/ 중의 어느 한 음소로 된다. 종래에 이러한 현상을 중화나 미파화(불파화)라고 불렀다. 그런데 한국어의 이 현상은 '중화'라는 개념에 합당하다고 할 수 없으며, '미파화'나 '불파화'라는 용어는 음성학적인 것이라는 점에서 '평폐쇄음화'라는 용어로 대체되기도 하였다(배주채, 1989). 그런데 '평폐쇄음'은 /ㅂ, ㄷ, ㄱ/ 뿐만 아니라 /ㅈ/도 포괄하는 용어이다. 자음소를 조음방식에 의해서 구분할 때에, '파열음, 마찰음, 파찰음'이란 용어가 사용되는데, 여기서 '파찰음'은 '파열음'과 '마찰음'의 성격을 모두 가지는 음이다. 그러므로 '파열음'을 '폐쇄음'이라고 한다면, '파찰음'도 '폐찰음'으로 바꾸어야 한다. 이상의 논의를 종합하면, 어간말 자음소의 '평폐쇄음화'라는 용어는 /ㅈ/를 포함한다는 점에서 정확하지 않으며 '파찰음'이란 용어와의 표현 균형을 유지하지 못한다는 점에서 적합하지 않다. 이러한 점을 고려하여 최명옥(2004 : 91)에서는 '평파열음소화'라는 용어 사용을 제안하였다. 이 책에서도 '평파열음소화'라는 용어를 사용한다.

다음에 제시되는 자료 (1)은 어간말의 양순음소 /ㅍ/가 평파열음소화하는 예이다. 이 음운과정은 곡용과 활용에 모두 존재한다. 자료를 보면, 명사나 동사의 기저형의 어간말 자음소 /ㅍ/는 음성형에서 [ㅂ]로 실현되고 있다. 이것은 어간말의 /ㅍ/가 어미의 자음소 앞에서 평파열음소화하여 /ㅂ/로 된 다음에 음성으로 실현된 것이다.

(1) ㉮ /덮ㅣ{두, 꺼지}/→[딥뚜, 딥꺼지]¹⁾

    cf. /덮ㅣ에/→[디페] (짚, 藁)

    /녚ㅣ{두, 꺼지}/→[넙뚜, 넙꺼지]

    cf. /녚ㅣ에/→[너페] (옆, 側)

    /닢ㅣ{두, 꺼지}/→[닙뚜, 닙꺼지]

    cf. /닢ㅣ에/→[니페] (잎, 葉)

  ㉯ /갚ㅣ{더라, 구}/→[갑떠라, 갑꾸]

    cf. /갚ㅣ어두/→[가파두] (갚-, 報)

    /덮ㅣ{더라, 구}/→[덥떠라, 덥꾸]

    cf. /덮ㅣ어두/→[더퍼두] (덮-, 覆)

    /싶ㅣ{더라, 구}/→[십떠라, 십꾸]

    cf. /싶ㅣ어두/→[시퍼두] (싶-, 望)

다음에 제시되는 자료 (2)는 어간말의 치음소 /ㅌ/가 평파열음소화하는 예이다. 이 음운과정도 곡용과 활용에 모두 존재한다. 자료를 보면, 명사나 동사의 기저형의 어간말 자음소 /ㅌ/는 음성형에서 [ㄷ]로 실현되고 있다. 이것은 어간말의 /ㅌ/가 어미의 자음소 앞에서 평파열음소화하여 /ㄷ/로 된 다음에 음성으로 실현된 것이다.

(2) ㉮ /아래끝ㅣ{두, 꺼지}/→[아래끝뚜, 아래끝꺼지]

    cf. /아래끝ㅣ에/→[아래꾸테] (아랫목, 奧)

    /삳ㅣ{두, 꺼지}/→[삳뚜, 삳꺼지]

    cf. /삳ㅣ에/→[사테] (삿, 簞)

    /논밭ㅣ{두, 꺼지}/→[논받뚜, 논받꺼지]

    cf. /논밭ㅣ에/→[논바테] (논, 畓)

  ㉯ /같ㅣ{더라, 구}/→[갇떠라, 갇꾸]

    cf. /같ㅣ어두/→[가태 : 두] (같-, 如)²⁾

/맡ㅣ{더라, 구}/→[맏떠라, 맏꾸]

cf. /맡ㅣ어두/→[마타두] (맡-, 任)

/붙ㅣ{더라, 구}/→[붇떠라, 붇꾸]

cf. /붙ㅣ어두/→[부터두] (붙-, 附)

다음에 제시되는 자료 (3)은 어간말의 치음소 /ㅅ, ㅆ/와 치조음소 /ㅈ, ㅊ/가 평파열음소화하는 예이다. 이 음운과정도 곡용과 활용에 모두 존재한다. 자료를 보면, 명사나 동사의 어간말 자음소 /ㅅ, ㅆ, ㅈ, ㅊ/가 음성형에서 모두 [ㄷ]로 실현되고 있다. 이것은 어간말의 /ㅅ, ㅆ, ㅈ, ㅊ/가 어미초의 자음소 앞에서 평파열음소화하여 /ㄷ/로 된 다음에 음성으로 실현된 것이다.

(3) ㉮ /꼿ㅣ{두, 꺼지}/→[꼳뚜, 꼳꺼지]

cf. /꼿ㅣ이/→[꼬시] (꽃, 花)

/니웃ㅣ{두, 꺼지}/→[니욷뚜, 니욷꺼지]

cf. /니웃ㅣ이/→[니우시] (이웃, 隣)

/채매앗ㅣ{두, 꺼지}/→[채매앋뚜, 채매앋꺼지]

cf. /채매앗ㅣ이/→[채매아시] (채전, 菜田)

/낫ㅣ{두, 꺼지}/→[낟뚜, 낟꺼지]

cf. /낫ㅣ이/→[나지] (낮, 晝)

/젖ㅣ{두, 꺼지}/→[젇뚜, 젇꺼지]

cf. /젖ㅣ이/→[저지] (젖, 乳)

/낯ㅣ{두, 꺼지}/→[낟뚜, 낟꺼지]

cf. /낯ㅣ이/→[나치] (낯, 顔)

/빛ㅣ{두, 꺼지}/→[빋뚜, 빋꺼지]

cf. /빛ㅣ이/→[비치] (빛, 光)

㉯ /줏：ㅣ{더라, 구}/→[줃：떠라, 줃：꾸]

cf. /줏：ㅣ어두/→[주서두] (줍-, 拾)

/-어두/가 통합된 것으로 볼 수 있다. 어간말 모음소 /애/ 뒤에서 어미초의 /어/는 어간말 모음소에 완전순행동화하여 /애/로 되며 그 결과 장모음소로 나타난다.

/잇│{더라, 구}/→[읻떠라, 읻꾸]

cf. /잇│어두/→[이서두] (있-, 有)

/잦 : │{더라, 구}/→[잗 : 떠라, 잗 : 꾸]

cf. /잦 : │어두/→[자자두] (잣-, 紡)

/짖│{더라, 구}/→[짇떠라, 짇꾸]

cf. /짖│어두/→[지저두] (짖-, 吠)

/씻│{더라, 구}/→[씯떠라, 씯꾸]

cf. /씻│어두/→[씨처두] (씻-, 洗)

/쫓│{더라, 구}/→[쫃떠라, 쫃꾸]

cf. /쫓│어두/→[쪼차두] (쫓-, 追)

다음에 제시되는 자료 (4)는 어간말의 연구개음소 /ㅋ, ㄲ/가 평파열음
소화하는 예이다. 이 음운과정도 곡용과 활용에 모두 존재한다. 자료를
보면, 명사나 동사의 어간말 자음소 /ㅋ, ㄲ/가 음성형에서 모두 [ㄱ]로
실현되고 있다. 이것은 어간말의 /ㅋ, ㄲ/가 어미초의 자음소 앞에서 평
파열음소화하여 /ㄱ/로 된 다음에 음성으로 실현된 것이다.

(4) ㉮ /벽│{두, 꺼지}/→[벽뚜, 벽꺼지]

cf. /벽│에/→[벼케] (부엌, 廚)

㉯ /깎│{더라, 구}/→[깍떠라, 깍꾸]

cf. /깎│어두/→[까까두] (깎-, 削)

/엮│{더라, 구}/→[역떠라, 역꾸]

cf. /엮│어두/→[여꺼두] (엮-, 編)

다음에 제시되는 자료 (5)는 어간말의 후음소 /ㅎ, ㆆ/가 평파열음소화
하는 예이다. 후음소로 끝나는 명사는 없으므로, 이 음운과정은 활용에
만 존재한다. 자료를 보면, 동사의 어간말 자음소 /ㅎ, ㆆ/가 /ㄴ/로 시작
하는 어미와 통합할 때에는 음성형에서 [ㄴ]로 실현되고 /ㅅ/로 시작하
는 어미와 통합할 때에는 음성형에서 실현되지 않는다. 그 대신 어미초

의 /ㅅ/가 음성형에서 [ㅆ]로 실현된다. 먼저 음성형에서 실현되는 [ㄴ] 는 어간말의 /ㅎ, ㆆ/가 어미초의 자음소 앞에서 평파열음소화하여 /ㄷ/ 로 된 다음 다시 어미초의 /ㄴ/ 앞에서 동화되어 /ㄴ/로 되는 음운과정을 거친 것이다. 그리고 음성형에서 실현되지 않는 것은 어간말의 /ㅎ, ㆆ/ 가 어미초의 /ㅅ/ 앞에서 평파열음소화하여 /ㄷ/로 되고 어간말의 /ㄷ/ 뒤 에서 어미초의 /ㅅ/가 /ㅆ/로 된 뒤에 다시 어간말의 /ㄷ/가 어미초의 /ㅆ/ 에 동화된 다음에 음성으로 실현된 것이다.

> (5) /둏:]{소}/→[도:쏘]
>   cf. /둏:]{더라, 지}/→[도:터라, 도:치] (좋-, 好)
>   /뽛:]{는다, 소}/→[뿐:는다, 뽀:쏘]
>   cf. /뽛:]{더라, 지}/→[뽀:터라, 뽀:치] (빻-, 粉)
>   /찧]{는다, 소}/→[띤는다, 띠쏘]
>   cf. /찧]{더라, 지}/→[띠터라, 띠치] (찧-, 搗)
>   /닣]{는다, 소}/→[닌는다, 니쏘]
>   cf. /닣]{더라}/→[니떠라] (잇-, 連)
>   /긓:]{는다, 소}/→[근:는다, 그:쏘]
>   cf. /긓:]{더라}/→[그:떠라] (긋-, 劃)
>   /짛:]{는다, 소}/→[진:는다, 지:쏘]
>   cf. /짛:]{더라}/→[지:떠라] (짓-, 作)

이상에서 살펴본 어간말 자음소의 평파열음소화를 지배하는 규칙은 다음과 같이 말할 수 있다.

> • 어간말 자음소 /ㅍ/와 /ㅌ, ㅅ, ㅆ, ㅈ, ㅊ/, 그리고 /ㅋ, ㄲ/는 어미초의 자음소 앞에서 각각 평파열음소 /ㅂ/와 /ㄷ/와 /ㄱ/로 된다.
> • 어간말 자음소 /ㅎ, ㆆ/는 어미초의 /ㄴ, ㅅ/ 앞에서 평파열음소 /ㄷ/로 된다.

4.1.1.2. 자음소동화

자음소동화란 어간말의 형태음소인 자음소가 어미초의 형태음소인 자음소의 영향을 받아 그와 같거나 유사한 음소로 바뀌는 현상을 말한다. 이 지역어의 자음소동화에는 비음소화, 연구개음소화, 양순음소화, 유음소화가 있다. 아래에 이들 하나하나에 대하여 차례로 논의하기로 한다.

① 비음소화

비음소화는 비음소가 아닌 어간말의 자음소가 어미초의 비음소에 동화되어 비음소로 되는 음운과정이다. 다음에 제시되는 자료 (1)에서 알 수 있는 바와 같이, 이 음운과정은 곡용과 활용에 다 존재한다.

먼저 곡용의 경우, (1)㉮의 어간말 자음소인 양순음소들은 어미초의 /ㅁ/ 앞에서 모두 [ㅁ]로 실현되고 있다. 그것은 먼저 어간말의 /ㅍ/가 어미초의 자음소 앞에서 평파열음소화하여 /ㅂ/로 되고 다시 어간말의 /ㅂ/가 어미초의 비음소 /ㅁ/에 동화되어 /ㅁ/로 된 다음에 실현된 것이다. 다음으로 활용의 경우, (1)㉯의 어간말 자음소인 양순음소들은 어미초의 /ㄴ/ 앞에서 모두 [ㅁ]로 실현되고 있다. 활용에서 어간말 자음소인 양순음소 /ㅂ, ㅍ/가 어미초 /ㄴ/ 앞에서 /ㅁ/로 되는 음운과정에 대한 설명은 곡용에서 설명한 것과 동일하다.

(1) ㉮ /닙] 만/ → [님만]
　　 cf. /닙] 에/ → [니베] (입, 口)
　　/서답] 만/ → [서담만]
　　 cf. /서답] 에/ → [서다베] (빨래, 洗濯物)
　　/닐굽] 만/ → [닐굼만]
　　 cf. /닐굽] 에/ → [닐구베] (일곱, 七)
　　/딮] 만/ → [딤만]
　　 cf. /딮] 에/ → [디페] (짚, 藁)

/넢┤만/→[넘만]

cf. /넢┤에/→[너페] (옆, 側)

/닢┤만/→[님만]

cf. /닢┤에/→[니페] (잎, 葉)

㉯ /닙┤는다/→[님는다]

cf. /닙┤어두/→[니버두] (입-, 着衣)

/씹┤는다/→[씸는다]

cf. /씹┤어두/→[씨버두] (씹-, 嚼)

/갚┤는다/→[감는다]

cf. /갚┤어두/→[가파두] (갚-, 報)

/덮┤는다/→[덤는다]

cf. /덮┤어두/→[더퍼두] (덮-, 蓋)

(2)에 제시된 자료는 어간말의 치음소가 비음소화하는 예이다. 먼저 곡용의 경우, (2)㉮의 어간말 자음소 /ㄷ, ㅌ/는 음성형에서 [ㄴ]로 실현되고 있다. 그것은 어간말의 /ㄷ/가 어미초의 비음소 /ㅁ/에 동화되어 /ㄴ/로 된 후 음성으로 실현되고, 어간말의 /ㅌ/는 먼저 어미초의 자음소 앞에서 평파열음소화하여 /ㄷ/로 되고 다시 어미초의 비음소 /ㅁ/에 동화되어 /ㄴ/로 된 뒤에 음성으로 실현되기 때문이다. 다음으로 활용의 경우, (2)㉯의 어간말 자음소 /ㄷ, ㅌ/도 음성형에서 [ㄴ]로 실현되고 있다. 이때의 음운과정에 대한 설명은 곡용에서 어간말 /ㄷ, ㅌ/가 /ㄴ/로 되기까지의 음운과정 설명과 동일하다.

(2) ㉮ /빋┤만/→[빈만]

cf. /빋┤에/→[비데] (빚, 債)

/논밭┤만/→[논반만]

cf. /논밭┤에/→[논바테] (논, 畓)

/아래끝┤만/→[아래꾼만]

cf. /아래끝┤에/→[아래꾸테] (아랫목, 奧)

/샅┤만/→[산만]

cf. /삳ㅣ에/→[사테] (삿, 簪)

④ /듣ㅣ는다/→[든는다]

   cf. /듣ㅣ어두/→[드더두] (듣-, 聞)

/밷 : ㅣ는다/→[밴 : 는다]

   cf. /밷 : ㅣ어두/→[배다두] (뱉-, 唾)

/닫ㅣ는다/→[단는다]

   cf. /닫ㅣ어두/→[다다두] (닫-, 閉)

/붙ㅣ는다/→[분는다]

   cf. /붙ㅣ어두/→[부터두] (붙-, 附)

/맡ㅣ는다/→[만는다]

   cf. /맡ㅣ어두/→[마타두] (맡-, 任)

(3)에 제시된 자료는 어간말의 치음소 /ㅅ/와 치조음소 /ㅈ, ㅊ/가 비음소화하는 예이다. 이 음운과정은 곡용과 활용에 다 존재한다. 그들 어간말 자음소들이 음성형으로 실현되기까지에 이르는 음운과정은 다음과 같다. 어간말의 /ㅅ, ㅈ, ㅊ/는 먼저 어미초의 자음소 앞에서 평파열음소화하여 /ㄷ/로 된다. 다음에 어간말의 /ㄷ/는 어미초의 비음소 /ㅁ/나 /ㄴ/에 동화되어 /ㄴ/로 된다.

(3) ㉮ /넌못ㅣ만/→[넌몬만]

   cf. /넌못ㅣ에/→[넌모세] (연못, 池)

/니웃ㅣ만/→[니운만]

   cf. /니웃ㅣ에/→[니우세] (이웃, 隣)

/딜그륻ㅣ만/→[딜그른만]

   cf. /딜그륻ㅣ에/→[딜그르세] (질그릇, 土器)

/낟ㅣ만/→[난만]

   cf. /낟ㅣ에/→[나제] (낮, 晝)

/젖ㅣ만/→[전만]

   cf. /젖ㅣ에/→[저제] (젖, 乳)

/낯ㅣ만/→[난만]

cf. /낯┤에/→[나체] (낯, 顔)

/빛┤만/→[빈만]

cf. /빛┤에/→[비체] (빛, 光)

㉴ /줏 : ┤는다/→[준 : 는다]

cf. /줏 : ┤어두/→[주서두] (줍−, 拾)

/잇┤니/→[인니]

cf. /잇┤어두/→[이서두] (있−, 有)

/잣 : ┤는다/→[잔 : 는다]

cf. /잣 : ┤어두/→[자자두] (잣−, 紡)

/짖┤는다/→[진는다]

cf. /짖┤어두/→[지저두] (짖−, 吠)

/씾┤는다/→[씬는다]

cf. /씾┤어두/→[씨처두] (씻−, 洗)

/쫓┤는다/→[쫀는다]

cf. /쫓┤어두/→[쪼차두] (쫓−, 追)

(4)에 제시된 자료는 어간말의 연구개자음소 /ㄱ, ㄲ, ㅋ/가 비음소화하는 예이다. 자료를 보면 어간말의 /ㄱ, ㄲ, ㅋ/가 음성형에서 [ㅇ]로 실현되고 있음을 알 수 있다. 이때에 어간말의 연구개자음소가 거치는 음운과정은 다음과 같다. 먼저 어간말의 /ㄱ/는 어미초의 비음소 /ㅁ/나 /ㄴ/에 동화되어 /ㅇ/로 되고, 어간말의 /ㄲ, ㅋ/는 어미초의 자음소 앞에서 평파열음소화하여 /ㄱ/로 된 다음 다시 어미초의 비음소 /ㅁ/나 /ㄴ/에 동화되어 /ㅇ/로 된다. 이렇게 하여 형성된 어간말의 /ㅇ/가 음성으로 실현된 것이 [ㅇ]다. 이러한 음운과정은 곡용과 활용에 다 존재한다.

(4) ㉮ /팍┤만/→[팡만]

cf. /팍┤을/→[파글] (팥, 赤豆)

/아낙┤만/→[아낭만]

cf. /아낙┤을/→[아나글] (안, 內)

/낭식┤만/→[낭싱만]

　　　cf. /낭식〕을/→[낭시글] (양식, 糧食)
　　/벽〕만/→[병만]
　　　cf. /벽〕을/→[벼클] (부엌, 廚)
　⑭ /넉〕는다/→[닝는다]
　　　cf. /넉〕어두/→[니거두] (익-, 熟)
　　/먹〕는다/→[멍는다]
　　　cf. /먹〕어두/→[머거두] (먹-, 食)
　　/녹〕는다/→[농는다]
　　　cf. /녹〕어두/→[노가두] (녹-, 溶)
　　/닦〕는다/→[당는다]
　　　cf. /닦〕어두/→[다까두] (덖-, 炒)
　　/엮〕는다/→[영는다]
　　　cf. /엮〕어두/→[여꺼두] (엮-, 編)

　(5)에 제시된 자료는 어간말의 후음소 /ㅎ, ㆆ/가 비음소화하는 예이다. 제시된 자료를 보면 어간말의 /ㅎ, ㆆ/가 음성형에서 [ㄴ]로 실현되고 있음을 알 수 있다. 이때의 음운과정은 다음과 같다. 먼저 어간말의 /ㅎ, ㆆ/는 어미초의 /ㄴ/ 앞에서 평파열음소화하여 /ㄷ/로 된다. 다음에 어간말의 /ㄷ/는 어미초의 비음소 /ㄴ/에 동화되어 /ㄴ/로 된다. 이렇게 하여 형성된 어간말의 /ㄴ/가 음성으로 실현된 것이 [ㄴ]다. 후음소로 끝나는 명사는 없으므로 이러한 음운과정은 활용에만 존재한다.

　(5) /뽛 :〕는다/→[뽄 : 는다]
　　　cf. /뽛 :〕더라/→[뽀 : 터라] (빻-, 粉)
　　/떻〕는다/→[떤는다]
　　　cf. /떻〕더라/→[떠터라] (찧-, 搗)
　　/닣〕는다/→[닌는다]
　　　cf. /닣〕더라/→[니떠라] (잇-, 連)
　　/긓 :〕는다/→[근 : 는다]
　　　cf. /긓 :〕더라/→[그 : 떠라] (긋-, 劃)

이상에서 논의된 어간말 자음소들의 비음소화를 지배하는 규칙은 다음과 같다.

- 그 자체나 일정한 음운과정을 거쳐서 형성된 어간말 자음소 /ㅂ, ㄷ, ㄱ/는 어미초의 비음소 /ㅁ, ㄴ/ 앞에서 각각 동일 조음위치의 비음소로 된다.

② 연구개음소화

연구개음소화란 연구개음소가 아닌 어간말의 자음소가 어미초의 연구개음소에 동화되어 연구개음소로 되는 음운과정이다. 다음에 제시되는 자료 (1)에서 알 수 있는 바와 같이, 이 음운과정은 곡용과 활용에 다 존재한다.

먼저 곡용의 경우, (1)㉮의 어간말 자음소인 양순음소들은 어미초의 /ㄱ/ 앞에서 모두 [ㄱ]로 실현되고 있다. 그것은 어간말의 /ㅂ/가 어미초의 연구개음소 /ㄱ/에 동화되어 /ㄱ/로 된 후 음성으로 실현되고 어간말의 /ㅍ/가 어미초의 자음소 앞에서 평파열음소화하여 /ㅂ/로 되고 다시 어간말의 /ㅂ/가 어미초의 연구개음소 /ㄱ/에 동화되어 /ㄱ/로 된 다음에 음성으로 실현된 것이다. 다음으로 활용의 경우, (1)㉯의 어간말 자음소인 양순음소들은 어미초의 /ㄱ/ 앞에서 모두 [ㄱ]로 실현되고 있다. 활용에서 어간말 자음소인 양순음소들이 어미초 /ㄱ/ 앞에서 /ㄱ/로 되는 음운과정에 대한 설명은 곡용에서 설명한 것과 동일하다.

(1) ㉮ /닙│꺼지/→[닉꺼지]
　　　cf. /닙│에/→[니베] (입, 口)
　　　/서답│꺼지/→[서닥꺼지]
　　　cf. /서답│에/→[서다베] (빨래, 洗濯物)
　　　/아굽│꺼지/→[아국꺼지]

cf. /아굽┃에/→[아구베] (아홉, 九)

/딮┃꺼지/→[딕꺼지]

  cf. /딮┃에/→[디페] (짚, 藁)

/넢┃꺼지/→[넉꺼지]

  cf. /넢┃에/→[너페] (옆, 側)

/닢┃꺼지/→[닉꺼지]

  cf. /닢┃에/→[니페] (잎, 葉)

㉯ /닙┃구/→[닉꾸]

  cf. /닙┃어두/→[니버두] (입-, 着衣)

/더럽┃구/→[더럭꾸]

  cf. /더럽┃어두/→[더러워두] (더럽-, 汚)

/잡┃구/→[작꾸]

  cf. /잡┃어두/→[자바두] (잡-, 執)

/높┃구/→[녹꾸]

  cf. /높┃어두/→[노파두] (높-, 高)

/갚┃구/→[각꾸]

  cf. /갚┃어두/→[가파두] (갚-, 報)

/덮┃구/→[덕꾸]

  cf. /덮┃어두/→[더퍼두] (덮-, 蓋)

   (2)에 제시된 자료는 어간말의 치음소가 연구개음소화하는 예이다. 먼저 곡용의 경우, (2)㉮의 어간말 자음소 /ㄷ, ㅌ/는 음성형에서 [ㄱ]로 실현되고 있다. 그것은 어간말의 /ㄷ/가 어미초의 연구개음소 /ㄱ/에 동화되어 /ㄱ/로 된 후 음성으로 실현되고, 어간말의 /ㅌ/는 먼저 어미초의 자음소 앞에서 평파열음소화하여 /ㄷ/로 되고 다시 어미초의 연구개음소 /ㄱ/에 동화되어 /ㄱ/로 된 뒤에 음성으로 실현되기 때문이다. 다음으로 활용의 경우, (2)㉯의 어간말 자음소 /ㄷ, ㅌ/도 음성형에서 [ㄱ]로 실현되고 있다. 이때의 음운과정에 대한 설명은 곡용에서 어간말 /ㄷ, ㅌ/가 /ㄱ/로 되기까지의 음운과정의 설명과 동일하다.

(2) ㉮ /빛┃꺼지/→[빅꺼지]

    cf. /빛┃에/→[비데] (빛, 債)

    /논밭┃꺼지/→[논박꺼지]

    cf. /논밭┃에/→[논바테] (논, 畓)

    /아래꿑┃꺼지/→[아래꾹꺼지]

    cf. /아래꿑┃에/→[아래꾸테] (아랫목, 奧)

    /샅┃꺼지/→[삭꺼지]

    cf. /샅┃에/→[사테] (삿, 簀)

㉯ /듣┃구/→[득꾸]

    cf. /듣┃어두/→[드더두] (듣-, 聞)

    /뱉:┃구/→[백:꾸]

    cf. /뱉:┃어두/→[배다두] (뱉-, 唾)

    /닫┃구/→[닥꾸]

    cf. /닫┃어두/→[다다두] (닫-, 閉)

    /붙┃구/→[북꾸]

    cf. /붙┃어두/→[부터두] (붙-, 附)

    /맡┃구/→[막꾸]

    cf. /맡┃어두/→[마타두] (맡-, 任)

    /같┃구/→[각꾸]

    cf. /같┃어두/→[가태:두] (같-, 如)

  (3)에 제시된 자료는 어간말의 치음소 /ㅅ/와 치음소 /ㅈ, ㅊ/가 연구개음소화하는 예이다. 이 음운과정은 곡용과 활용에 다 존재한다. 그들 어간말 자음소들이 음성형으로 실현되기까지에 이르는 음운과정은 다음과 같다. 어간말의 /ㅅ, ㅈ, ㅊ/는 먼저 어미초의 자음소 앞에서 평파열음소화하여 /ㄷ/로 된다. 다음에 어간말의 /ㄷ/는 어미초의 연구개음소 /ㄱ/에 동화되어 /ㄱ/로 된 후 더 이상의 음운과정을 거칠 것이 없으므로 음성으로 실현된다.

(3) ㉮ /꽃ㅣ 꺼지/ → [꼭꺼지]

　　cf. /꽃ㅣ 에/ → [꼬세] (꽃, 花)

　　/니웃ㅣ 꺼지/ → [니욱꺼지]

　　cf. /니웃ㅣ 에/ → [니우세] (이웃, 隣)

　　/딜그릇ㅣ 꺼지/ → [딜그륵꺼지]

　　cf. /딜그릇ㅣ 에/ → [딜그르세] (질그릇, 土器)

　　/낮ㅣ 꺼지/ → [낙꺼지]

　　cf. /낮ㅣ 에/ → [나제] (낮, 晝)

　　/젖ㅣ 꺼지/ → [적꺼지]

　　cf. /젖ㅣ 에/ → [저제] (젖, 乳)

　　/낯ㅣ 꺼지/ → [낙꺼지]

　　cf. /낯ㅣ 에/ → [나체] (낯, 顔)

　　/빛ㅣ 꺼지/ → [빅꺼지]

　　cf. /빛ㅣ 에/ → [비체] (빛, 光)

㉯ /줏ː ㅣ 구/ → [죽ː꾸]

　　cf. /줏ː ㅣ 어두/ → [주서두] (줍-, 拾)

　　/잇ㅣ 구/ → [익꾸]

　　cf. /잇ㅣ 어두/ → [이서두] (있-, 有)

　　/잣ː ㅣ 구/ → [작ː꾸]

　　cf. /잣ː ㅣ 어두/ → [자자두] (잣-, 紡)

　　/짖ㅣ 구/ → [직꾸]

　　cf. /짖ㅣ 어두/ → [지저두] (짖-, 吠)

　　/씻ㅣ 구/ → [씩꾸]

　　cf. /씻ㅣ 어두/ → [씨처두] (씻-, 洗)

　　/쫓ㅣ 구/ → [쪽꾸]

　　cf. /쫓ㅣ 어두/ → [쪼차두] (쫓-, 追)

　(4)에 제시된 자료는 어간말의 비음소 /ㄴ, ㅁ/가 연구개음소화하는 예이다. 자료를 보면 어간말의 /ㄴ, ㅁ/가 음성형에서 [ㅇ]로 실현되고 있음을 알 수 있다. 이때에 어간말의 비음소가 거치는 음운과정은 다음과 같다. 어간말의 /ㄴ, ㅁ/는 어미초의 연구개음소 /ㄲ, ㄱ/에 동화되어 /ㅇ/로

된다. 이렇게 하여 형성된 어간말의 /ㅇ/가 음성으로 실현된 것이 [ㅇ]다. 이러한 음운과정은 곡용과 활용에 다 존재한다.

    (4) ㉮ /낭반┃꺼지/ → [낭방꺼지]
           cf. /낭반┃을/ → [낭바늘] (양반, 兩班)
          /걸굼┃꺼지/ → [걸궁꺼지]
           cf. /걸굼┃을/ → [걸구물] (거름, 肥料)
          /기츰┃꺼지/ → [기층꺼지]
           cf. /기츰┃을/ → [기츠믈] (기침, 喘)
          /뺄함┃꺼지/ → [뺄항꺼지]
           cf. /뺄함┃을/ → [뺄하물] (서랍, 舌盒)
    ㉯ /신┃구/ → [싱꾸]
           cf. /신┃어두/ → [시너두] (신-, 履)
          /안 : ┃구/ → [앙 : 꾸]
           cf. /안 : ┃어두/ → [아나두] (안-, 抱)
          /감 : ┃구/ → [강 : 꾸]
           cf. /감 : ┃어두/ → [가마두] (감-, 捲)
          /숨 : ┃구/ → [숭 : 꾸]
           cf. /숨 : ┃어두/ → [수머두] (숨-, 隱)
          /깜 : ┃구/ → [깡 : 꾸]
           cf. /깜 : ┃어두/ → [까마두] (감-, 洗髮)

    (5)에 제시된 자료는 어간말의 자음소군 /ㅄ/가 연구개음소화하는 예이다. 자료를 보면 어간말의 /ㅄ/가 음성형에서 [ㄱ]로 실현되고 있음을 알 수 있다. 이때에 어간말의 자음소군 /ㅄ/가 거치는 음운과정은 다음과 같다. 먼저 어간말의 /ㅄ/는 자음소군단순화에 의해 /ㅂ/로 되고 다시 어간말의 /ㅂ/는 어미초의 연구개음소 /ㄱ/에 동화되어 /ㄱ/로 된다. 이렇게 하여 형성된 어간말의 /ㄱ/가 음성으로 실현된 것이 [ㄱ]다. 이러한 음운과정은 곡용과 활용에 모두 존재한다.

(5) ㉮ /값ㅣ꺼지/→[각꺼지]

　　cf. /값ㅣ을/→[갑슬] (값, 價)

　　㉯ /없 : ㅣㅣ구/→[억 : 꾸]

　　cf. /없 : ㅣㅣ어두/→[업 : 서두] (없 : -, 無)[3]

　(6)에 제시된 자료는 어간말의 자음소군 /ㄵ, ㄺ/가 연구개음소화하는 예이다. 자료를 보면 어간말의 자음소군 /ㄵ, ㄺ/가 음성형에서 [ㅇ]로 실현되고 있음을 알 수 있다. 이때에 어간말의 자음소군 /ㄵ, ㄺ/가 거치는 음운과정은 다음과 같다. 먼저 어간말의 /ㄵ, ㄺ/는 자음소군단순화에 의해 각각 /ㄴ, ㅁ/로 되고 다시 어간말의 /ㄴ, ㅁ/는 어미초의 연구개음소 /ㄱ/에 동화되어 /ㅇ/로 된다. 이렇게 하여 형성된 어간말의 /ㅇ/가 음성으로 실현된 것이 [ㅇ]다. 이러한 음운과정은 곡용과 활용에 다 존재한다.

　(6) ㉮ /삶ㅣ꺼지/→[상꺼지]

　　　cf. /삶ㅣ을/→[살물] (삶, 生)

　　㉯ /앉ㅣ구/→[앙꾸]

　　　cf. /앉ㅣ어두/→[안자두] (앉-, 坐)

　　　/얹ㅣ구/→[엉꾸]

　　　cf. /얹ㅣ어두/→[언저두] (얹-, 載)

　　　/닮 : ㅣ구/→[당 : 꾸]

　　　cf. /닮 : ㅣ어두/→[달마두] (닮-, 似)

　　　/젊 : ㅣ구/→[정 : 꾸]

　　　cf. /젊 : ㅣ어두/→[절머두] (젊-, 年靑)

　(7)에 제시된 자료는 어간말의 자음소군 /ㄶ/가 연구개음소화하는 예이다. 자료를 보면 어간말의 /ㄶ/가 음성형에서 위의 (6)과 동일하게 [ㅇ]

---

3) 앞에서 이미 언급했지만 이 지역어에서는 제보자에 따라 형태소경계에 음장이 개재되면 연구개음소화가 거부되는 경우도 있으나 이는 한정된 범위에서 일어나는 현상이고 보편적으로 연구개음소화가 실현되기 때문에 이 책에서는 이 지역어에서 연구개음소화가 실현된다고 보고 있다. 뒷면의 (8) 참조.

로 실현되고 있음을 알 수 있다. 그러나 이때에 어간말의 자음소군 /ㄶ/
가 거치는 음운과정은 위의 (6)과 서로 다르다. 먼저 어간말의 /ㅎ/가 어
미초의 /ㄱ/와 통합하여 유기음소 /ㅋ/로 된다. 다음 어간말의 /ㄴ/는 어미
초의 연구개음소 /ㅋ/에 동화되어 /ㅇ/로 된다. 이렇게 하여 형성된 어간
말의 /ㅇ/가 음성으로 실현된 것이 [ㅇ]다. 이러한 음운과정은 활용에만
존재한다.

> (7) /많 : ㅣ구/ → [망 : 쿠]
>   cf. /많 : ㅣ어두/ → [마 : 나두] (많-, 多)
> /끊 ㅣ구/ → [끙쿠]
>   cf. /끊 ㅣ어두/ → [끄너두] (끊-, 切)

　그런데 아래 (8)에서와 같이 연구개음소화가 거부되는 예외도 있었는
데 이는 제보자마다 서로 다르게 나타났다. 즉 형태소 경계에 연접
(juncture)이 개재되거나 음장이 개재되면 연구개음소화가 거부되는 경우
가 있었는데, 이는 아래와 같은 음장단어에서 더욱 뚜렷이 나타났다.

> (8) /돈 : ㅣ꺼지/ → [돈 : 꺼지]
>   cf. /돈 : ㅣ을/ → [도늘] (돈, 錢)
> /없 : ㅣ구/ → [업 : 꾸]
>   cf. /없 : ㅣ어두/ → [업 : 서두] (없-, 無)

　연구개음소화가 거부되는 이런 현상은 부제보자 박○○의 질문지 자
료 조사에서 가장 많이 나타났는데 자연발화에서는 음장이나 연접이 상
실되면서 연구개음소화가 자연스레 실현되었다. 이런 현상은 박경래
(2003 : 31)에서 지적했듯이 연구개음소화는 형태소 경계에 발화의 단절을
나타내는 연접이 있느냐와 음장을 개재시키느냐가 중요한 기능을 하는

것으로 보인다. 즉 음장이나 연접이 연구개음소화의 제약조건이 될 수 있다는 것을 의미한다.

이상에서 논의된 어간말 자음소들의 연구개음소화를 지배하는 규칙은 다음과 같다.

> • 그 자체나 일정한 음운과정을 거쳐서 형성된 어간말의 자음소 /ㅂ, ㄷ /와 /ㄴ, ㅁ/는 어미초의 연구개음소 /ㄱ/ 앞에서 각각 동일 조음위치 의 연구개음소 /ㄲ/와 /ㅇ/로 된다.

③ 양순음소화

양순음소화란 치음소나 치조음소로 끝나는 어간말의 자음소가 어미초의 양순음소에 동화되어 양순음소로 되는 음운과정이다. 다음에 제시되는 자료 (1), (2)에서 알 수 있는 바와 같이 이 음운과정은 곡용에만 존재한다.[4]

먼저 (1)에서 제시된 자료는 어간말의 치음소 /ㄴ, ㄷ, ㅌ, ㅅ/와 치조음소 /ㅈ, ㅊ/가 어미초의 양순음소 /ㅁ/에 동화되어 양순음소화하는 예이다. 예문에서 보듯이 어간말 자음소는 모두 음성형에서 [ㅁ]로 실현되고 있다. 그것은 어간말의 /ㄴ/는 어미초의 양순음소 /ㅁ/에 동화되어 양순음소 /ㅁ/로 실현되고, 어간말의 /ㄷ/는 어미초의 양순음소 /ㅁ/에 동화되어 먼저 /ㄴ/로 되고 다시 어미초 /ㅁ/에 동화되어 /ㅁ/로 실현되기 때문이다. 그리고 어간말 /ㅌ, ㅅ, ㅈ, ㅊ/는 먼저 어미초의 자음소 앞에서 평파열음소화하여 /ㄷ/로 되고 다시 어미초의 양순음소 /ㅁ/에 동화되어 /ㄴ/로 된다. 그다음 어간말의 /ㄴ/는 다시 어미초 양순음소 /ㅁ/에 동화되어 /ㅁ/로 된 뒤에 음성으로 실현되기 때문이다.

---

4) 양순음소화가 곡용에서만 존재하는 이유는 양순음소, 즉 /ㅁ, ㅂ, ㅍ, ㅃ/로 시작하는 활용어미가 존재하지 않기 때문이다.

(1) ㉮ /낭반┃만/ → [낭밤만]

    cf. /낭반┃을/ → [낭바늘] (양반, 兩班)

  /흉년┃만/ → [흉넘만]

    cf. /흉년┃을/ → [흉너늘] (흉년, 凶年)[5]

  /돈ː┃만/ → [돔ː만]

    cf. /돈ː┃을/ → [도늘] (돈, 錢)

  /빈┃만/ → [빔만]

    cf. /빈┃에/ → [비데] (빚, 債)

  /논밭┃만/ → [논밤만]

    cf. /논밭┃에/ → [논바테] (논, 畓)

  /아래꿑┃만/ → [아래꿈만]

    cf. /아래꿑┃에/ → [아래꾸테] (아랫목, 奧)

  /샅┃만/ → [삼만]

    cf. /샅┃에/ → [사테] (삿, 簣)

  /꼿┃만/ → [꼼만]

    cf. /꼿┃에/ → [꼬세] (꽃, 花)

  /니웃┃만/ → [니움만]

    cf. /니웃┃에/ → [니우세] (이웃, 隣)

  /딜그릇┃만/ → [딜그름만]

    cf. /딜그릇┃에/ → [딜그르세] (질그릇, 土器)

  /낫┃만/ → [남만]

    cf. /낫┃에/ → [나제] (낮, 晝)

  /젖┃만/ → [점만]

    cf. /젖┃에/ → [저제] (젖, 乳)

  /낯┃만/ → [남만]

    cf. /낯┃에/ → [나체] (낯, 顔)

  /빛┃만/ → [빔만]

    cf. /빛┃에/ → [비체] (빛, 光)

다음 (2)에 제시된 자료는 어간말의 치음소 /ㄴ, ㄷ, ㅌ, ㅅ/와 치조음

---

5) 남성 부제보자 박○○는 /흉넌/이라고도 가끔 말하지만, 주제보자와 여성 부제보자는 모
  두 /흉년/이라 하였기에 여기에서는 /흉년/을 기저어간으로 본다.

소 /ㅈ, ㅊ/가 어미초의 양순음소 /ㅂ/에 동화되어 양순음소화하는 예이
다. 예문에서 보다시피 어간말 자음소는 모두 음성형에서 [ㅁ]와 [ㅂ]로
실현되고 있다. 그것은 어간말의 /ㄴ/는 어미초의 양순음소 /ㅂ/에 동화
되어 양순음소 /ㅁ/로 실현되고, 어간말의 /ㄷ/는 먼저 뒤에 오는 어미초
의 자음소 /ㅂ/를 경음소화하여 /ㅃ/로 실현되게 하고 다시 어미초 /ㅃ/
에 동화되어 /ㅂ/로 실현되기 때문이다. 그리고 어간말 /ㅌ, ㅅ, ㅈ, ㅊ/는
먼저 어미초의 자음소 앞에서 평파열음소화하여 /ㄷ/로 되고 다시 뒤에
오는 어미초의 자음소 /ㅂ/를 경음소화하여 /ㅃ/로 실현되게 한다. 그다
음 어간말 /ㄷ/는 다시 어미초 /ㅃ/에 동화되어 /ㅂ/로 된 뒤에 음성으로
실현되기 때문이다.

   (2) /냥반ㅣ보담/ → [냥밤보담]
      cf. /냥반ㅣ을/ → [냥바늘] (양반, 兩班)
     /돈 : ㅣ보담/ → [돔 : 보담]
      cf. /돈 : ㅣ을/ → [도늘] (돈, 錢)
     /빋ㅣ보담/ → [빕뽀담]
      cf. /빋ㅣ에/ → [비데] (빚, 債)
     /논밭ㅣ보담/ → [논밥뽀담]
      cf. /논밭ㅣ에/ → [논바테] (논, 畓)
     /아래꿑ㅣ보담/ → [아래꿉뽀담]
      cf. /아래꿑ㅣ에/ → [아래꾸테] (아랫목, 奧)
     /샅ㅣ보담/ → [삽뽀담]
      cf. /샅ㅣ에/ → [사테] (샅, 簹)
     /꽃ㅣ보담/ → [꼽뽀담]
      cf. /꽃ㅣ에/ → [꼬세] (꽃, 花)
     /니웃ㅣ보담/ → [니웁뽀담]
      cf. /니웃ㅣ에/ → [니우세] (이웃, 隣)
     /딜그릇ㅣ보담/ → [딜그릅뽀담]
      cf. /딜그릇ㅣ에/ → [딜그르세] (질그릇, 土器)
     /낮ㅣ보담/ → [납뽀담]

cf. /낮] 에/ → [나제] (낮, 晝)

/젖] 보담/ → [접뽀담]

cf. /젖] 에/ → [저제] (젖, 乳)

/낯] 보담/ → [납뽀담]

cf. /낯] 에/ → [나체] (낯, 顔)

/빛] 보담/ → [빕뽀담]

cf. /빛] 에/ → [비체] (빛, 光)

이상에서 논의된 어간말 자음소들의 양순음소화를 지배하는 규칙은 다음과 같다.

- 그 자체나 일정한 음운과정을 거쳐서 형성된 어간말 자음소 /ㄴ, ㄷ/ 는 어미초의 양순음소 /ㅁ, ㅂ, ㅃ/ 앞에서 각각 동일 조음위치의 양순 음소로 된다.

④ 유음소화(/ㄴ/의 /ㄹ/화)

유음소화는 어미초의 /ㄴ/가 유음소인 /ㄹ/로 변동되는 음운과정이다. 다음에 제시되는 자료에서 알 수 있는 바와 같이, 이 음운과정은 활용에 만 존재한다.[6]

(1)에서는 어간말자음소군 /ㄺ, ㄾ, ㄼ/에 /ㄴ/ 두음을 가진 어미가 통 합할 때 어미초의 /ㄴ/가 유음 [ㄹ]로 실현되고 있다. 그것은 우선 어간 말의 /ㄺ, ㄾ, ㄼ/가 어미초의 자음소 앞에서 자음소군단순화하여 /ㄹ/로 되고 다음 어간말의 /ㄹ/ 뒤에서 어미초의 /ㄴ/가 동화되어 /ㄹ/로 실현된 후 음성으로 실현되기 때문이다.

(1) /넑] 는다/ → [닐른다]

cf. /넑] 어두/ → [닐거두] (읽-, 讀)

---

6) 유음소화가 곡용에 존재하지 않는 이유는 /ㄴ/로 시작하는 곡용어미가 없기 때문이다.

/밝ㅣ는다/ → [발른다]

  cf. /밝ㅣ어두/ → [발가두] (바르-, 摘出)

/늙ㅣ는다/ → [늘른다]

  cf. /늙ㅣ어두/ → [늘거두] (늙-, 老)

/핥ㅣ는다/ → [할른다]7)

  cf. /핥ㅣ어두/ → [할타두] (핥-, 舐)

/훑ㅣ는다/ → [흘른다]

  cf. /훑ㅣ어두/ → [훌터두] (훑-, 扱)

/밟ㅣ는다/ → [발:른다]

  cf. /밟:ㅣ어두/ → [발바두] (밟-, 踏)

  (2)에서는 /ㄹ/와 후음소로 구성된 어간말자음소군(/ㅀ, ㄶ/)에 /ㄴ/ 두 음을 가진 어미가 통합할 때 어미초의 /ㄴ/가 유음 [ㄹ]로 실현되고 있다. 그것은 어간말의 /ㅀ, ㄶ/가 먼저 어미초의 자음소 앞에서 자음소군 단순화하여 /ㄹ/로 되고 다시 어간말의 /ㄹ/ 뒤에서 어미초의 /ㄴ/가 동화되어 /ㄹ/로 실현된 후 음성으로 실현되기 때문이다.

  (2) /잃ㅣ는다/ → [힐른다]

  cf. /잃ㅣ어두/ → [히러두] (잃-, 失)

/꿇ㅣ는다/ → [꿀른다]

  cf. /꿇ㅣ어두/ → [꾸러두] (꿇-, 跪)

/앓ㅣ는다/ → [알른다]

  cf. /앓ㅣ어두/ → [아라두] (앓-, 痛)

/깨닳ㅣ는다/ → [깨달른다]

  cf. /깨닳ㅣ어두/ → [깨다라두] (깨닫-, 覺)

---

7) 최명옥(2004 : 140)에서는 /핥-/의 어간말 자음소군이 단순화되면 /ㅌ/가 탈락된다. 그 다음 어간말의 /ㄹ/는 어미초의 /ㄴ/ 앞에서 탈락할 환경이 되는데도 탈락하지 않은 것은 /핥-/의 의미를 잃지 않으려고 하는 것인데 이와 같이 의미의 상실을 방지하기 위한 것이 바로 /ㄴ/의 유음소화라고 지적하였다.

(3)에서는 어간말자음소군 /ㄼ/를 가진 어간에 /ㄴ/ 두음을 가진 어미가 통합할 때 어미초의 /ㄴ/가 위의 (1), (2)와 달리 유음 [ㄹ]로 실현되지 않고 있다. 그것은 어간말의 /ㄼ/가 어미초의 자음소 앞에서 자음소군 단순화하여 /ㄹ/로 되지 않고 /ㅁ/로 되기 때문에 더 이상의 음운과정을 거칠 것이 없고 직접 음성으로 실현되기 때문이다. 여기에서 볼 수 있듯이 어미초 /ㄴ/의 유음소화가 자음소군단순화 다음에 일어난다는 것을 알 수 있다. 그 이유는 만약 어미초 /ㄴ/의 유음소화가 자음소군단순화 이전에 일어난다면, 아래의 예들은 각각 [골른다], [살른다], [굴른다]로 실현되어야 하기 때문이다.

> (3) /곪ː ㅣ 는다/ → [곰ː 는다]
>   cf. /곪ː ㅣ 어두/ → [골마두] (곪-, 膿)
>   /삶ː ㅣ 는다/ → [삼ː 는다]
>   cf. /삶ː ㅣ 어두/ → [살마두] (삶-, 烹)
>   /굶ː ㅣ 는다/ → [굼ː 는다]
>   cf. /굶ː ㅣ 어두/ → [굴머두] (굶-, 飢)

(4)에서는 어간말자음소 /ㄹ/를 가진 어간과 /ㄴ/ 두음을 가진 어미가 통합할 때 어미초의 /ㄴ/가 위의 (3)과 같이 역시 유음 [ㄹ]로 실현되지 않고 있다. 그것은 어간말의 /ㄹ/가 어미초의 자음소 /ㄴ/ 앞에서 탈락할 환경이므로 탈락한 후 더 이상의 음운과정을 거치지 않고 직접 음성으로 실현되기 때문이다.[8]

> (4) /빼뜰ː ㅣ 는/ → [빼뜨ː 는]
>   cf. /빼뜰ː ㅣ 구/ → [빼뜰ː 구] (빼앗-, 奪)
>   /뛰딜ː ㅣ 는/ → [뛰디ː 는]

---

8) 최명옥(2005b : 305)에서 이미 지적하였듯이 유음소 /ㄹ/ 뒤에서 /ㄴ/가 탈락될 환경인데 탈락하지 않고 유음소화되는 이는 어간의 의미를 파괴하지 않기 위해서이다.

cf. /뛰딜 : ㅣ구/ → [뛰딜 : 구] (두드리-, 敲)

/쏠 : ㅣ는/ → [쏘 : 는]

cf. /쏠 : ㅣ구/ → [쏠 : 구] (썰-, 切)

한국어의 유음소화가 간접동화이면서 순행동화라는 견해가 김완진 (1972), 이병근(1979 : 14~15) 등에서 제시되었지만, (3)처럼 개재자음이 존재하는 경우에도 유음화가 일어나지 않는다는 사실은 자음소군단순화, 유음소화, 유음소탈락 등 규칙적용순서와 관련된 복잡한 문제를 안고 있다. 문제의 핵심은, 유음소화가 자음소군단순화에 앞서며, 개재자음을 요구하는 간접동화라고 할 경우 '곰 : 는다(膿), 삼 : 는다(烹), 굼 : 는다(飢)' 가 도출되는 이유를 설명하기 어렵고, 유음소화를 직접동화로 볼 경우 (4)처럼 /ㄹ-ㄴ/연쇄에서 유음소화가 아닌 유음탈락이 일어나는 것을 설명하기 어렵다는 것이다.

근래에는 유음소화가 자음소군단순화 다음에 일어나는 직접동화라는 견해가 배주채(1989 : 91~93), 이진호(1997 : 88~96) 등에서 제기되었다. 특히 이진호(1997 : 88~96)에서는 통시적인 자료를 통해 한국어의 유음소화 가 간접동화가 아닌 직접동화임을 논증하였다. 이 논문에서는 1) 16세기 이전에는 개재자음이 있을 때도 유음소화가 일어난 표기가 나타나지 않았고, 2) 15세기 자료에서 /兩/의 /ㅎ/가 탈락한 이후 남게 된 /ㄹ/는 어미 두음 /ㄴ/ 앞에 그대로 유지되고 있다는(슬노니 두초 7:16) 통시적인 근거와 함께 유음소화를 간접동화로 볼 경우, 3) '읽+는→ 잉는'으로 실현되는 방언과 '읽+는→ 일른'으로 실현되는 방언 간에 유음소화와 자음소군단순화의 규칙순이 서로 달라져야 하는 문제가 생기고, 4) '큰물 나다 [큰물라다]'처럼 단어형성이나 단어경계를 넘어설 때 나타나는 유음소화를 활용의 유음소화와 분리해서 기술할 수밖에 없다는 공시적인 근거를 들어서 '유음소화는 직접동화이며, 자음소군단순화 이후에 적용되어야 한다'고 주장하였다.

한편 정인호(1995)에서는 (2)와 (3)의 차이를 개재자음의 차이로 보고, 이 지역어의 유음소화는 개재자음이 /ㆆ/(이 논문에서는 /ㆆ→ㄷ, ㅌ→ㄷ/ 이후의 /ㄷ→ㆆ/를 인정)인 경우에만 일어나는 것으로 설명하였다. 이러한 설명은 기본적으로 유음소화가 간접동화이며, 개재자음이 무엇이냐에 따라 규칙 적용 여부가 결정된다는 입장을 전제로 한 것이다.[9]

이상의 두 논의의 차이는 유음소화를 직접동화로 보느냐, 간접동화로 보느냐의 차이라고 할 수 있을 것이다. 사실 두 견해 모두 나름의 설명 체계 속에서 유음소화 현상을 설명하는 데는 문제가 없지만 이 지역어의 활용을 보면 유음소화를 직접동화로 보는 것이 타당하다고 생각한다. 즉 이 책에서는 이 지역어에 '자음소군단순화 → 유음소화'와 같은 규칙 순이 존재하는 것으로 본다.

이상에서 논의된 어미초의 /ㄴ/의 유음소화를 지배하는 규칙은 다음과 같다.

- ㄹC(ㄿ 제외) 자음소군이 자음소군단순화되어 /ㄹ/로 되고 다시 어미 초 /ㄴ/가 /ㄹ/ 뒤에서 /ㄹ/로 변한다.

4.1.1.3. 경음소화

경음소화는 일정한 환경에서 어미초의 평음소가 경음소로 교체되는 음운과정을 말한다. 경음소화의 환경이 되는 앞 음절의 종성은 약간의 차이를 보이는데 크게 세 가지 유형으로 나눌 수 있다. 첫째는 평파열음소 뒤에서의 경음소화이고, 둘째는 비음소 /ㄴ, ㅁ/ 뒤에서의 경음소화이며, 셋째는 자음소군단순화와 관련된 경음소화이다. 아래에 이들 세 가

---

9) 정인호(1995)의 경우 자음소군단순화가 유음소화에 앞서는 것으로 본다는 점에서 이병근 (1979)과 구별된다. 정인호(1995 : 41~44)에서는 /ㆆ/화 이전에 자음소군단순화가 일어나 되 자음소군의 두 번째 자음소가 [+grave]이면 /ㄹ/가 탈락하고, [−grave]이면 /ㄹ/ 이외 의 자음소가 탈락하는 것으로 설명하고 있다.

지 유형에 대하여 차례로 논의한다.

① 평파열음소 뒤에서의 경음소화

다음에 제시되는 자료 (1)에서 알 수 있는 바와 같이, 이 음운과정은 곡용과 활용에 다 존재한다. 먼저 곡용의 경우, (1)㉮의 어간말의 양순음소 /ㅂ, ㅍ/ 뒤에서 어미초의 /ㄷ/는 모두 [ㄸ]로 실현되고 있다. 그것은 어간말의 /ㅂ/ 뒤에서 어미초의 평음소 /ㄷ/가 경음소화되어 /ㄸ/로 된 후 음성으로 실현되고, 어간말의 /ㅍ/는 먼저 어미초의 자음소 앞에서 평파열음소화하여 /ㅂ/로 되고 다시 어간말의 /ㅂ/ 뒤에서 어미초의 평음소 /ㄷ/가 경음소화되어 /ㄸ/로 된 다음에 음성으로 실현된 것이다. 다음으로 활용의 경우, (1)㉯의 어간말의 양순음소 /ㅂ, ㅍ/ 뒤에서 어미초의 /ㄱ/는 모두 [ㄲ]로 실현되고 있다. 그것은 어간말의 /ㅂ/ 뒤에서 어미초의 평음소 /ㄱ/가 경음소화되어 /ㄲ/로 된 후 음성으로 실현된 것이고, 어간말의 /ㅍ/는 먼저 어미초의 자음소 앞에서 평파열음소화하여 /ㅂ/로 된 후 다시 어간말의 /ㅂ/ 뒤에서 어미초의 평음소 /ㄱ/가 경음소화되어 /ㄲ/로 된 다음 음성으로 실현된 것이다.

  (1) ㉮ /닙┤두/→[닙뚜]
        cf. /닙┤에/→[니베] (입, 口)
        /서답┤두/→[서답뚜]
        cf. /서답┤에/→[서다베] (빨래, 洗濯物)
        /아굽┤두/→[아굽뚜]
        cf. /아굽┤에/→[아구베] (아홉, 九)
        /딮┤두/→[딥뚜]
        cf. /딮┤에/→[디페] (짚, 藁)
        /넒┤두/→[넙뚜]
        cf. /넒┤에/→[너페] (옆, 側)
        /닢┤두/→[닙뚜]

cf. /닢] 에/ → [니페] (잎, 葉)

㉺ /닙] 구/ → [닙꾸]

   cf. /닙] 어두/ → [니버두] (입-, 着衣)

/씹] 구/ → [씹꾸]

   cf. /씹] 어두/ → [씨버두] (씹-, 嚼)

/잡] 구/ → [잡꾸]

   cf. /잡] 어두/ → [자바두] (잡-, 執)

/높] 구/ → [놉꾸]

   cf. /높] 어두/ → [노파두] (높-, 高)

/갚] 구/ → [갑꾸]

   cf. /갚] 어두/ → [가파두] (갚-, 報)

/덮] 구/ → [덥꾸]

   cf. /덮] 어두/ → [더퍼두] (덮-, 蓋)

  (2)에 제시된 자료는 어간말의 치음소 /ㄷ, ㅌ/ 뒤에서 어미초의 평음소가 경음소화하는 예이다. 먼저 곡용의 경우, (2)㉮의 어간말 자음소 /ㄷ, ㅌ/ 뒤에서 어미초의 /ㄷ/가 음성형에서 [ㄸ]로 실현되고 있다. 그것은 어간말의 /ㄷ/ 뒤에서 어미초의 평음소 /ㄷ/가 경음소화되어 /ㄸ/로 된 후 음성으로 실현된 것이고, 어간말의 /ㅌ/는 먼저 어미초의 자음소 앞에서 평파열음소화하여 /ㄷ/로 되고 다시 어간말의 /ㄷ/ 뒤에서 어미초의 평음소 /ㄷ/가 경음소화되어 /ㄸ/로 된 후 음성으로 실현된 것이다. 활용에서 어미초의 평음소가 경음소화되는 음운과정은 곡용의 음운과정과 동일하다.

  (2) ㉮ /빋] 두/ → [빋뚜]

    cf. /빋] 에/ → [비데] (빚, 債)

   /논밭] 두/ → [논받뚜]

    cf. /논밭] 에/ → [논바테] (논밭, 畓)

   /아래꿑] 두/ → [아래꾿뚜]

    cf. /아래꿑] 에/ → [아래꾸테] (아랫목, 奧)

   /샅] 두/ → [삳뚜]

    cf. /삽] 에/ →[사테] (삿, 簞)

  ㉱ /듣] 더라/ →[듣떠라]

    cf. /듣] 어두/ →[드더두] (듣-, 聞)

  /뱉 :] 더라/ →[뱉 : 떠라]

    cf. /뱉 :] 어두/ →[배다두] (뱉-, 唾)

  /닫] 더라/ →[닫떠라]

    cf. /닫] 어두/ →[다다두] (닫-, 閉)

  /붙] 더라/ →[붇떠라]

    cf. /붙] 어두/ →[부터두] (붙-, 附)

  /맡] 더라/ →[맏떠라]

    cf. /맡] 어두/ →[마타두] (맡-, 任)

  /같] 더라/ →[갇떠라]

    cf. /같] 어두/ →[가태 : 두] (같-, 如)

    (3)에 제시된 자료는 어간말의 치음소 /ㅅ/와 치조음소 /ㅈ, ㅊ/ 뒤에서 어미초의 평음소가 경음소화하는 예이다. 이 음운과정 역시 곡용과 활용에 다 존재한다. 여기에서 어미초 자음소들이 음성형으로 실현되기까지에 이르는 음운과정은 다음과 같다. 어간말의 /ㅅ, ㅈ, ㅊ/는 먼저 어미초의 자음소 앞에서 평파열음소화하여 /ㄷ/로 되고 그 다음에 어간말의 /ㄷ/ 뒤에서 어미초의 평음소 /ㄷ/, /ㄱ/는 경음소화되어 각각 /ㄸ/, /ㄲ/로 된 다음 음성으로 실현된 것이다.

  (3) ㉮ /꽃] 두/ →[꼳뚜]

    cf. /꽃] 에/ →[꼬세] (꽃, 花)

  /니웃] 두/ →[니욷뚜]

    cf. /니웃] 에/ →[니우세] (이웃, 隣)

  /딜그릇] 두/ →[딜그륻뚜]

    cf. /딜그릇] 에/ →[딜그르세] (질그릇, 土器)

  /낮] 두/ →[낟뚜]

    cf. /낮] 에/ →[나제] (낮, 晝)

/젖ㅣ두/→[젇뚜]

cf. /젖ㅣ에/→[저제] (젖, 乳)

/낯ㅣ두/→[낟뚜]

cf. /낯ㅣ에/→[나체] (낯, 顔)

/빛ㅣ두/→[빋뚜]

cf. /빛ㅣ에/→[비체] (빛, 光)

㉯ /줏 : ㅣ더라/→[준 : 떠라]

cf. /줏 : ㅣ어두/→[주서두] (줏-, 拾)

/잇ㅣ더라/→[읻떠라]

cf. /잇ㅣ어두/→[이서두] (있-, 有)

/잣 : ㅣ더라/→[잗 : 떠라]

cf. /잣 : ㅣ어두/→[자자두] (잣-, 紡)

/짖ㅣ더라/→[짇떠라]

cf. /짖ㅣ어두/→[지저두] (짖-, 吠)

/씻ㅣ더라/→[씯떠라]

cf. /씻ㅣ어두/→[씨처두] (씻-, 洗)

/쫓ㅣ더라/→[쫃떠라]

cf. /쫓ㅣ어두/→[쪼차두] (쫓-, 追)

　(4)에 제시된 자료는 어간말의 연구개음소 /ㄱ, ㄲ, ㅋ/ 뒤에서 어미초의 평음소가 경음소화하는 예이다. 먼저 곡용의 경우, (4)㉮의 어간말 자음소 /ㄱ, ㅋ/ 뒤에서 어미초의 /ㄷ/가 음성형에서 [ㄸ]로 실현되고 있다. 그것은 어간말의 /ㄱ/ 뒤에서 어미초의 평음소 /ㄷ/가 경음소화되어 /ㄸ/로 된 후 음성으로 실현된 것이고, 어간말의 /ㅋ/는 먼저 어미초의 자음소 앞에서 평파열음소화하여 /ㄱ/로 되고 다시 어간말의 /ㄱ/ 뒤에서 어미초의 평음소 /ㄷ/가 경음소화되어 /ㄸ/로 된 후 음성으로 실현된 것이다. 다음으로 활용의 경우, (4)㉯의 어간말의 연구개음소 /ㄱ, ㄲ/ 뒤에서 어미초의 /ㄱ/는 모두 [ㄲ]로 실현되고 있다. 그것은 먼저 어간말의 /ㄱ/ 뒤에서 어미초의 평음소 /ㄱ/가 경음소화 되어 /ㄲ/로 된 후 음성으로 실

현된 것이고, 어간말의 /ㄲ/는 어미초의 자음소 앞에서 평파열음소화하
여 /ㄱ/로 되고 다시 어간말의 /ㄱ/ 뒤에서 어미초의 평음소 /ㄱ/가 경음
소화되어 /ㄲ/로 된 다음 음성으로 실현된 것이다.

    (4) ㉮ /팍ㅣ두/→[팍뚜]
        cf. /팍ㅣ을/→[파글] (팥, 赤豆)
        /아낙ㅣ두/→[아낙뚜]
        cf. /아낙ㅣ을/→[아나글] (안, 內)
        /냥식ㅣ두/→[냥식뚜]
        cf. /냥식ㅣ을/→[냥시글] (양식, 糧食)
        /벽ㅣ두/→[벽뚜]
        cf. /벽ㅣ을/→[벼클] (부엌, 廚)
      ㉯ /닉ㅣ구/→[닉꾸]
         cf. /닉ㅣ어두/→[니거두] (익-, 熟)
        /먹ㅣ구/→[먹꾸]
         cf. /먹ㅣ어두/→[머거두] (먹-, 食)
        /녹ㅣ구/→[녹꾸]
         cf. /녹ㅣ어두/→[노가두] (녹-, 溶)
        /꺾ㅣ구/→[꺽꾸]
         cf. /꺾ㅣ어두/→[꺼꺼두] (꺾-, 折)
        /엮ㅣ구/→[역꾸]
         cf. /엮ㅣ어두/→[여꺼두] (엮-, 編)

  ② 비음소 /ㄴ, ㅁ/ 뒤에서의 경음소화

  (5)에 제시된 자료는 어간말의 비음소 /ㄴ, ㅁ/ 뒤에서 어미초의 평음
소가 경음소화하는 예이다. 아래 자료에서 보듯이 이 음운과정은 활용에
만 존재한다.[10] 자료를 보면 동사의 어간말 자음소 /ㄴ, ㅁ/ 뒤에서 어미

---

10) 이 지역어에서는 공명자음소나 유음소 뒤에서도 곡용의 경음소화가 간혹 일어나는 경
    우가 있다. 예를 들면 [돈 : 뚜 만티 땅뚜 만티](돈도 많지 땅도 많지), [딸뚜 이띠](딸도
    있지) 등으로 나타나기도 하는데 아직 그 실현 양상이 뚜렷하지 않기에 이 책에서는 경

초 /ㄱ/가 음성형에서 [ㄲ]로 실현되고 있음을 알 수 있다. 이때에 어미
초 /ㄱ/가 거치는 음운과정은 다음과 같다. 먼저 어간말의 /ㄴ, ㅁ/는 어
미초의 연구개음소 /ㄱ/에 동화되어 /ㅇ/로 된다. 이렇게 하여 형성된 어
간말의 /ㅇ/가 다시 어미초의 /ㄱ/를 경음소화하여 /ㄲ/로 된 다음에 음성
으로 실현된 것이다.

    (5) /신ㅣ구/→[싱꾸]
       cf. /신ㅣ어두/→[시너두] (신-, 履)
      /안:ㅣ구/→[앙:꾸]
       cf. /안:ㅣ어두/→[아나두] (안-, 抱)
      /감:ㅣ구/→[강:꾸]
       cf. /감:ㅣ어두/→[가마두] (감-, 捲)
      /숨:ㅣ구/→[숭:꾸]
       cf. /숨:ㅣ어두/→[수머두] (숨-, 隱)
      /깜:ㅣ구/→[깡:꾸]
       cf. /깜:ㅣ어두/→[까마두] (감-, 洗髮)

③ 자음소군단순화와 관련된 경음소화

  (6)에 제시된 자료는 어간말의 자음소군 /ㄺ/ 뒤에서 어미초의 평음소가
경음소화하는 예이다. 아래 자료에서 보듯이 이 음운과정은 곡용과 활용
에 모두 존재한다. 자료를 보면 체언의 어간말 /ㄺ/ 뒤에서 어미초 /ㄷ/가
음성형에서 [ㄸ]로 실현되고 용언의 어간말 /ㄺ/ 뒤에서 어미초 /ㄱ/가 음
성형에서 [ㄲ]로 실현되었음을 알 수 있다. 이때에 어미초 /ㄷ, ㄱ/가 거
치는 음운과정은 다음과 같다. (6)㉮에서 어간말의 /ㄺ/는 자음소군단순
화하여 /ㄱ/가 되고 다음으로 어간말 /ㄱ/ 뒤에서 어미초의 /ㄷ/가 경음소
화되어 /ㄸ/로 된 후 더 이상 음운과정을 거칠 것이 없으므로 음성으로

    음소화에 포함시키지 않았다. 이런 양상은 곡용의 경음소화가 평파열음소로부터 공명
    자음소로 그 적용 환경을 넓혀가는 중이라 생각된다.

실현된 것이다. (6)㉯에서 어간말의 /ㄹㄱ/는 자음소군단순화하여 /ㄹ/가 되
고 다음으로 어간말 /ㄹ/ 뒤에서 어미초의 /ㄱ/가 경음소화되어 /ㄲ/로 된
다음 음성으로 실현된 것이다.11)

(6) ㉮ /닭 ┃ 두/ → [닥뚜]
　　　cf. /닭 ┃ 을/ → [달글] (닭, 鷄)
　　㉯ /밝 ┃ 구/ → [발꾸]
　　　cf. /밝 ┃ 어두/ → [발가두] (바르-, 摘出)
　　　/짧 ┃ 구/ → [딸꾸]
　　　cf. /짧 ┃ 어두/ → [딸가두] (짧-, 短)
　　　/얇 : ┃ 구/ → [얄 : 꾸]
　　　cf. /얇 : ┃ 어두/ → [얄가두] (얇-, 薄)

(7)에 제시된 자료는 어간말의 자음소군 /ㅄ/ 뒤에서 어미초의 평음소
가 경음소화하는 예이다. 아래 자료에서 보듯이 이 음운과정은 곡용과
활용에 각각 하나씩 존재한다. 자료를 보면 어간말 /ㅄ/ 뒤에서 어미초
/ㄷ/와 /ㄱ/가 음성형에서 각각 [ㄸ]와 [ㄲ]로 실현되었음을 알 수 있다.
이때에 어미초 /ㄷ, ㄱ/가 거치는 음운과정은 다음과 같다. 먼저 어간말
의 /ㅄ/는 어미초의 자음소 앞에서 자음소군단순화하여 /ㅂ/로 된다. 그
다음 어간말 /ㅂ/ 뒤에서 어미초의 /ㄷ/와 /ㄱ/는 각각 경음소화되어 /ㄸ/
와 /ㄲ/로 된 다음에 음성으로 실현된 것이다.

(7) ㉮ /값 ┃ 두/ → [갑뚜]
　　　cf. /값 ┃ 을/ → [갑슬] (값, 價)
　　㉯ /없 : ┃ 구/ → [업 : 꾸]
　　　cf. /없 : ┃ 어두/ → [업 : 서두] (없-, 無)

---

11) 최명옥(2004 : 169)에서 /훑-/의 예를 들어 경음소화는 자음소군단순화 뒤에 일어난 것
　　이라고 지적하면서 자음소군단순화를 거쳐 남게 된 어간말의 /ㄹ/ 뒤에서 어미초의 평
　　음소는 경음소로 된다고 하였다.

(8)에 제시된 자료는 어간말의 자음소군 /ㄵ, ㄻ, ㄾ, ㄼ, ㅀ/ 뒤에서 어미초의 평음소가 경음소화하는 예이다. 아래 자료에서 보듯이 이 음운과정은 활용에서만 존재한다. 자료를 보면 어간말 /ㄵ, ㄻ, ㄾ, ㄼ, ㅀ/ 뒤에서 어미초 /ㄱ/가 음성형에서 [ㄲ]로 실현되었음을 알 수 있다. 이때에 어미초 /ㄱ/가 거치는 음운과정은 다음과 같다. 먼저 어간말의 /ㄵ, ㄻ, ㄾ, ㄼ, ㅀ/는 어미초의 자음소 앞에서 자음소군단순화하여 /ㄴ, ㅁ, ㄹ/로 된다. 그 다음 어간말 /ㄴ, ㅁ, ㄹ/ 뒤에서 어미초의 /ㄱ/는 경음소화되어 /ㄲ/로 된 다음에 음성으로 실현된 것이다.

(8) /얹 ‖ 구/→[엉꾸]
 cf. /얹 ‖ 어두/→[언저두] (얹-, 載)
 /앉 ‖ 구/→[앙꾸]
 cf. /앉 ‖ 어두/→[안자두] (앉-, 坐)
 /삶 : ‖ 구/→[상 : 꾸]
 cf. /삶 : ‖ 어두/→[살마두] (삶-, 烹)
 /닮 : ‖ 구/→[당 : 꾸]
 cf. /닮 : ‖ 어두/→[달마두] (닮-, 似)
 /곪 : ‖ 구/→[공 : 꾸]
 cf. /곪 : ‖ 어두/→[골마두] (곪-, 膿)
 /핥 ‖ 구/→[할꾸]
 cf. /핥 ‖ 어두/→[할타두] (핥-, 舔)
 /훑 ‖ 구/→[흘꾸]
 cf. /훑 ‖ 어두/→[흘터두] (훑-, 扱)
 /섧 : ‖ 구/→[설 : 꾸]
 cf. /섧 : ‖ 어두/→[설버두] (섧-, 哀)
 /밟 : ‖ 구/→[발 : 꾸]
 cf. /밟 : ‖ 어두/→[발바두] (밟-, 踏)
 /넓 ‖ 구/→[널꾸]
 cf. /넓 ‖ 어두/→[널버두] (넓-, 廣)
 /깨닳 ‖ 구/→[깨달꾸]

cf. /깨닳ㅣ 어두/→[깨다라두] (깨닫-, 覺)

이상에서 논의된 어미초 자음소들의 경음소화를 지배하는 규칙은 다음과 같다.

- 그 자체나 일정한 음운과정을 거쳐서 형성된 어간말의 자음소 /ㄱ, ㄷ, ㅂ/와 /ㄴ, ㅁ, ㄹ/ 뒤에서 어미초의 평음소 /ㄱ, ㄷ, ㅂ/는 경음소화하여 각각 /ㄲ, ㄸ, ㅃ/로 된다.

4.1.2. 모음소교체

모음소교체에는 어미초 /어/의 /아/화, 활음소화, 모음소동화, 단(短)모음소화가 포함된다. 다음에 이들 하나하나에 대해서 차례로 검토해 보기로 한다.

4.1.2.1. 어미초 /어/의 /아/화

부사형어미 /-아/어Y/의 결합은 현대 한국어의 용언활용에서 유일하게 남아 있는 모음조화의 잔영을 보여준다.[12] 현대 중부방언에서는 거의 어간말음절 모음소가 /오/인 경우에 한해 어미 /-아Y/가 통합하는 실정이다. 하지만 이 지역어에 존재하는 부사형어미 /-어Y/의 교체는 중부방언과는 차이를 보인다. 앞에서 이미 언급했듯이 이 지역어의 /아, 오, 애/ 말음 어간에는 부사형어미 /-아/가 선택되고 그 외에는 모두 /-어/가 선택된다. 때문에 이 지역어의 경우 부사형어미 /-아Y/의 모음조화라는 명칭을 붙이기는 어렵고 부사형어미의 기저형을 /-어Y/로 잡고 어간말음

---

12) 최명옥(1982 : 50)에서는 동남방언과 향가의 자료를 고찰한 결과 고대 국어 시기에는 부사형어미가 /-아Y/이었으며 이 어미는 원래 모음조화를 모르는 것이었음을 밝히고 그후 중부방언에서 형태소 내부에서의 모음조화가 형태소 경계로 확대되면서 모음조화를 지키게 되었다고 하였다.

절모음이 /아, 오, 애/인 경우에 어미초 /어/가 /아/로 교체된다고 한다.[13]

이 지역어에서의 부사형어미 /-어Y/의 교체는 어간말음절의 모음소에 따라 그 양상을 달리하며 또한 음절수의 차이에 따라 그 양상도 달리한다. 아래에서 어간말음절의 모음소에 따라, 그리고 1음절 어간과 2음절 이상의 어간으로 나누어 이 지역어의 부사형어미 /-어Y/의 교체를 하나하나 차례로 논의하기로 한다.

(1)에 제시된 자료는 1음절인 어간말 모음소 /아/와 부사형어미 /어/가 통합될 때 나타나는 예이다. 아래 자료에서 보듯이 이 음운과정은 활용에서만 존재한다. 이때에 실현되는 음운과정은 다음과 같다. 우선 어간말 모음소 /아/ 뒤에서 어미초 /어/는 /아/로 되고 어간말이 모음소일 경우 다시 동일 모음소 탈락에 의해 /아/가 하나 탈락된다. 그 다음 더 이상의 음운과정을 거칠 것이 없으므로 음성으로 실현된다.

(1) /작ㅣ어두/ → [자가두]
　　cf. /작ㅣ더라/ → [작떠라] (작-, 小)
　　/안ㅣ어두/ → [아나두]
　　cf. /안ㅣ더라/ → [안떠라] (안-, 抱)
　　/많ㅣ어두/ → [마나두]
　　cf. /많ㅣ더라/ → [만터라] (많-, 多)
　　/닫ㅣ어두/ → [다다두]
　　cf. /닫ㅣ더라/ → [닫떠라] (닫-, 閉)
　　/맡ㅣ어두/ → [마타두]
　　cf. /맡ㅣ더라/ → [맏떠라] (맡-, 任)
　　/잣ː ㅣ어두/ → [자자두]
　　cf. /잣ː ㅣ더라/ → [잗ː 떠라] (잣-, 紡)
　　/깜ㅣ어두/ → [까마두]
　　cf. /깜ㅣ더라/ → [깜떠라] (감-, 洗髮)

---

13) 최명옥 등(2002 : 60)에서 이미 이와 관련된 내용을 언급하였다.

/잡ㅣ어두/→[자바두]

  cf. /잡ㅣ더라/→[잡떠라] (잡-, 捕)

/갚ㅣ어두/→[가파두]

  cf. /갚ㅣ더라/→[갑떠라] (갚-, 報)

/핥ㅣ어두/→[할타두]

  cf. /핥ㅣ더라/→[할떠라] (핥-, 舔)

/밟:ㅣ어두/→[발바두]

  cf. /밟:ㅣ더라/→[발:떠라] (밟-, 踏)

/타ㅣ어두/→[타두]

  cf. /타ㅣ더라/→[타더라] (타-, 乘)

/까ㅣ어두/→[까두]

  cf. /까ㅣ더라/→[까더라] (까-, 孵化)

/사ㅣ어두/→[사두]

  cf. /사ㅣ더라/→[사더라] (사-, 買)

/자ㅣ어두/→[자두]

  cf. /자ㅣ더라/→[자더라] (자-, 睡)

(2)에 제시된 자료는 1음절인 어간말 모음소 /오/와 부사형어미 /어/가 통합될 때 나타나는 예이다. 아래 자료에서 보듯이 이 음운과정은 활용에서만 존재한다. 이때에 실현되는 음운과정은 다음과 같다. 우선 어간말 모음소 /오/ 뒤에서 어미초 /어/는 /아/로 되고 어간말이 자음소일 경우 /오/는 활음소화되지 않고 어간말이 모음소일 경우 /오/는 어미초의 /어/ 앞에서 활음소화하여 /w/로 된다. 그리고 어간이 1음절이므로 어간말 모음소 /오/가 활음소화할 때 어미초의 /어/는 장모음소 /어:/로 되어 장모음소화된 다음 음성으로 실현된다.

(2) /녹ㅣ어두/→[노가두]

  cf. /녹ㅣ더라/→[녹떠라] (녹-, 溶)

/좁ㅣ어두/→[조바두]

  cf. /좁ㅣ더라/→[좁떠라] (좁-, 狹)

/뽑] 어두/ → [뽀바두]

  cf. /뽑] 더라/ → [뽑떠라] (뽑-, 選)

/높] 어두/ → [노파두]

  cf. /높] 더라/ → [놉떠라] (높-, 高)

/쫓] 어두/ → [쪼차두]

  cf. /쫓] 더라/ → [쫃떠라] (쫓-, 追)

/뽕] 어두/ → [**뽜** : 두]

  cf. /뽕] 더라/ → [뽀터라] (뽕-, 粉)

/꼬 :] 어두/ → [꽈 : 두]

  cf. /꼬 :] 더라/ → [꼬 : 더라] (꼬-, 索)

/오] 어두/ → [와 : 두]

  cf. /오] 더라/ → [오더라] (오-, 來)

/쏘] 어두/ → [쏴 : 두]

  cf. /쏘] 더라/ → [쏘더라] (쏘-, 射)

  (3)에 제시된 자료는 1음절인 어간말 모음소 /이/와 부사형어미 /어/가 통합될 때 나타나는 예이다. 이때에 실현되는 음운과정은 다음과 같다. 우선 어간말 모음소 /이/ 뒤에서 부사형어미는 /어/로 실현된다. 다음 어간말이 자음소일 때는 활음소화하지 않고 어간말이 모음소일 때는 /이/는 활음소화하여 /j/로 되며 그와 함께 어미초의 /어/는 장모음소 /어 : /로 된다. 그리고 활음소화에 의한 /j/와 어미초의 /어 : /가 통합한 이중모음소 /여 : /는 축약하여 /에 : /로 된 후 더 이상의 음운과정을 거칠 것이 없으므로 음성형으로 실현된다.

  (3) /닉] 어두/ → [니거두]

    cf. /닉] 구/ → [닉꾸] (익-, 熟)

    /닙] 어두/ → [니버두]

      cf. /닙] 구/ → [닙꾸] (입-, 着衣)

    /잇] 어두/ → [이서두]

      cf. /잇] 구/ → [읻꾸] (있-, 有)

/씿ㅣ어두/→[씨처두]

　cf. /씿ㅣ더라/→[씯떠라] (씻-, 洗)

/띠ㅣ어두/→[떼ː두]

　cf. /띠ㅣ구/→[띠구] (찌-, 蒸)

/티ㅣ어두/→[테ː두]

　cf. /티ㅣ구/→[티구] (치-, 試)

/피ㅣ어두/→[페ː두]

　cf. /피ㅣ구/→[피구] (피-, 開)

/닝ㅣ어두/→[네ː두]

　cf. /닝ㅣ구/→[니꾸] (잇-, 連)

/넣ㅣ어두/→[네ː두]

　cf. /넣ㅣ구/→[니쿠] (넣-, 入)

　(4)에 제시된 자료는 1음절인 어간말 모음소 /애/와 부사형어미 /어/가 통합될 때 나타나는 예이다. 이때에 실현되는 음운과정은 다음과 같다. 우선 어간말 모음소 /애/ 뒤에서 어미초 /어/는 /아/로 된다. 다음 어간말이 자음소일 때는 완전순행동화하지 않고 어간말이 모음소일 때는 /애/ 뒤에서 어미초의 /어/는 완전순행동화하여 /애/로 실현된다.14) 그리고 더 이상의 음운과정을 거칠 것이 없으므로 음성으로 실현된다.

　(4) /채ㅣ어두/→[채ː두]

　　cf. /채ㅣ구/→[채구] (훔치-, 盜)

　　/매ㅣ어두/→[매ː두]

　　cf. /매ㅣ구/→[매구] (매-, 結)

　　/쇄ː ㅣ어두/→[쇄ː두]

　　cf. /쇄ː ㅣ구/→[쇄ː구] (쇠-, 老)

---

14) 한국어에는 개음절 어간의 활용시 가능하면 모음충돌을 회피하려는 경향이 강하게 나타난다. 그리하여 '에, 애, 어, 아'로 끝나는 개음절 어간에서는 부사형어미 '-아/어'가 탈락한다. 이 지역어 역시 '에, 애'로 끝나는 개음절어간의 경우에는 부사형어미가 탈락되지만 폐음절 어간의 활용에서는 각각 '-어, -아'가 선택된다.

/쫴 : ┤어두/ → [쫴 : 두]

cf. /쫴 : ┤구/ → [쫴 : 구] (쬐-, 曝)

/뺄 : ┤어두/ → [배다두]

cf. /뺄 : ┤더라/ → [뺄 : 떠라] (뺕-, 唾)

/맺┤어두/ → [매자두]

cf. /맺┤더라/ → [맫떠라] (맺-, 結)

(5)에 제시된 자료는 1음절인 어간말 모음소 /에/와 부사형어미 /어/가 통합될 때 나타나는 예이다. 이때에 실현되는 음운과정은 다음과 같다. 우선 어간말 모음소 /에/ 뒤에서 부사형어미는 /어/로 실현되고 다음 어간말 모음소 /에/ 뒤에서 어미초의 /어/는 완전순행동화하여/에/로 실현된다. 그리고 더 이상의 음운과정을 거칠 것이 없으므로 음성으로 실현된다.

(5) /세┤어두/ → [세 : 두]

cf. /세┤구/ → [세구] (서-, 立)

/혜 : ┤어두/ → [혜 : 두]

cf. /혜 : ┤구/ → [혜 : 구] (세-, 算)

/케┤어두/ → [케 : 두]

cf. /케┤구/ → [케구] (켜-, 伸)

/페┤어두/ → [페 : 두]

cf. /페┤구/ → [페구] (펴-, 伸)

(6)에 제시된 자료는 1음절인 어간말 모음소 /으, 어/와 부사형어미 /어/가 통합될 때 나타나는 예이다. 이때에 실현되는 음운과정은 다음과 같다. 우선 어간말 모음소 /으, 어/ 뒤에서 부사형어미는 /어/로 실현된다. 다음 어간말 모음소 /으/ 뒤에서 어간말이 자음소일 때는 탈락하지 않고 어간말이 모음소 /으/일 경우엔 어미초의 /어/ 앞에서 탈락한다. 그 다음 더 이상의 음운과정을 거칠 것이 없으므로 음성으로 실현된다.

(6) /듣ㅣ어두/→[드더두]

  cf. /듣ㅣ더라/→[듣떠라] (듣-, 聞)

  /뜯ㅣ어두/→[뜨더두]

  cf. /뜯ㅣ더라/→[뜯떠라] (뜯-, 摘)

  /끊ㅣ어두/→[끄너두]

  cf. /끊ㅣ더라/→[끈터라] (끊-, 切)

  /뜨ㅣ어두/→[떠두]

  cf. /뜨ㅣ구/→[뜨구] (뜨-, 浮)

  /쓰ㅣ어두/→[써두]

  cf. /쓰ㅣ구/→[쓰구] (쓰-, 書)

  /먹ㅣ어두/→[머거두]

  cf. /먹ㅣ구/→[먹꾸] (먹-, 食)

  /적:ㅣ어두/→[저:거두]

  cf. /적:ㅣ구/→[적:꾸] (적-, 少)

  /넘ㅣ어두/→[너머두]

  cf. /넘ㅣ구/→[넝꾸] (넘-, 越)

  /없:ㅣ어두/→[업:서두]

  cf. /없:ㅣ구/→[억:꾸] (없-, 無)

  /꺾ㅣ어두/→[꺼꺼두]

  cf. /꺾ㅣ구/→[꺽꾸] (꺾-, 折)

(7)에 제시된 자료는 1음절인 어간말 모음소 /우/와 부사형어미 /어/가 통합될 때 나타나는 예이다. 이때에 실현되는 음운과정은 다음과 같다. 우선 어간말 모음소 /우/ 뒤에서 부사형어미는 /어/로 실현된다. 다음으로 어간말이 자음소일 때는 활음소화하지 않고 어간말이 모음소일 때는 어미초의 /어/ 앞에서 활음소화하여 /w/로 되고 어간이 1음절일 때는 보상적 장모음화한다. 그리고 더 이상의 음운과정을 거칠 것이 없으므로 음성으로 실현된다.

(7) /죽ㅣ어두/→[주거두]

cf. /죽 ┤ 더라/ → [죽떠라] (죽-, 死)

/꿇 ┤ 어두/ → [꾸러두]

cf. /꿇 ┤ 더라/ → [꿀터라] (꿇-, 跪)

/눌 : ┤ 어두/ → [누러두]

cf. /눌 : ┤ 더라/ → [눌 : 더라] (눈-, 燋)

/줏 : ┤ 어두/ → [주서두]

cf. /줏 : ┤ 더라/ → [준 : 떠라] (줍-, 拾)

/누 ┤ 어두/ → [눠 : 두]

cf. /누 ┤ 더라/ → [누더라] (누-, 尿)

/꾸 ┤ 어두/ → [꿔 : 두]

cf. /꾸 ┤ 더라/ → [꾸더라] (꾸-, 夢)

/추 ┤ 어두/ → [춰 : 두]

cf. /추 ┤ 더라/ → [추더라] (추-, 舞)

(8)에 제시된 자료는 2음절 이상인 어간말 모음소 /으/와 부사형어미 /어/가 통합될 때 나타나는 예이다. 어간이 2음절 이상이면, 부사형어미 /어/의 교체는 다소 복잡한 양상을 보인다. 어간이 /으/로 끝날 때에, 부사형어미 /어/는 어간 첫 음절의 모음소가 /아, 오/이면 /아/로 교체되고, 어간 첫 음절의 모음소가 /이, 으, 어, 우/이면 그대로 실현되는데 아래 예에서 그러한 사실을 알 수 있다. 이때에 어미초의 /어/ 앞에서 어간말의 /으/가 탈락한 다음에는 아무런 음운과정을 거치지 않는다.

(8) /바쁘 ┤ 어두/ → [바빠두]

cf. /바쁘 ┤ 구/ → [바뿌구] (바쁘-, 忙)[15]

/다르 ┤ 어두/ → [달라두]

cf. /다르 ┤ 구/ → [다르구] (다르-, 異)[16]

/모으 ┤ 어두/ → [모아두]

cf. /모으 ┤ 구/ → [모으구] (모으-, 集)

---

15) 이 지역어에서 이 용언의 기저형은 /바쁘{우-으}-/이다.
16) 이 지역어에서 이 용언의 기저형은 /다르{ø-ㄹ}으-/이다.

/모르 ㅣ 어두/ → [몰라두]

　cf. /모르 ㅣ 구/ → [모루구] (모르-, 不知)[17]

/기쁘 ㅣ 어두/ → [기뻐두]

　cf. /기쁘 ㅣ 구/ → [기뿌구] (기쁘-, 喜)[18]

/흐르 ㅣ 어두/ → [흘러두]

　cf. /흐르 ㅣ 구/ → [흐르구] (흐르-, 流)[19]

/부르 ㅣ 어두/ → [불러두]

　cf. /부르 ㅣ 구/ → [부루구] (부르-, 呼)[20]

/분지르 ㅣ 어두/ → [분지러두]

　cf. /분지르 ㅣ 구/ → [분지르구] (부러뜨리-, 折)

(9)에 제시된 자료는 2음절 이상인 어간말 모음소 /우/와 부사형어미 /어/가 통합될 때 나타나는 예이다. 부사형어미 /어/는, 어간 첫 음절의 모음소가 /아, 오/이면 /아/로 교체되고 어간 첫 음절의 모음소가 /이, 으, 어, 우/이면 그대로 실현된다. 아래 예에서 그러한 사실을 알 수 있다. 이 때에 실현되는 음운과정은 우선 어간 첫 음절의 모음소 /아, 오/ 뒤에서 어미초 /어/는 /아/로 되고 다시 어미초의 /어/ 앞에서 활음소화하여 /w/로 된다. 그리고 어간이 2음절이므로 장모음소화되지 않고 더 이상 음운과정을 거치지 않는다. 다음으로 어간 첫 음절의 모음소 /이, 으, 어, 우/는 어미초 /어/ 앞에서 활음소화하여 /w/로 된다. 그리고 어간이 2음절이므로 장모음소화되지 않고 더 이상 음운과정을 거치지 않는다. 그리고 소위 표준어의 'ㅂ'변칙용언도 위와 똑같은 음운과정을 거친다.

　(9) /당구 ㅣ 어두/ → [당과두]

　　cf. /당구 ㅣ 구/ → [당구구] (담그-, 沈)

---

17) 이 지역어에서 이 용언의 기저형은 /모르{우-르}-/이다.
18) 이 지역어에서 이 용언의 기저형은 /기쁘{우-으}-/이다.
19) 이 지역어에서 이 용언의 기저형은 /흐르{ø-르}으-/이다.
20) 이 지역어에서 이 용언의 기저형은 /부르{우-르}-/이다.

/마추 ┤ 어두/ → [마촤두]

  cf. /마추 ┤ 구/ → [마추구] (맞추-, 組合)

/쫄쿠 ┤ 어두/ → [쫄콰두]

  cf. /쫄쿠 ┤ 구/ → [쫄쿠구] (조르-, 使縮)

/노누 ┤ 어두/ → [노놔두]

  cf. /노누 ┤ 구/ → [노누구] (나누-, 分)

/키우 ┤ 어두/ → [키워두]

  cf. /키우 ┤ 구/ → [키우구] (키우-, 飼育)

/피우 ┤ 어두/ → [피워두]

  cf. /피우 ┤ 구/ → [피우구] (피우-, 吸煙)

/배우 ┤ 어두/ → [배워두]

  cf. /배우 ┤ 구/ → [배우구] (배우-, 學)

/재우 ┤ 어두/ → [재워두]

  cf. /재우 ┤ 구/ → [재우구] (재우-, 使睡)

/절쿠 ┤ 어두/ → [절쿼두]

  cf. /절쿠 ┤ 구/ → [절쿠구] (절이-, 鹽)

/뿔구 ┤ 어두/ → [뿔궈두]

  cf. /뿔구 ┤ 구/ → [뿔구구] (불리-, 使增)

/티껴우 ┤ 어두/ → [티껴워두]

  cf. /티껍 ┤ 구/ → [티격꾸] (더럽-, 汚)

/가차우 ┤ 어두/ → [가차와두]

  cf. /가찹 ┤ 구/ → [가착꾸] (가깝-, 近)

/개러우 ┤ 어두/ → [개러와두]

  cf. /개럽 ┤ 구/ → [개럭꾸] (가렵-, 癢)

    (10)에 제시된 자료는 2음절 이상인 어간말 유음소 /ㄹ/에 부사형어미 /어/가 통합될 때 나타나는 예이다. 부사형어미 /어/는, 어간 첫 음절의 모음소 종류와 상관없이 모두 /어/로 실현되는데 아래 예에서 그러한 사실을 알 수 있다.

    (10) /가물 ┤ 어두/ → [가무러두]

　　cf. /가물] 구/ → [가물구] (가물-, 旱)

　/까불] 어두/ → [까부러두]

　　cf. /까불] 구/ → [까불구] (까불-, 箕)

　/드물] 어두/ → [드무러두]

　　cf. /드물] 구/ → [드물구] (드물-, 稀)

　/가늘] 어두/ → [가느러두]

　　cf. /가늘] 구/ → [가늘구] (가늘-, 細)

　/만들] 어두/ → [만드러두]

　　cf. /만들] 구/ → [만들구] (만들-, 作)

　/빼뜰 :] 어두/ → [빼뜨러두]

　　cf. /빼뜰 :] 구/ → [빼뜰 : 구] (빼앗-, 奪)

　/뛰딜] 어두/ → [뛰디러두]

　　cf. /뛰딜] 구/ → [뛰딜구] (두드리-, 敲)

　　(11)에 제시된 자료는 2음절 이상의 어간을 가진 동사에서 어간말음절 모음소가 /이/로 끝날 때 부사형어미 /어/가 통합되는 양상을 나타내는 예이다. 어간말 모음소 /이/와 부사형어미 /어/가 통합되면 언제나 /에/로 실현되는데 아래 예에서 그러한 사실을 알 수 있다. 이때에 실현되는 음운과정은 우선 어간말의 /이/와 부사형어미 /어/가 통합할 때 어간말의 /이/가 활음소화하여 /j/로 되고, 그 다음 자음소 뒤에서 다시 /에/로 축약된다. 그 다음 더 이상의 음운과정을 거치지 않으므로 직접 음성형으로 실현된다.

　　(11) /하부티] 어두/ → [하부테두]

　　　cf. /하부티] 구/ → [하부티구] (할퀴-, 搔)

　　/깨티] 어두/ → [깨테두]

　　　cf. /깨티] 구/ → [깨티구] (깨-, 破)

　　/겐디] 어두/ → [겐데두]

　　　cf. /겐디] 구/ → [겐디구] (견디-, 忍)

　　/끄슬리] 어두/ → [끄슬레두]

cf. /끄슬리 ‖ 구/ → [끄슬리구] (그을리-, 被煤)

끝으로 (12)에 제시된 자료는 2음절 어간을 가진 동사에서 어간말음절의 모음소가 /아/인 어간과 부사형어미 /어/가 통합될 때 나타나는 예이다. 아래 예에서 알 수 있듯이 어간말 모음소 /아/와 부사형어미가 통합되어 하나의 /아/만 실현되는 음성형이 나타난다. 이때에 실현되는 음운과정은 다음과 같다. 우선 어간말의 /아/와 부사형어미 /어/가 통합할 때 부사형 어미 /어/는 /아/로 된다. 다음에 어간말의 /아/와 부사형어미 /아/가 통합하면 그 중 하나가 실현되지 않는데, 그것은 동일모음소가 탈락되었기 때문이다.

(12) /만나 ‖ 어두/ → [만나두]
　　cf. /만나 ‖ 구/ → [만나구] (만나-, 逢)
　　/나가 ‖ 어두/ → [나가두]
　　cf. /나가 ‖ 구/ → [나가구] (나가-, 出)
　　/자라 ‖ 어두/ → [자라두]
　　cf. /자라 ‖ 구/ → [자라구] (자라-, 成長)

이 지역의 용언 활용에서 나타나는 부사형어미 /-아/어/의 교체양상은 중부방언에 비해 매우 규칙적이다. 중부방언에서는 /아/를 가진 폐음절 어간이 부사형어미 /-어/를 취하는 경우가 꽤 많이 발견되는데,[21] 이 지역어에서는 이러한 양상이 나타나지 않고 모음조화를 비교적 잘 지키고 있다. 이는 이 지역어가 중부방언에 비해 더 고형을 유지하고 있음을 말해준다.

이상에서 논의된 어미초 /어/의 /아/화를 지배하는 규칙은 다음과 같다.

---

21) 중부방언에서는 [말어두](말-, 捲), [뽑어두](뽑-, 選)와 같이 /아, 오/말음 폐음절 어간에 부사형어미 /-어/를 취하는 경우가 많다.

- 모음소가 /아, 오, 애/인 어간에서는 음절수와 관계없이 부사형 어미 /-어Y/의 첫 음 /어/는 /-아Y/로 교체되고, 모음소가 /이, 어, 에/인 어간에서는 어간의 음절수와 관계없이 /-어Y/로 실현된다.
- 모음소 /으, 우/ 말음 어간에서는 부사형 어미 /-어Y/는 음절수의 차이에 따라 그 양상도 달리한다. 즉 1음절 어간일 때는 모두 /-어Y/로 실현되고, 어간이 2음절 이상일 때는 어간 첫 음절의 모음소가 /아, 오, 애/이면 /-아Y/로 실현되고 어간 첫 음절의 모음소가 /이, 어, 에, 으, 우/이면 /-어Y/로 실현된다.

4.1.2.2. 활음소화

활음소화란 말음절 모음소가 /이/나 /오, 우/로 끝나는 어간에 /-어Y/ 어미가 통합할 때 단모음소 연쇄를 피하기 위하여 선행모음소 /이/가 활음소 /j/로 되고, 선행모음소 /오, 우/는 활음소 /w/로 되는 현상을 말한다.[22] 활음소화는 /이, 오, 우/ 등으로 끝나는 개음절 어간은 물론 어간 말에 /ㅎ, ㆆ/ 말음을 가지는 어간에서도 일어난다. /ㅎ, ㆆ/ 말음 어간에 이러한 활음소화가 일어나는 것은 어간말의 /ㅎ, ㆆ/가 모음소 사이에서 탈락하면서 단모음 연쇄가 만들어지기 때문이다.

이 지역어의 활용에서의 /j/화는 어간의 음절수나 어간말 음절구조에 관계없이 다 일어난다.[23] 아래의 예문에 그러한 사실을 볼 수 있다.

(1)에 제시된 자료는 어간말 모음소가 /이/로 끝나는 어간에 /-어Y/로 시작하는 어미가 통합될 때 나타나는 예이다. 어간말 모음소 /이/와 /-어Y/로 시작하는 어미가 통합되면 언제나 /에/로 실현되는데 아래 예에서 그러한 사실을 알 수 있다. 이때에 실현되는 음운과정은 우선 어간말의 /이/와 어미초 /어/가 통합할 때 어간말의 /이/가 활음소화하여 /j/로 된

---

22) 활음소화를 비음절화(非音節化), 반모음소화라고도 한다.

23) 이병근(1975 : 36)에서는 일반적으로 활음화는 활용에서만 일어나고 곡용에서는 일어나지 않는 것이라고 하였고, 최명옥(1982 : 108)에서는 경주지역어에서는 곡용에서도 /j/화가 존재할 뿐만 아니라 /w/화도 존재한다고 하였다.

다. 다음으로 활음소 /j/와 어미초의 /어/가 통합한 이중모음소 /여/는 다시 자음소 뒤에서 /에/로 축약된다. 활음소화 현상이 일어나면 선행 모음소가 활음소로 바뀌므로 두 개의 음절이 하나로 줄어들게 되어 음절수에도 변화가 생긴다. /j/화의 경우에 어간이 1음절일 때에는 보상적 장음이 발생하지만, 어간이 2음절 이상이면 보상적 장음이 발생하지 않는다.[24]

> (1) /히│어두/→[혜ː두]
> cf. /히│구/→[히구] (희-, 白)
> /시│어두/→[세ː두]
> cf. /시│구/→[시구] (시-, 酸)
> /띠│어두/→[떼ː두]
> cf. /띠│구/→[띠구] (찌-, 蒸)
> /티│어두/→[테ː두]
> cf. /티│구/→[티구] (치-, 打)
> /피│어두/→[페ː두]
> cf. /피│구/→[피구] (피-, 開)
> /깨티│어두/→[깨테두]
> cf. /깨티│구/→[깨티구] (깨-, 破)
> /겐디│어두/→[겐데두]
> cf. /겐디│구/→[겐디구] (견디-, 忍)
> /쑤시│어두/→[쑤세두]
> cf. /쑤시│구/→[쑤시구] (후비-, 空)
> /끄슬리│어두/→[끄슬레두]
> cf. /끄슬리│구/→[끄슬리구] (그을리-, 被煤)
> /하부티│어두/→[하부테두]
> cf. /하부티│구/→[하부티구] (할퀴-, 搔)

---

24) 1음절 어간의 경우에는 보상적 장모음화가 일반적으로 일어나는데 정인호(1996ː53~54)에서는 보상적 장모음화는 규칙화하기가 어려워서, 대체로 단어에 따라 그 실현 빈도가 달라지는 것으로 /보-, 주-, 두-, 쑤-, 이-, 놓-/ 등과 같은 어간일 때는 언제나 보상적 장모음화가 일어나며, /디-, 띠-, 티-/처럼 초성의 자음소가 치음소인 어간일 때는 보상적 장모음화가 일어나지 않는다고 하였다.

(2)에 제시된 자료는 위와 같이 모음소 /이/로 끝나는 어간에 /ㅡ어Y/
로 시작하는 어미가 통합될 때 나타나는 예이다. 그런데 어간말음절초에
자음소가 없는 것이 특징적이다. 이때에 실현되는 음운과정은 다음과 같
다. 우선 어간말의 /이/와 어미초 /어/가 통합할 때 활음소 삽입이 되어
어미초 /어/가 /여/로 되고, 다시 /여/가 /에/로 축약된다. 그 후 어간말의
/이/와 축약된 /에/가 통합하면서 /j화/가 발생한다.25) 그 다음 더 이상의
음운과정을 거칠 것이 없으므로 음성으로 실현된다.

> (2) /이] 어두/→[예 : 두]
>   cf. /이] 구/→[이구] (이ㅡ, 戴)
>   /고이] 어두/→[고예 : 두]
>   cf. /고이] 구/→[고이구] (괴ㅡ, 淳)
>   /모이] 어두/→[모예 : 두]
>   cf. /모이] 구/→[모이구] (모이ㅡ, 集)
>   /오이] 어두/→[오예 : 두]
>   cf. /오이] 구/→[오이구] (외ㅡ, 暗誦)
>   /조이] 어두/→[조예 : 두]
>   cf. /조이] 구/→[조이구] (죄ㅡ, 縮)

(3)에 제시된 자료는 어간말음절 모음소가 이중모음소 /위/로 끝나는
어간에 /ㅡ어Y/로 시작하는 어미가 통합될 때 나타나는 예이다. 어간말
모음소 /위/와 /ㅡ어Y/로 시작하는 어미가 통합되면 언제나 /웨/로 실현되
는데 아래 예에서 그러한 사실을 알 수 있다. 이때에 실현되는 음운과정
은 다음과 같다. 우선 어간말의 이중모음소 /위/가 단모음소화하여 /이/로
되고 이렇게 된 /이/가 다시 활음소화하여 /j/로 된 후 어미 /어/와 통합

---

25) 최명옥(1995a : 172)에서는 어간말의 /이/와 어미초의 /어/가 통합할 때 바로 활음소화
    되지 않고 활음소 삽입을 발생시키는 것은 어간을 지켜 쓰려는 노력인 것으로 보인다
    고 하였다.

한 이중모음소 /여/는 다시 자음소 뒤에서 /에/로 축약된다. 즉 아래 예에서는 이 지역어에서의 /j/화가 /위>이/와 같이 이중모음소의 단모음소화에 의한 어간말 모음소 /위/에도 일어남을 알려준다. 활음소화 현상이 일어나면 선행모음소가 활음소로 바뀌므로 두 개의 음절이 하나로 줄어들게 되어 음절수에 변화가 생기며 /j/화의 경우에 어간이 1음절일 때 보상적 장음이 발생한다.

> (3) /뛰ㅣ어두/ → [뛔 : 두]
>   cf. /뛰ㅣ구/ → [뛰구] (뛰-, 走)
>   /뀌 : ㅣ어두/ → [꿰 : 두]
>   cf. /뀌 : ㅣ구/ → [뀌 : 구] (뀌-, 屁)
>   /쉬 : ㅣ어두/ → [쉐 : 두]
>   cf. /쉬 : ㅣ구/ → [쉬 : 구] (쉬-, 休)
>   /쥐ㅣ어두/ → [쥐 : 두]
>   cf. /쥐ㅣ구/ → [쥐구] (쥐-, 握)
>   /뛰 : ㅣ어두/ → [뛔 : 두]
>   cf. /뛰 : ㅣ구/ → [뛰 : 구] (뛰-, 跳)

(4)에 제시된 자료는 어간말의 모음소가 /이/, 어간말 자음소가 /ㅎ, ㆆ/로 구성될 때에, /ㅎ, ㆆ/가 탈락한 다음에 남게 되는 어간말 모음소 /이/도 /j/화함을 보여주는 예이다. 이때에 실현되는 음운과정은 우선 어간말의 자음소 /ㅎ, ㆆ/가 어미초 /어/와 통합할 때 어간말 /ㅎ, ㆆ/가 탈락되고, 다음으로 이렇게 실현된 어간말 /이/는 다시 활음소화하여 /j/로 된 후 어미 /어/와 통합한 이중모음소 /여/는 다시 자음소 뒤에서 /에/로 축약된다. 활음소화 현상이 일어나면 선행모음소가 활음소로 바뀌므로 두 개의 음절이 하나로 줄어들게 되며 어간이 1음절일 때 보상적 장음이 발생한다. 그리고 더 이상의 음운과정을 거칠 것이 없으므로 음성으로 실현된다.

(4) /넣] 어두/ → [네 : 두]
  cf. /넣] 구/ → [니쿠] (넣-, 入)
  /닝] 어두/ → [네 : 두]
  cf. /닝] 구/ → [니꾸] (잇-, 連)
  /짛] 어두/ → [제 : 두]
  cf. /짛] 구/ → [지꾸] (짓-, 作)
  /닝] 어두/ → [네 : 두]
  cf. /닝] 구/ → [니꾸] (이-, 蓋)

  이 지역어의 활용에서의 /w/화 역시 어간의 음절수나 어간말 음절구
조에 관계없이 다 일어난다. 아래의 예문에서 그러한 사실을 알 수 있다.
  (5)에 제시된 자료는 어간의 모음소가 /오/나 /우/로 끝나는 1음절 어
간이 어미 /-어Y/와 통합할 때의 예이다. 이때에 실현되는 음운과정은
우선 어두 음절의 모음소 /오/ 뒤에서 어미초 /어/는 /아/로 되고, /오/는
다시 어미초의 /어/ 앞에서 활음소화하여 /w/로 된다. 그리고 어두 음절
의 모음소 /우/는 어미초 /어/ 앞에서 활음소화하여 /w/로 된다. 이때 이
지역어에서 나타나는 /w/화의 특성은 일반적으로 /w/화 이후에 /w/탈락
의 과정을 거치지 않는다는 것이고[26] /j/화와 마찬가지로 보상적 장음이
발생하는 것이다.[27]

  (5) /꼬 :] 어두/ → [꽈 : 두]
  cf. /꼬 :] 구/ → [꼬 : 구] (꼬-, 索)
  /쏘 :] 어두/ → [쏴 : 두]
  cf. /쏘 :] 구/ → [쏘 : 구] (쏘-, 射)

---

26) 최명옥 등(2002 : 57)에서 함북지역어의 동사 /보-/, (視)는 /보] 어두/ → /봐두/ → /바두/
  → [바두]로 나타난다고 하였는데 이 지역어에서도 동사 /보-/만은 위와 같은 음성형이
  실현된다. 즉 어간모음 /오/가 /w/화한 뒤에 다시 /w/탈락의 과정을 거친다.
27) 일반적으로 다른 지역어에서는 이 경우 /w/화에 의해 어간이 활음소화함에도 불구하고
  보상적 장음이 발생하지 않는다.

/추ㅣ어두/ → [춰 : 두]
　cf. /추ㅣ구/ → [추구] (추-, 舞)
/누ㅣ어두/ → [눠 : 두]
　cf. /누ㅣ구/ → [누구] (누-, 尿)
/꾸ㅣ어두/ → [꿔 : 두]
　cf. /꾸ㅣ구/ → [꾸구] (꾸-, 夢)

　(6)에 제시된 자료는 어간말음절의 모음소가 /우/로 끝나는 2음절 이상인 어간이 어미 /−어Y/와 통합할 때의 예인데 예외 없이 /w/화한다. 이때에 실현되는 음운과정은 우선 어두 음절의 모음소 /오/ 뒤에서 어미초 /어/는 /아/로 되고 다시 어미초의 /어/ 앞에서 활음소화하여 /w/로 된다. 다음 어두 음절의 모음소 /이, 어, 우/는 어미초 /어/ 앞에서 활음소화하여 /w/로 되는데 어간이 모두 2음절이므로 장모음소화되지 않는다.

　(6) /보꾸ㅣ어두/ → [보꽈두]
　　cf. /보꾸ㅣ구/ → [보꾸구] (볶-, 炒)
　　/쫄쿠ㅣ어두/ → [쫄쿠두]
　　cf. /쫄쿠ㅣ구/ → [쫄쿠구] (조르-, 使縮)
　　/노누ㅣ어두/ → [노눠두]
　　cf. /노누ㅣ구/ → [노누구] (나누-, 分)
　　/키우ㅣ어두/ → [키워두]
　　cf. /키우ㅣ구/ → [키우구] (키우-, 飼育)
　　/절쿠ㅣ어두/ → [절쿼두]
　　cf. /절쿠ㅣ구/ → [절쿠구] (절이-, 鹽)
　　/뿔구ㅣ어두/ → [뿔궈두]
　　cf. /뿔구ㅣ구/ → [뿔구구] (불리-, 使增)

　(7)에 제시된 자료는 어간말음절이 /C+원순모음소+후음소/인 어간이 어미 /−어Y/와 통합할 때에 일어나는 /w/화의 예이다. 이때에 실현되는 음운과정은 다음과 같다. 우선 어간 첫 음절의 모음소 /오/ 뒤에서 어미

초 /어/는 /아/로 되고 다시 어미초의 /어/ 앞에서 활음소화하여 /w/로 된다. 그런데 유독 /좋-/(好)에 /w/화가 적용되지 않는데 그 이유는 아직 밝혀지지 않았다.

(7) /놓] 어두/ → [놔 : 두]

　　cf. /놓] 구/ → [노쿠] (놓-, 放)

　　/뿛 :] 어두/ → [빠 : 두]

　　cf. /뿛 :] 구/ → [뽀 : 쿠] (빻-, 造粉)

　　/붛 :] 어두/ → [붜 : 두]

　　cf. /붛 :] 구/ → [부 : 꾸] (붓-, 腫)

　　/궇] 어두/ → [과 : 두]

　　cf. /궇] 구/ → [고꾸] (고-, 煮)

　　*/돟 :] 어두/ → [도아두]

　　cf. /돟 :] 구/ → [도쿠] (좋-, 好)

이상에서 논의된 /j/, /w/활음소화를 지배하는 규칙은 다음과 같다.

- 어간말 모음소 /이/와 어미초 /-어Y/가 통합할 때 선행모음소 /이/는 활음소 /j/로 되며 1음절 어간이면 보상적 장음이 발생한다.
- 어간말 모음소 /오, 우/와 어미초 /-어Y/가 통합할 때 선행모음소 /오, 우/는 활음소 /w/로 되며 1음절 어간이면 보상적 장음이 발생한다.

4.1.2.3. 모음소동화

모음소동화란 어미초의 형태음소인 모음소가 어간말의 형태음소인 모음소의 영향을 받아 그와 같거나 유사한 음소로 바뀌는 현상을 말한다. 여기에는 원순모음소화, 어미초 /어/의 완전순행동화, 어미초 /으/의 완전순행동화가 포함된다. 모음소동화는 자음소의 자질에 의한 모음소의 동화와 모음소의 자질에 의한 모음소의 동화 두 가지로 구분하는데 원순

모음소화는 자음소와 모음소 각각의 자질에 의한 모음소동화가 모두 나
타나고, 어미초 /어/의 완전순행동화와 어미초 /으/의 완전순행동화는 모
음소의 자질에 의한 모음소동화만 보인다. 이 지역어에도 이러한 모음소
동화가 모두 존재하는데 원순모음소화부터 차례로 논의하기로 한다.

① 원순모음소화
• 자음소에 의한 원순모음소화

자음소에 의한 원순모음소화는 형태소 경계에서 순자음 계열인 /ㅁ,
ㅂ, ㅍ/에 후행하는 /으/ 어미가 순자음이 가진 [＋원순성] 자질에 동화
되어 /우/로 되는 것이다.

(1)에 제시된 자료는 양순음소 /ㅁ, ㅂ, ㅍ/ 뒤에서 어미초 /으/가 원순
모음소화하는 예이다. 이 음운과정은 곡용과 활용에 모두 존재한다. 자
료를 보면, 어미초의 /으/가 음성형에서 모두 [우]로 실현되고 있다. 이
것은 어간말의 양순음 /ㅁ, ㅂ, ㅍ/가 가지고 있는 자질의 영향으로 어미
초의 /으/는 원순모음소 /우/로 된 다음에 음성으로 실현된 것이다.

(1) ㉮ /너름┃을/→[너르물]
　　　cf. /너름┃이/→[너르미] (여름, 夏)
　　　/기츰┃을/→[기츠물]
　　　cf. /기츰┃이/→[기츠미] (기침, 喘)
　　　/넢집┃을/→[넙지불]
　　　cf. /넢집┃이/→[넙지비] (이웃집, 隣家)
　　　/서답┃을/→[서다불]
　　　cf. /서답┃이/→[서다비] (빨래, 洗濯物)
　　　/딮┃을/→[디풀]
　　　cf. /딮┃이/→[디피] (짚, 藁)
　　　/닢┃을/→[니풀]
　　　cf. /닢┃이/→[니피] (잎, 葉)

ⓑ /깜ㅣ으니까/→[까무니까]

　　cf. /깜ㅣ구/→[깡꾸] (감-, 洗髮)

　/닙ㅣ으니까/→[니부니까]

　　cf. /닙ㅣ구/→[닉꾸] (입-, 着衣)

　/깦ㅣ으니까/→[가푸니까]

　　cf. /깦ㅣ구/→[각꾸] (갚-, 報)

　(2)에 제시된 자료는 자음소군 /ㄻ, ㄼ/ 뒤에서 어미초 /으/가 원순모음 소화하는 예이다. 이 음운과정은 곡용과 활용에서 모두 존재한다. 자료를 보면, 어미초의 /으/가 음성형에서 모두 [우]로 실현되고 있다. 이때 실현되는 음운과정은 어간말 자음소군 /ㄻ, ㄼ/는 먼저 자음소군단순화하여 /ㅁ, ㅂ/로 되고 이렇게 형성된 어간말 자음소 /ㅁ, ㅂ/ 뒤에서 어미초의 /으/는 원순모음소 /우/로 된 후 더 이상 음운과정을 거칠 것이 없으므로 음성 [우]로 실현된 것이다.

　(2) ㉮ /삶ㅣ을/→[살물]

　　cf. /삶ㅣ이/→[살미] (삶, 生)

　　/야덟ㅣ을/→[야덜불]

　　cf. /야덟ㅣ이/→[야덜비] (여덟, 八)

　㉯ /닮ː ㅣ으니까/→[달무니까]

　　cf. /닮ː ㅣ어두/→[달마두] (닮-, 似)

　　/삶ː ㅣ으니까/→[살무니까]

　　cf. /삶ː ㅣ어두/→[살마두] (삶-, 烹)

　　/섧ː ㅣ으니까/→[설부니까]

　　cf. /섧ː ㅣ어두/→[설버두] (섧-, 哀)

　　/넓ㅣ으니까/→[널부니까]

　　cf. /넓ㅣ어두/→[널버두] (넓-, 廣)

• 모음소에 의한 원순모음소화

모음소에 의한 원순모음소화는 어미초의 /으/가 어간말음절의 원순모

음소가 가지고 있는 자질의 영향을 받아 원순모음소 /우/로 되는 것을
말하는데 수의적으로 일어난다.

(3)에 제시된 자료는 어간말음절의 원순모음소 /오, 우/ 뒤에서 어미초
/으/가 원순모음소화하는 예이다. 이 음운과정은 곡용과 활용에서 모두
존재한다. 자료를 보면, 어미초의 /으/가 음성형에서 모두 [우]로 실현되
고 있다. 이때 실현되는 음운과정은 어간말 원순모음소 /오, 우/ 뒤에서
어미초의 /으/는 원순모음소 /우/로 된 후 더 이상 음운과정을 거칠 것이
없으므로 음성 [우]로 실현된 것이다. 그런데 이것은 필연적으로 실현되
는 것이 아닌데 아래 예문에서 그것을 알 수 있다.

(3) ㉮ /속ㅣ을/→[소굴]
　　　cf. /속ㅣ이/→[소기] (속, 內)
　　　/오룩ㅣ을/→[오루굴]
　　　cf. /오룩ㅣ이/→[오루기] (오금, 膕)
　　　/조국ㅣ을/→[조구굴]
　　　cf. /조국ㅣ이/→[조구기] (조국, 祖國)
　　㉯ ① /뭒ㅣ으니까/→[무꾸니까]
　　　　cf. /뭒ㅣ어두/→[무꺼두] (뭑-, 束)
　　　② /붕:ㅣ으니까/→[부우니까]
　　　　cf. /붕:ㅣ어두/→[붜:두] (붓-, 腫)
　　　③ /죽ㅣ으니까/→[주구니까]
　　　　cf. /죽ㅣ어두/→[주거두] (죽-, 死)
　　　④ /굵ㅣ으니까/→[굴구니까]
　　　　cf. /굵ㅣ어두/→[굴거두] (굵-, 太)
　　　⑤ /속ㅣ으니까/→[소구니까]
　　　　cf. /속ㅣ어두/→[소가두] (속-, 被欺)
　　　⑥ /잇ㅣ으니까/→[이스니까](*[이수니까])
　　　　cf. /잇ㅣ어두/→[이서두] (있-, 有)
　　　⑦ /닉ㅣ으니까/→[니그니까](*[니구니까])
　　　　cf. /닉ㅣ어두/→[니거두] (익-, 熟)

⑧ /옳ㅣ으니까/ → [오르니까](*[오루니까])
　　cf. /옳ㅣ어두/ → [오라두] (옳−, 安當)
　　/꿇ㅣ으니까/ → [꾸르니까](*[꾸루니까])
　　cf. /꿇ㅣ어두/ → [꾸러두] (꿇−, 跪)

위의 예문에서 볼 수 있듯이 이 지역어에서 실현되는 원순모음소화 유형은 곡용에서는 어간말음절의 종성이 연구개음소일 때에 한하여 원순모음소화가 일어나고 활용에서는 다음과 같은 복잡한 양상을 보여준다.

- ①~④와 같이 어간말음절의 중성과 종성이 각각 /우/와 자음소, 혹은 유음소일 때 일어난다.
- ⑤와 같이 어간말음절의 중성과 종성이 각각 /오/와 연구개음소일 때에 한하여 일어난다.
- ⑥~⑦과 같이 어간말 모음소가 비원순모음소이면 어미초 /으/의 원순모음소화가 일어나지 않는다.
- ⑧과 같이 어간말 모음소가 원순모음소 /오/라도 어간말음소가 연구개음소 이외의 자음소라면 원순모음소화가 일어나지 않는다.28)

이상에서 논의된 원순모음소화를 지배하는 규칙은 다음과 같다.

- 형태소 경계에서 양순음소 /ㅁ, ㅂ, ㅍ/에 후행하는 /−으(X)/ 어미가 순자음이 가진 [+원순성] 자질에 동화되어 /우/로 필수적으로 교체된다.
- 어미초의 /으/가 어간말음절의 원순모음소가 가지고 있는 자질의 영향을 받아 원순모음소 /우/로 수의적으로 교체된다.

② 어미초 /어/의 완전순행동화

어미초 /어/의 완전순행동화란 /애, 에/로 끝나는 어간과 /어/로 시작하

─────────────

28) 어미초 /으/의 원순모음소화는 최명옥(1982 : 121~123)에서 원순모음소 /오/와 연구개음소 /ㄱ/의 공동 영향에 의한 것으로 이해해야 한다고 상세히 설명하였다.

는 어미가 통합될 때, 어미초의 /어/가 어간말 모음소와 동일하게 되는 음운과정을 말한다.

(1)에 제시된 자료는 어간말 모음소 /애/와 부사형 어미 /어/가 통합될 때 나타나는 예이다. 아래 예에서 보듯이 이 음운과정은 활용에만 나타난다.29) 이때에 실현되는 음운과정은 다음과 같다. 우선 어간말 모음소 /애/ 뒤에서 어미초 /어/는 /아/로 된다. 다음으로 어간말 모음소 /애/ 뒤에서 어미초의 /아/는 완전순행동화하여 /애/로 실현된다. 그리고 동일모음소 탈락규칙에 의해 /애/가 탈락된다. 그 다음 더 이상의 음운과정을 거칠 것이 없으므로 음성으로 실현된다.

(1) /채ㅣ어두/→[채:두]
   cf. /채ㅣ구/→[채구] (훔치-, 盜)
   /매ㅣ어두/→[매:두]
   cf. /매ㅣ구/→[매구] (매-, 結)
   /쇄:ㅣ어두/→[쇄:두]
   cf. /쇄:ㅣ구/→[쇄:구] (쇠-, 老)
   /쬐:ㅣ어두/→[쬐:두]
   cf. /쬐:ㅣ구/→[쬐:구] (죄-, 曝)
   /지대ㅣ어두/→[지대:두]
   cf. /지대ㅣ더라/→[지대더라] (기대-, 依支)
   /달래ㅣ어두/→[달래:두]
   cf. /달래ㅣ더라/→[달래더라] (달래-, 撫)
   /포개ㅣ어두/→[포개:두]
   cf. /포개ㅣ더라/→[포개더라] (포개-, 重)

(2)에 제시된 자료는 어간말 모음소 /에/와 부사형어미 /어/가 통합될 때 나타나는 예이다. 이때에 실현되는 음운과정은 다음과 같다. 우선 어

---

29) 최명옥(2004 : 175)에서 이미 지적했듯이 이 지역어에서도 /애, 에/로 끝나는 어간과 호격어미 /-아/가 통합할 때에 어미 /아/는 완전순행동화하지 않고 오히려 활음소가 삽입된다. 예를 들면 /금매ㅣ아/→[금매야](*[금매:]), /명제ㅣ아/→[금제야](*[금제:])

간말 모음소 /에/ 뒤에서 부사형어미는 /어/로 실현되고, 다음에 어간말 모음소 /에/ 뒤에서 어미초의 /어/는 완전순행동화하여 /에/로 실현된다. 그리고 동일모음소탈락규칙에 의해 /에/가 탈락된다. 그 다음 더 이상의 음운과정을 거칠 것이 없으므로 음성으로 실현된다.

> (2) /세ㅣ어두/ → [세 : 두]
>   cf. /세ㅣ구/ → [세구] (서-, 立)
>   /헤 : ㅣ어두/ → [헤 : 두]
>   cf. /헤 : ㅣ구/ → [헤 : 구] (세-, 算)
>   /케ㅣ어두/ → [케 : 두]
>   cf. /케ㅣ구/ → [케구] (켜-, 伸)
>   /페ㅣ어두/ → [페 : 두]
>   cf. /페ㅣ구/ → [페구] (펴-, 伸)

이상에서 논의된 어미초 /어/의 완전순행동화를 지배하는 규칙은 다음과 같다.

> • 형태소 경계에서 어간과 어미가 통합할 때 /애/나 /에/로 끝나는 활용어간 뒤에서 어미초의 /어/가 예외 없이 어간말 모음소와 동일하게 교체된다.

③ 어미초 '으'의 완전순행동화

어미초 /으/의 완전순행동화란 어간이 /으/로 시작하는 어미와 통합될 때, 어간말의 자음소가 탈락된 후 어미초의 /으/가 어간말 모음소와 동일하게 되는 음운과정을 말한다.

(1)에 제시된 자료는 어미초의 /으/가 어간말모음과 통합될 때 나타나는 예이다. 아래 예에서 보듯이 이 음운과정은 활용에만 나타난다. 이때에 실현되는 음운과정은 다음과 같다. 후음소 /ㅎ, ㆆ/로 끝나는 어간말 모음소 뒤에서 어미초의 /으/는 앞의 어간말 모음소와 동일하게 교체된다.

(1) /뿧 :] 으니까/ → [뽀오니까]

  cf. /뿧 :] 구/ → [뽀 : 쿠] (빻-, 粉)

  /굻] 으니까/ → [고오니까]

  cf. /굻] 구/ → [고꾸] (고-, 煮)

  /붏 :] 으니까/ → [부우니까]

  cf. /붏 :] 구/ → [부 : 꾸] (붓-, 腫)

 이상에서 논의된 어미초 /으/의 완전순행동화를 지배하는 규칙은 다음
과 같다.

  • 후음소 /ㅎ, ㆆ/로 끝나는 어간말 뒤에서 어미초의 /으/는 앞의 어간말
   모음소와 동일하게 교체된다.

4.1.2.4. 단(短)모음소화

 단모음소화란 어간기저형의 말음절 모음소가 장음일 때 모음소로 시
작하는 어미가 통합되면 어간의 장모음소가 단모음소로 바뀌는 음운과
정을 말한다. 단모음소화는 1음절 용언어간의 경우에만 해당되며 '혜 :
-(算), 없 : -(無), 많 : -(多), 적 : -(少)' 등과 같은 고정적 장음을 가지
는 어간은 단모음소화에서 제외된다.

 (1)에 제시된 자료는 폐음절의 장모음소 어간과 어미초의 /-어두/와
통합하는 예이다. 아래 예에서 보듯이 이 음운과정은 활용에서만 나타난
다. 이때에 실현되는 음운과정은 다음과 같다. 어간의 장모음소가 어미
/-어두/와 통합되면 필수적으로 단모음소화가 일어난다. 즉 어간의 장
모음소가 단모음소로 되는 음운과정을 거치고 그 다음 더 이상의 음운
과정을 거칠 것이 없으므로 음성으로 실현되어 단모음으로 된다.

 (1) /쏠 :] 어두/ → [쏘라두]

  cf. /쏠 :] 구/ → [쏠 : 구] (썰-, 切)

  /안 :] 어두/ → [아나두]

cf. /안 : ｜구/ → [앙 : 꾸] (안-, 抱)

/밷 : ｜어두/ → [배다두]

cf. /밷 : ｜구/ → [백 : 꾸] (밷-, 唾)

/깜 : ｜어두/ → [까마두]

cf. /깜 : ｜구/ → [깡 : 꾸] (감-, 洗髮)

/줏 : ｜어두/ → [주서두]

cf. /줏 : ｜구/ → [죽 : 꾸] (줍-, 拾)

/얇 : ｜어두/ → [얄가두]

cf. /얇 : ｜구/ → [얄 : 꾸] (얇-, 薄)

/옮 : ｜어두/ → [올마두]

cf. /옮 : ｜구/ → [옹 : 꾸] (옮-, 遷)

(2)에 제시된 자료는 개음절의 장모음소 어간과 어미초의 /-어두/가 통합하는 예이다. 아래 예에서 보듯이 이 음운과정도 활용에서만 나타난다. 이때에 실현되는 음운과정은 다음과 같다. 먼저 개음절 어간에 어미 /-어두/가 통합될 때는 어미의 두음이 탈락하지 않고 그대로 실현되거나, 활음이 첨가되면서 어간의 장모음소가 단모음소화된다. 따라서 단모음소화를 겪는 개음절 어간의 모음은 /이, 위/에 한정된다고 할 수 있다.

(2) /비 : ｜어두/ → [비어두]

cf. /비 : ｜구/ → [비 : 구] (비-, 空)

/뀌 : ｜어두/ → [꿰두]

cf. /뀌 : ｜구/ → [뀌 : 구] (뀌-, 屁)

/튀 : ｜어두/ → [퉤두]

cf. /튀 : ｜구/ → [튀 : 구] (튀-, 跳)

이상에서 논의된 단모음소화를 지배하는 규칙은 다음과 같다.

• 1음절 용언 어간의 장모음소가 모음소로 시작하는 어미와 통합할 때 단모음소화되는데, 이는 수의적으로 나타난다.

4.2. 탈락

탈락이란 어간과 어미가 통합할 때에, 그 경계에 있는 음운이 없어지는 음운과정을 말한다. 이 지역어에 존재하는 공시적 음운탈락은 자음소탈락, 유음소탈락, 활음소탈락, 모음소탈락으로 나눌 수 있다. 자음소탈락에는 /ㅎ, ㆆ/탈락, /ㅇ/탈락 자음소군단순화가 있고, 유음소탈락에는 /ㄹ/탈락이 있다. 그리고 활음소탈락에는 /j/탈락과 /w/탈락이 있으며, 모음소탈락에는 어간말 /으/탈락과 어미초 /으/탈락, 그리고 어간말 /아/나 /어/탈락이 있다. 이 가운데서 자음소군단순화, 유음소탈락, 어미초 /으/탈락은 곡용과 활용에서 공통적으로 나타나고, /ㅇ/탈락. /j/탈락은 곡용에서만 나타나며 그 밖의 탈락은 활용에서만 나타난다. 아래에 이들 탈락에 대하여 하나하나 차례로 논의하기로 한다.

4.2.1. 자음소탈락

이 지역어에 존재하는 자음소탈락에는 /ㅎ, ㆆ/탈락, /ㅇ/탈락, 자음소군단순화가 있는데 여기에서 차례로 논하기로 한다.

4.2.1.1. 후음소탈락(/ㅎ, ㆆ/)

후음소탈락이란 유성음소 사이에서 어간말의 후음소 /ㅎ, ㆆ/가 탈락하는 음운과정을 말한다.

(1)에 제시된 자료는 어간말의 후음소 /ㅎ, ㆆ/가 어미 /-어두/와 통합될 때 탈락되는 음운과정이다. 이 음운과정은 아래 예에서 알 수 있듯이 활용에만 존재한다. 이들 어간이 자음소, 모음소와 통합할 때는 각각 아래와 같은 음운과정을 거친다. 먼저 아래 예문의 /ㅎ, ㆆ/를 가진 어간들이 자음소로 시작하는 어미 /-구/와 통합하면 각각 유기음 [ㅋ]

와 경음 [ㄲ]로 나타난다. 이것은 어간말 /ㅎ/와 어미초 /ㄱ/가 축약되어 /ㅋ/가 된 후 음성형 [ㅋ]로 실현된 것이고 어간말 /ㆆ/와 어미초 /ㄱ/가 축약되어 /ㄲ/가 된 후 음성형 [ㄲ]로 실현된 것이다. 다음 아래 예문의 /ㅎ, ㆆ/를 가진 어간들이 모음소로 시작하는 어미 /—어두/와 통합하면 우선 어간말의 /ㅎ, ㆆ/가 탈락되고, 어간 첫 음절의 모음소가 /이/이면 활음소화하여 /j/로 된다. 그리고 어간 첫 음절의 모음소가 /오, 우/일 때는 활음소화하여 /w/로 되며 어간이 1음절일 때는 모두 보상적 장음이 발생한다. 그 다음 더 이상의 음운과정을 거칠 것이 없으므로 음성형으로 실현된다.

(1) /떻ㅣ어두/ → [떼 : 두]
　　cf. /떻ㅣ구/ → [띠쿠] (찧-, 搗)
　　/놓ㅣ어두/ → [놔 : 두]
　　cf. /놓ㅣ구/ → [노쿠] (놓-, 放)
　　/뿧 : ㅣ어두/ → [뼈 : 두]
　　cf. /뿧 : ㅣ구/ → [뾔 : 쿠] (빻-, 造粉)
　　/붛 : ㅣ어두/ → [붜 : 두]
　　cf. /붛 : ㅣ구/ → [부 : 꾸] (붓-, 腫)
　　/돟 : ㅣ어두/ → [도아두]
　　cf. /돟 : ㅣ구/ → [도 : 쿠] (좋-, 好)
　　/닣ㅣ어두/ → [네 : 두]
　　cf. /닣ㅣ구/ → [니꾸] (잇-, 速)
　　/귀탏ㅣ어두/ → [귀타나두]
　　cf. /귀탏ㅣ구/ → [귀탕쿠] (귀찮-, 煩)
　　/끊ㅣ어두/ → [끄너두]
　　cf. /끊ㅣ구/ → [끙쿠] (끊-, 切)
　　/깨닳ㅣ어두/ → [깨다라두]
　　cf. /깨닳ㅣ구/ → [깨달꾸] (깨닫-, 覺)

　이상에서 논의된 후음소 탈락을 지배하는 규칙은 다음과 같다.

• 그 자체나 일정한 음운과정을 거쳐서 형성된 어간말의 후음소 /ㅎ, ㆆ/가 자음소와 통합될 때는 뒤에 오는 어미초의 자음소와 축약되어 유기음 또는 경음으로 되고 어미초 /-어두/와 통합될 때 어간말의 후음소 /ㅎ, ㆆ/가 필수적으로 탈락한다.

4.2.1.2. /ㅇ/탈락

/ㅇ/탈락이란 어간의 /ㅇ(ŋ)/이 음성으로 실현되는 과정에서 탈락하는 것을 말한다. /ㅇ/로 끝나는 활용어간이 존재하지 않으므로 이 음운과정은 곡용에서만 발견되며 모음소로 시작하는 어미와 통합될 때 나타나는데 아래 예문에서 확인할 수 있다.

(1)에 제시된 자료는 /이/말음 체언에 처격조사 /-에/가 통합한 형과 그 음성형이다. 자료를 보면, /이/말음 체언이 처격조사 /-에/와 통합할 때 어간의 /ㅇ/가 탈락되고 /에/가 /예/로 실현되고 있다. 이것은 먼저 어간말의 /이/가 활음소화되어 /예/로 실현되고 그 다음 /예/ 앞에서 어간말의 /ㅇ/가 탈락된다. 즉 어간말의 /ㅇ(ŋ)/은 모음소로 시작하는 어미 앞에서 먼저 그 앞의 모음소를 비모음소화시킨 뒤에 탈락된다. 그리고 어미초의 모음소 /예/는 어간말음절의 비음성에 동화되어 비모음소화하고 음성으로 실현된 것이다.

(1) /떠껭이ㅣ에/→[떠께예]
　　cf. /떠껭이ㅣ두/→[떠껭이두] (뚜껑, 蓋)
　　/돌챙이ㅣ에/→[돌채예]
　　cf. /돌챙이ㅣ두/→[돌챙이두] (도랑, 溝)
　　/모캥이ㅣ에/→[모캐예]
　　cf. /모캥이ㅣ두/→[모캥이두] (모퉁이, 隅)

이상에서 논의된 /ㅇ/탈락을 지배하는 규칙은 다음과 같다.

• /이/말음 체언에 모음소로 시작하는 어미가 통합될 때 어간의 /ㅇ/가
필수적으로 탈락한다.

4.2.1.3. 자음소군단순화

자음소군단순화란 음절말과 음절초에서 하나의 자음소만 음성으로 실
현할 수 있다는 한국어의 음성음절구조제약 때문에, 자음소군에서 자음
소가 탈락하는 음운과정을 말한다.

한국어에서는 ① 어간말, ② 자음소로 끝나는 어간과 자음소로 시작하
는 어미가 통합하는 경우, ③ /ㄹ/로 끝나는 어간과 /으/로 시작하는 폐
음절 어미, 즉 /-을, -은/ 등이 통합하여 어미의 /으/가 탈락하는 경우
에 자음소군이 존재하게 된다. ①~③에서 자음소군이 표면음절구조제약
을 어길 경우에 그 가운데 하나의 자음소가 탈락되어야 한다. 아래의 예
들은 그러한 사실을 알려준다.

다음에 제시되는 자료 (1)은 어간말 /ㄺ/가 자음소어미와 통합할 때 곡
용에서는 /ㄹ/, 활용에서는 /ㄱ/가 탈락하고 어미초 /ㄷ/, /ㄱ/는 각각 경
음 [ㄸ], [ㄲ]로 실현됨을 보여준다. 이때에 거치는 음운과정은 다음과
같다. (1)㉮에서 어간말의 /ㄺ/는 자음소군단순화하여 /ㄱ/가 되고 어미초
의 /ㄷ/는 경음소화되어 /ㄸ/로 된 후 더 이상 음운과정을 거칠 것이 없
으므로 음성으로 실현된 것이다. (1)㉯에서 어간말의 /ㄺ/는 자음소군단
순화하여 /ㄹ/가 되고 다음에 어간말 /ㄹ/ 뒤에서 어미초의 /ㄱ/는 경음소
화되어 /ㄲ/로 된 다음 음성으로 실현된 것이다.

(1) ㉮ /닭] 두/ → [닥뚜]
      cf. /닭] 을/ → [달글] (닭, 鷄)
    ㉯ /밝] 구/ → [발꾸]
      cf. /밝] 어두/ → [발가두] (바르-, 摘出)
      /떫] 구/ → [딸꾸]

cf. /닭] 어두/ → [딸가두] (짧-, 短)

/굵 :] 더라/ → [굴 : 떠라]

cf. /굵 :] 어두/ → [굴거두] (굵-, 太)

/얇 :] 구/ → [얄 : 꾸]

cf. /얇 :] 어두/ → [얄가두] (얇-, 薄)

(2)에 제시된 자료는 어간말의 자음소군 /ㅄ/가 어미 /-두/, /-구/와 통합될 때 자음소군단순화하는 예이다. 아래 자료에서 보듯이 이 음운 과정은 곡용과 활용에 각각 하나씩 존재한다. 자료를 보면 어간말 /ㅄ/ 는 /ㅂ/로 단순화되었고 어미초 /ㄷ/와 /ㄱ/는 경음 [ㄸ]와 [ㄲ]로 실현되었음을 알 수 있다. 이때에 거치는 음운과정은 다음과 같다. 먼저 어간말의 /ㅄ/는 어미초의 자음소 앞에서 자음소군단순화하여 /ㅂ/로 된다. 그 다음 어간말 /ㅂ/ 뒤에서 어미초의 /ㄷ/와 /ㄱ/는 각각 경음소화되어 /ㄸ/ 와 /ㄲ/로 된 다음에 음성으로 실현된 것이다.

(2) ㉮ /값] 두/ → [갑뚜]

　　　cf. /값] 을/ → [갑슬] (값, 價)

　㉯ /없 :] 구/ → [업 : 꾸]

　　　cf. /없 :] 어두/ → [업 : 서두] (없-, 無)

(3)에 제시된 자료는 어간말의 자음소군 /ㄵ, ㄶ, ㄻ, ㄿ, ㄼ, ㅀ, ㅀ/ 가 자음소어미와 통합할 때에 자음소군단순화하는 예이다. 아래 자료 에서 보듯이 이 음운과정은 활용에서만 존재한다. 자료를 보면 먼저 어간말 /ㄵ, ㄻ, ㄿ, ㄼ, ㅀ/가 자음소 어미와 통합할 때 자음소군단순 화하여 /ㄴ, ㅁ, ㄹ/로 실현되었음을 알 수 있다. 이때에 거치는 음운과 정은 다음과 같다. 어간말의 /ㄵ, ㄶ, ㄻ, ㄿ, ㄼ, ㅀ/는 어미초의 자음 소 앞에서 자음소군단순화하여 /ㄴ, ㅁ, ㄹ/로 되고 어간말 /ㄴ, ㅁ, ㄹ/ 뒤에서 어미초의 /ㄱ/는 경음소화되어 /ㄲ/로 된 다음에 음성으로 실현

된 것이다. 그 다음 어간말 /ㄶ, ㅀ/는 자음소 어미와 통합할 때 자음
소군단순화하여 각각 /ㄴ/와 /ㄹ/로 되고, 어간말 /ㄴ, ㄹ/ 뒤에서 어미
초의 /ㄴ/는 동화되어 각각 /ㄴ/와 /ㄹ/로 된 다음에 음성으로 실현된
것이다.

(3) /엱ㅣ구/→[엉꾸]
   cf. /엱ㅣ어두/→[언저두] (엱-, 載)
   /앉ㅣ구/→[앙꾸]
   cf. /앉ㅣ어두/→[안자두] (앉-, 坐)
   /삶 : ㅣ구/→[상 : 꾸]
   cf. /삶 : ㅣ어두/→[살마두] (삶-, 烹)
   /닮 : ㅣ구/→[당 : 꾸]
   cf. /닮 : ㅣ어두/→[달마두] (닮-, 似)
   /곪 : ㅣ구/→[공 : 꾸]
   cf. /곪 : ㅣ어두/→[골마두] (곪-, 膿)
   /핥ㅣ구/→[할꾸]
   cf. /핥ㅣ어두/→[할타두] (핥-, 舐)
   /훑ㅣ구/→[흘꾸]
   cf. /훑ㅣ어두/→[흘터두] (훑-, 扱)
   /섧 : ㅣ구/→[설 : 꾸]
   cf. /섧 : ㅣ어두/→[설버두] (섧-, 哀)
   /밟ㅣ구/→[발 : 꾸]
   cf. /밟ㅣ어두/→[발바두] (밟-, 踏)
   /깨닳ㅣ구/→[깨달꾸]
   cf. /깨닳ㅣ어두/→[깨다라두] (깨닫-, 覺)
   /삶 : ㅣ니/→[삼 : 니]
   cf. /삶 : ㅣ어두/→[살마두] (삶-, 烹)
   /많 : ㅣ니/→[만 : 니]
   cf. /많 : ㅣ어두/→[마 : 나두] (많-, 多)
   /잃ㅣ는다/→[힐른다]
   cf. /잃ㅣ어두/→[히러두] (잃-, 失)

이상에서 논의된 자음소군단순화를 지배하는 규칙은 다음과 같다.

- 어간말 자음소군 /ㄹ/는 체언과 용언에서 서로 달리 불규칙적으로 탈락한다.
- [유음]과 [비음]이 이루어졌을 때 [유음]이 탈락하고 그 외에는 모두 [유음]이 탈락하지 않는다.
- /ㄶ, ㄵ/인 경우 /ㄴ/가 유지되고 /ㅎ, ㅈ/가 탈락한다.

4.2.2. 유음소탈락

유음소탈락이란 기저의 어간말음 /ㄹ/가 음성으로 실현되는 과정에서 탈락하는 것을 말한다. 이 지역어에 존재하는 유음소탈락은 활용에서만 존재하며[30] 다음 세 가지 제약에 의해서 일어난다. 첫째는 음운론적 제약에 의한 것이고, 둘째는 음절구조제약에 의한 것이며, 셋째는 형태론적 제약에 의한 것이다.

① 음운론적 제약에 의한 것

이 지역어에서 음운론적 제약에 의한 유음소탈락은 /ㄴ/ 앞에서 일어난다. 자료 (1)에서는 활용에서 /ㄴ/로 시작하는 어미 또는 /-으ㄴY/인 어미와 통합할 때에 어간말의 유음소가 탈락하는 것이다. 유음소 /ㄹ/로 끝나는 어간과 /으/로 시작하는 폐음절 어미 즉 /-을, -은/ 등이 통합하여 어미의 /으/가 탈락하는 경우에 존재하는 자음소군의 자음소가 탈락하는 것이다. 한국어에는 두 모음소 사이에서 두 개의 자음소가 발음될 수 있다. 그런데도 불구하고 어간말 /ㄹ/가 탈락하는 것은 어미의 /ㄴ/와의 관계에 의한 것이다. 이 점에서 이때의 유음소탈락은 음운론적 제

---

30) 유음소탈락이 곡용에 존재하지 않는 이유는 /ㄹ/말음 체언과 /ㄴ/로 시작하는 곡용어미가 통합되는 것이 없고, /ㄹ/말음 체언과 /-으로/로 시작되는 곡용어미가 결합될 때 /-으/가 탈락되는 것도 없기 때문이다.

약에 의한 것이라 하겠다.

    (1) /눌ː│니/→[누ː니]
      cf. /눌ː│어두/→[누러두] (눋-, 燋)
      /쏠ː│니/→[쏘ː니]
      cf. /쏠ː│어두/→[쏘라두] (썰-, 切)
      /뛰딜│니/→[뛰디니]
      cf. /뛰딜│어두/→[뛰딜러두] (두드리-, 敲)
      /빼뜔ː│니/→[빼뜨ː니]
      cf. /빼뜔ː│어두/→[빼뜨러두] (빼앗-, 奪)
      /빨│으니(까)/→[빠니(까)]
      cf. /빨│어두/→[빠라두] (빨-, 洗)
      /울ː│으니(까)/→[우니(까)]
      cf. /울ː│어두/→[우러두] (울-, 泣)

동북방언에서는 15세기와 같이 유음소가 /ㄷ, ㅈ/ 앞에서도 탈락되는 경우가 보편적인데 반해 이 지역어에서는 탈락되는 경우가 전혀 없다.

② 음절구조제약에 의한 것

다음에 제시되는 자료 (2)는 곡용에서 어간말의 /ㄺ, ㄻ/자음소군과 활용에서 어간말의 /ㄻ/자음소군이 자음소로 시작하는 어미와 통합할 때 유음소 /ㄹ/가 탈락하는 예이다. 이 음운과정은 곡용과 활용에서 모두 존재한다. 어간과 어미가 통합하여 일련의 음운과정이 적용된 다음 최종적으로 음절이 배정될 때 음절초와 음절말에서는 하나의 자음소만이 발음될 수 있다는 음절구조제약 때문에 어간말의 유음소가 탈락하므로 이는 음절구조제약에 의한 유음소탈락이다. 이것은 앞의 자음소군단순화에서 이미 논의되었다.

(2) ㉮ /닭ㅣ두/→[닥뚜]

　　　cf. /닭ㅣ이/→[달기] (닭, 鷄)

　　　/흙ㅣ두/→[흑뚜]

　　　cf. /흙ㅣ이/→[흘기] (흙, 土)

　　　/삶ː ㅣ두/→[삼ː두]

　　　cf. /삶ː ㅣ이/→[살미] (삶, 生)

　　㉯ /삶ː ㅣ더라/→[삼ː떠라]

　　　cf. /삶ː ㅣ어두/→[살마두] (삶－, 烹)

　　　/닮ː ㅣ더라/→[담ː떠라]

　　　cf. /닮ː ㅣ어두/→[달마두] (닮－, 似)

　　　/곪ː ㅣ더라/→[곰ː떠라]

　　　cf. /곪ː ㅣ어두/→[골마두] (곪－, 膿)

③ 형태론적 제약에 의한 것

　형태론적 제약에 의한 유음소탈락은 /ㄹ/로 끝나는 어간과 어미 형태소 /－오/가 통합할 때, 그리고 /으/로 시작하는 폐음절 어미, 즉 /－을, －은/ 등이 통합하여 어미의 /으/가 탈락하는 경우에 존재하는 자음소군에서 어간말 위치의 유음소가 탈락하는 것을 말한다. 다음에서 이 두 가지를 차례로 논의한다.

　먼저 제시되는 자료 (3)은 /ㄹ/로 끝나는 어간과 어미 형태소 /－오/가 통합할 때 어간말 위치의 유음소가 탈락하는 예이다. 이 음운과정은 활용에서만 존재한다. 아래 예들에서 볼 수 있는 바와 같이 어미 형태소 /－오/가 통합할 때 그 앞에 오는 어간말 위치의 유음소가 탈락한다. 그 다음 더 이상의 음운과정을 거칠 것이 없으므로 음성으로 실현된다.

(3) /눌ː ㅣ오/→[누오]

　　cf. /눌ː ㅣ어두/→[누러두] (눋－, 燋)

　　/쏠ㅣ오/→[쏘오]

　　cf. /쏠ː ㅣ어두/→[쏘라두] (썰－, 切)

/뛰딜] 오/→[뛰디오]

　cf. /뛰딜] 어두/→[뛰딜러두] (두드리-, 敲)

/빼뜰:] 오/→[빼뜨오]

　cf. /빼뜰:] 어두/→[빼뜨러두] (빼앗-, 奪)

/알:] 오/→[아오]

　cf. /알:] 어두/→[아라두] (알-, 知)

　다음에 제시되는 자료 (4)는 /ㄹ/로 끝나는 어간과 /으/로 시작하는 폐음절 어미, 즉 /-을, -은/ 등이 통합하여 어미의 /으/가 탈락하는 경우에 존재하는 자음소군의 유음소가 탈락하는 것이다. 이때 어미의 /ㄴ/나 /ㄹ/가 탈락하면, 형태소의 문법적 기능을 알 수 없게 되어 의사소통이 제대로 될 수 없으므로 어간말 /ㄹ/가 탈락한다. 그 다음 더 이상의 음운과정을 거칠 것이 없으므로 음성으로 실현된다.

　(4) /빨] 을 (옷)/→[빨 (옷)]

　　cf. /빨] 구/→[빨구] (빨-, 洗)

　/얼:] 은 (배)/→[언 (배)]

　　cf. /얼:] 구/→[얼: 구] (얼-, 凍)

　/알:] 은 (일)/→[안 (일)]

　　cf. /알:] 더라/→[알: 더라] (알-, 知)

　/울:] 을 (사람)/→[울 (사람)]

　　cf. /울:] 더라/→[울: 더라] (울-, 泣)

　/쭐] 을 (바지)/→[쭐 (바지)]

　　cf. /쭐] 더라/→[쭐더라] (줄-, 短縮)

　이상에서 논의된 유음소탈락을 지배하는 규칙은 다음과 같다.

- 활용에서 /ㄴ/로 시작하는 어미 또는 /-으ㄴY/인 어미와 통합할 때에 어간말의 유음소는 필수적으로 탈락한다.
- 곡용에서 어간말의 /ㄺ, ㄻ/자음소군과 활용에서 어간말의 /ㄻ/자음소

군이 자음소로 시작하는 어미와 통합할 때 어간말의 유음소는 필수적으
로 탈락한다.

• /ㄹ/로 끝나는 어간과 어미 형태소 /ㅡ오/나 /으/로 시작하는 폐음절
어미가 통합될 때 어간말 위치의 유음소는 필수적으로 탈락한다.

4.2.3. 활음소탈락

활음소탈락이란 형태소 경계에서 활음소화에 의해 형성된 활음소 /j/
나 /w/가 일정한 자음소 뒤에서 다시 탈락하는 것을 말한다.

4.2.3.1. /j/탈락

이 지역어에서 /j/탈락은 곡용에서만 일어난다. 그 이유는 활용에서는
/j/화가 일어나지만, 그 때의 /j/를 포함하는 이중모음소 /여/는 자음소 뒤
에서 예외 없이 /에/로 축약되기 때문이다. 곡용에서 어간말의 /이/는 그
앞에 자음소가 있을 때에는 /j/화 한 뒤에 다시 /j/탈락이 일어난다. 이러
한 사실은 아래 예문 (1)을 통해 알 수 있다. 여기에서 음성형은 다음과
같은 음운과정을 거친 후에 실현된 것이다. 우선 어간말의 모음소 /이/는
어미초의 /에/ 앞에서 /j/화 되어 /j/로 된다. 이렇게 형성된 /j/는 자음소
뒤에서 다시 /j/탈락이 일어난다. 그리고 더 이상의 음운과정을 거칠 것
이 없으므로 음성으로 실현된다.

(1) /벌기 ‖ 에서/ → [벌게서]
     cf. /벌기 ‖ 를/ → [벌기를] (벌레, 虫)
     /잔띠 ‖ 에서/ → [잔떼서]
     cf. /잔띠 ‖ 를/ → [잔띠를] (잔디, 草芝)
     /벵아리 ‖ 에/ → [벵아레]
     cf. /벵아리 ‖ 를/ → [벵아리를] (병아리, 小鷄)
     /메느리 ‖ 에게/ → [메느레게]
     cf. /메느리 ‖ 를/ → [메느리를] (며느리, 婦)

제 4 장 음운과정과 음운규칙 195

/버버리 ‖ 에게/ → [버버레게]
  cf. /버버리 ‖ 를/ → [버버리를] (벙어리, 啞)
/머리 ‖ 에/ → [머레]
  cf. /머리 ‖ 를/ → [머리를] (머리, 頭)

이상에서 논의된 /j/탈락을 지배하는 규칙은 다음과 같다.

- 곡용에서 어간말의 /이/는 그 앞에 자음소가 있을 때 /j/화한 뒤에 다시 /j/탈락이 필수적으로 일어난다.

4.2.3.2. /w/탈락

곡용에서는 /w/화가 일어나지 않으므로 /w/탈락은 활용에서만 일어난다. 앞의 /w/화에서 이미 간단히 언급했지만 이 지역어에서 /w/탈락은 오직 동사 /보-/(視)에서만 일어난다.[31] 그 이유는 /w/화가 일어나지만 /w/탈락이 일어나지 않기 때문이다. 아래 예문 (2)의 음성형은 다음과 같은 음운과정을 거친 후에 실현된 것이다. 우선 어간말의 모음소 /오/는 어미초의 /어/ 앞에서 /w/화되어 /w/로 된다. 이렇게 형성된 /w/는 자음소 뒤에서 다시 /w/탈락이 일어난다. 그리고 더 이상의 음운과정을 거칠 것이 없으므로 음성으로 실현된다.

(2) /보 ‖ 어두/ → [바두]
  cf. /보 ‖ 구/ → [보구] (보-, 視)

이상에서 논의된 /w/탈락을 지배하는 규칙은 다음과 같다.

---

31) 이 지역어에서 /w/탈락을 오직 이 경우 하나로 판단한 것은 세 제보자분 모두 유독 이 [바두]에 한해서만 동일한 음성을 나타냈기 때문이다. 기타 [당가두](沈), [바까두](換), [거더두](收)에 대해서는 서로 다른 음성을 나타냈을 뿐만 아니라 일관적으로 사용하지 않았기 때문에 /w/탈락에서 제외했다. 남성 부제보자가 가장 많이 /w/탈락현상을 보이는 것으로 미루어 보아 젊은 층으로 갈수록 /w/탈락이 잘 이루진다고 생각된다.

• 활용에서 어간말의 모음소 /오/는 어미초의 /어/ 앞에서 /w/화한 뒤에
다시 자음소 뒤에서 탈락이 일어나는데 수의적으로 일어난다.

4.2.4. 모음소탈락

모음소와 모음소의 결합 시에 일어나는 음운현상의 하나로 모음소탈락
이 있다. 여기에는 어간말 /으/탈락과 어미초 /으/탈락, 그리고 어간말 /아/
나 /어/탈락이 있는데 이 지역어에서도 이 세 가지 탈락이 모두 존재한다.
아래에 이 세 가지 탈락에 대하여 하나하나 차례로 논의하기로 한다.

4.2.4.1. 어간말 /으/탈락

어간말 /으/탈락은 활용에서 어간말음절 위치에 있는 /으/가 /어/로 시
작하는 어미와 통합할 때 어간말의 /으/가 탈락하는 현상을 말한다.

(1)에 제시된 자료는 1음절인 어간말 모음소 /으/와 /어/로 시작하는
어미가 통합될 때 나타나는 예이다. 이때에 실현되는 음운과정은 다음과
같다. 어간말 모음소 /으/는 어미초의 /어/ 앞에서 탈락한 후 더 이상의
음운과정을 거칠 것이 없으므로 음성으로 실현된다.

(1) /크ㅣ어두/ → [커두]
   cf. /크ㅣ구/ → [크구] (크-, 大)
   /끄ㅣ어두/ → [꺼두]
   cf. /끄ㅣ구/ → [끄구] (끄-, 消)
   /뜨ㅣ어두/ → [떠두]
   cf. /뜨ㅣ구/ → [뜨구] (뜨-, 浮)
   /쓰ㅣ어두/ → [써두]
   cf. /쓰ㅣ구/ → [쓰구] (쓰-, 書)

(2)에 제시된 자료는 2음절 이상인 어간말 모음소 /으/와 /어/로 시작

하는 어미가 통합될 때 나타나는 예이다. 이때에 실현되는 음운과정은 1 음절의 어간말 모음소 /으/와 /어/가 통합할 때에 나타나는 것과 달리 먼 저 어간의 첫 음절 모음소가 /아, 오/인 경우에는 부사형어미 /어/가 /아/ 로 교체된다. 그 후 (1)과 같이 어간말 /으/가 어미초의 /아/나 /어/ 앞에 서 탈락한다. 그리고 더 이상의 음운과정을 거칠 것이 없으므로 음성으 로 실현된다.

> (2) /바쁘] 어두/ → [바빠두]32)
>   cf. /바쁘] 구/ → [바쁘구] (바쁘−, 忙)
>   /모으] 어두/ → [모아두]
>   cf. /모으] 구/ → [모으구] (모으−, 集)
>   /아프] 어두/ → [아파두]
>   cf. /아프] 구/ → [아푸구] (아프−, 痛)
>   /기쁘] 어두/ → [기뻐두]
>   cf. /기쁘] 구/ → [기쁘구] (기쁘−, 喜)
>   /분지르] 어두/ → [분지러두]
>   cf. /분지르] 구/ → [분지르구] (부러뜨리−, 折)

이상에서 논의된 어간말 /으/탈락을 지배하는 규칙은 다음과 같다.

- 1음절인 어간말모음소 /으/가 /어/로 시작하는 어미와 통합할 때 어간 말의 /으/가 필수적으로 탈락된다.
- 2음절 이상인 어간말모음소 /으/가 /어/로 시작하는 어미와 통합할 때 먼저 어간의 첫 음절 모음소가 /아, 오/인 경우엔 부사형 어미 /어/가 /아/로 먼저 교체되고 그 다음 어간말 /으/가 탈락한다.

---

32) 김성규(1989)에서는 표면적으로는 어간말모음소가 /우/인데도 말모음소가 탈락이 된다 고 지적하였다.

4.2.4.2. 어미초 /으/탈락

어미초 /으/탈락이란 모음소나 유음소로 끝나는 어간과 /으/로 시작하는 어미가 통합할 경우에 어미초의 /으/가 탈락하는 음운과정을 말한다. 이 지역어에서 어미초 /-으/탈락은 곡용과 활용에서 모두 존재하는데 다음의 예문에서 확인할 수 있다.

(1)에 제시된 자료는 /ㄹ/로 끝나는 명사나 동사의 어간에 /으/계 어미가 통합하는 예이다. 자료를 보면, 곡용과 활용의 모든 음성형에 /으/가 탈락되어 실현되고 있다. 그 이유는 유음소 /ㄹ/의 특수한 성격으로 말미암아 어미초 /으/가 모두 탈락되기 때문이다. 이 음운과정은 곡용과 활용에서 서로 다른데 곡용의 경우에는 조격 또는 향격어미 /-으루/에 한정되어 적용되고 활용에서는 /으/로 시작하는 모든 활용어미에 다 적용된다.[33]

(1) ㉮ /니불] 으루/ → [니불루] (이불, 衾)
cf. /밑] 으루/ → [미트루] (밑, 底)
/덜] 으루/ → [덜루] (절, 寺)
cf. /곁] 으루 / → [겨트루] (곁, 側)
/벨] 으루/ → [벨루] (별, 星)
cf. /낭식] 으루/ → [낭시그루] (양식, 糧食)
㉯ /눌 :] 으니까/ → [누 : 니까]
cf. /눌 :] 어두/ → [누러두] (눋-, 燋)
/쏠 :] 으니까/ → [쏘 : 니까]
cf. /쏠 :] 어두/ → [쏘라두] (썰-, 切)
/뛰딜] 으문/ → [뛰디문][34]
cf. /뛰딜] 어두/ → [뛰딜러두] (두드리-, 敲)
/빼뜰 :] 으문/ → [빼뜨 : 문]

---

33) 향격어미 /-으루/가 아닌 -은/을 적용하였다면 어미초 /으/는 탈락하지 않는다.
예 : /니불]] 은/ → [니부른] *[니분](衾)
34) 표준어의 활용어미 /-으면/이 이 지역어에서는 /-으문/으로 나타난다.

cf. /빼뜰 : ㅣ어두/ → [빼뜨러두] (빼앗-, 奪)

   (2)에 제시된 자료는 모음소로 끝나는 활용어간에 /으/계 어미가 통합하는 예이다. 자료를 보면 모든 음성형에 /으/가 탈락되어 실현되고 있다. 그 이유는 어간말의 모음소 /이, 에, 애, 으, 어, 우, 오, 아/ 뒤에서 어미초 /으/가 모두 탈락했기 때문이다.

   (2) /하부티 ㅣ으니까/ → [하부티니까]
     cf. /하부티 ㅣ더라/ → [하부티더라] (할퀴-, 搔)
     /세 ㅣ으니까/ → [세니까]
     cf. /세 ㅣ더라 / → [세더라] (서-, 立)
     /채 ㅣ으니까/ → [채니까]
     cf. /채 ㅣ더라/ → [채더라] (훔치-, 盜)
     /따르 ㅣ으니까/ → [따르니까]
     cf. /따르 ㅣ더라/ → [따르더라] (따르-, 注)
     /건 : 너 ㅣ으니까/ → [건 : 너니까]
     cf. /건 : 너 ㅣ더라/ → [건 : 너더라] (건너-, 渡)
     /노누 ㅣ으니까/ → [노누니까]
     cf. /노누 ㅣ더라/ → [노누더라] (나누-, 分)
     /꼬 : ㅣ으니까/ → [꼬 : 니까]
     cf. /꼬 : ㅣ더라/ → [꼬 : 더라] (꼬-, 索)
     /만나 ㅣ으니까/ → [만나니까]
     cf. /만나 ㅣ더라/ → [만나더라] (만나-, 逢)

   (3)에 제시된 자료는 /ㅎ, ㆆ/로 끝나는 활용어간에 /으/계 어미가 통합하는 예이다. 자료를 보면, 모든 음성형에 /으/가 탈락되어 실현되고 있다. 그 이유는 /ㅎ, ㆆ/말음 어간에 /으/계 어미가 통합되는 경우 /ㅎ, ㆆ/탈락에 이어 /으/탈락이 이루어지기 때문이다. 그런데 앞에서도 이미 언급했지만 *[도 : 니까](好)만은 실현되지 않는다. 이러한 /-으/탈락은 이병근(1979)

에서 이미 단모음화나 보상적 장모음화와 무관하다고 밝혀진 바 있다.

> (3) /놓ㅣ으니까/→[노ː니까]
>> cf. /놓ㅣ구/→[노쿠] (놓-, 放)
>
> /떻ㅣ으니까/→[띠ː니까]
>> cf. /떻ㅣ구/→[띠쿠] (찧-, 搗)
>
> /닣ㅣ으니까/→[니ː니까]
>> cf. /닣ㅣ구/→[니꾸] (잇-, 連)

이상에서 논의된 어미초 /으/탈락을 지배하는 규칙은 다음과 같다.

- 유음소 /ㄹ/로 끝나는 어간과 /으/계 어미가 통합되는 경우에 어미초
  의 /으/가 탈락된다.
- 모음소로 끝나는 활용어간과 /으/계 어미가 통합되는 경우에 어미초
  의 /으/가 탈락된다.
- /ㅎ, ㆆ/말음 어간에 /으/계 어미가 통합되는 경우 /ㅎ/탈락에 이어 어
  미초 /으/가 탈락된다.

4.2.4.3. 어간말 /아/ 또는 /어/의 탈락

어간말 /아/ 또는 /어/탈락이란 /어/로 시작하는 어미와 통합할 때에
어간말 위치의 /아/나 /어/가 탈락하는 현상을 말한다. 이 지역어에서도
/아/나 /어/ 어간과 어미초 /어/가 통합될 때 어간말의 /아/나 /어/가 탈락
되는 양상을 보이는데 아래 예문에서 확인할 수 있다.

(1)에 제시된 자료는 1음절 어간의 어간말 모음소 /아/와 부사형 어미
/어/가 통합될 때 나타나는 예인데 /아/가 하나만 실현되는 음성형이 나타
난다.[35] 아래 자료에서 보듯이 이 음운과정은 활용에서만 존재하며 이때

---

35) 여기에서 /X하-/류는 제외한다. 그 이유는 앞에서 이미 언급했듯이 이는 /X{하-해}-/
의 복합기저형으로서 부사형 어미 /어/와 통합될 때는 /X해-/형이 선택되기 때문이다.

에 실현되는 음운과정은 다음과 같다. 우선 어간말 모음소 /아/ 뒤에서
어미초 /어/는 /아/로 되고 다시 동일모음소탈락규칙에 의해 어간말 /아/
가 탈락된다. 그 다음에는 더 이상의 음운과정을 거칠 것이 없으므로 음
성으로 실현된다.

> (1) /가 ┃ 어두/ → [가두]
>   cf. /가 ┃ 더라/ → [가더라] (가-, 去)
>   /사 ┃ 어두/ → [사두]
>   cf. /사 ┃ 더라/ → [사더라] (사-, 買)
>   /타 ┃ 어두/ → [타두]
>   cf. /타 ┃ 더라/ → [타더라] (타-, 乘)
>   /까 ┃ 어두/ → [까두]
>   cf. /까 ┃ 더라/ → [까더라] (까-, 孵化)
>   /차 ┃ 어두/ → [차두]
>   cf. /차 ┃ 더라/ → [차더라] (차-, 蹴)

(2)에 제시된 자료는 2음절 어간을 가진 동사에서 어간말음절의 모음
소 /아/ 또는 /어/와 부사형 어미 /아/나 /어/가 통합될 때 나타나는 예인
데 /아/ 또는 /어/가 각각 하나만 실현되는 음성형이 나타난다. 아래 자
료에서 보듯이 이 음운과정 역시 활용에서만 존재하며 이때에 실현되는
음운과정은 다음과 같다. 우선 어간말 모음소 /아/ 뒤에서 어미초 /어/는
/아/로 되고 다시 동일모음소탈락에 의해 어간말 /아/가 탈락된다. 그리
고 어간말 모음소 /어/ 뒤에서 어미초 /어/가 통합될 때 동일모음소탈락
에 의해 어간말 /어/가 탈락된다. 그 다음에는 더 이상의 음운과정을 거
칠 것이 없으므로 음성으로 실현된다.

> (2) /만나 ┃ 어두/ → [만나두]
>   cf. /만나 ┃ 더라/ → [만나더라] (만나-, 逢)

/나가] 어두/ → [나가두]

cf. /나가] 더라/ → [나가더라] (나가-, 出)

/자라] 어두/ → [자라두]

cf. /자라] 더라/ → [자라더라] (자라-, 成長)

/건 : 너] 어두/ → [건 : 너두]

cf. /건 : 너] 더라/ → [건 : 너더라] (건너-, 渡)

이상에서 논의된 어간말의 /아/나 /어/의 탈락을 지배하는 규칙은 다음과 같다.

- 어간말음절의 모음소 /아/나 /어/와 어미초 /아/나 /어/가 통합될 때 음절수와 상관없이 어간말의 /아/나 /어/가 무조건 탈락된다.

4.3. 삽입

삽입이란 형태소 경계에 새로운 음소가 더 들어가는 음운과정을 말한다. 한국어의 음운과정 중에서 삽입은 그 종류가 극히 한정되어 있는데 자음소삽입과 활음소삽입 두 가지로 구분된다. 이 지역어에서는 형태소 내부에서의 자음소 /ㄴ/삽입, 즉 통시적인 /ㄴ/삽입은 아주 보편적이지만 공시적인 /ㄴ/삽입은 존재하지 않고 다만 활음소삽입만 존재한다.36) 아래에 이 활음소삽입에 대해 논의하기로 한다.

활음소삽입이란 명사와 어미 /-에/, 모음소로 끝나는 명사 어간과 호격어미 /-아/, 동사 어간과 어미 /-어두/가 통합하는 경우에 활음소 /j/

---

36) 이 지역어에서는 통시적인 /ㄴ/삽입인 안직(아직), 한나(하나), 깐치(까치) 등이 자연발화에서 많이 나타난다.

나 /w/가 삽입되는 음운과정을 말한다.37)

이 지역어에서는 /w/삽입은 존재하지 않고 단지 /j/삽입만 존재한다. 중부방언에서 /j/삽입은 곡용과 활용에서 모두 나타나는데 이 지역어에서도 역시 공통적으로 나타난다.

(1)에 제시된 자료는 고유명사와 호격어미 /—아/가 통합한 형과 그 음성형이다. 아래 예문에서 알 수 있듯이 활음소가 삽입되기 위해서는 어간말이 반드시 모음소로 끝나야 한다.38) 자료를 보면, 모음소로 끝나는 명사와 호격어미 /—아/가 통합하여 음성형에서 모두 [야]로 실현되고 있다. 여기에서 첫 번째 예문의 음성형을 분석해보면, 그 음성형은 [영수—j—아]가 된다. 이렇게 분석된 음성형에서 어간과 어미를 제외하면 [j]가 남는데, 그것은 어간과 어미의 기저형에는 존재하지 않던 것이다. 그러므로 이 /j/는 어간과 어미가 통합하여 음성형으로 실현되기 전의 어느 단계에서 삽입되어 /야/로 실현된 다음에 음성으로 실현된 것이다.

(1) /영수] 아/ → [영수야]

   cf. /영수] 두/ → [영수두] (人名)

  /복자] 아/ → [복자야]

   cf. /복자] 두/ → [복자두] (人名)

  /돌쇠] 아/ → [돌쇠야]

   cf. /돌쇠] 두/ → [돌쇠두] (人名)

  */금돌] 아/ → [금도라]

   cf. /금돌] 이두/ → [금도리두] (人名)

(2)에 제시된 자료는 모음소로 끝나는 동물명과 호격어미 /—아/가 통

---

37) 종래에는 호격어미를 호격조사로 많이 써왔으나 이 책에서는 앞의 곡용어미와 같은 술어와의 일관성을 유지하기 위해 호격어미로 쓴다.

38) 자음소로 끝나는 경우 활음소삽입이 실현될 수 없다. 예를 들면 /영식] 아/ → [영시가] 로 나타나지 [영시갸]로 나타나지는 않는다.

합한 형과 그 음성형이다. 자료를 보면, 모음소로 끝나는 명사와 호격어
미 /-아/가 통합하여 음성형에서 모두 [야]로 실현되고 있다. 여기에서
첫 번째 예문의 음성형을 분석해보면, 그 음성형은 [새-j-아]가 된다.
이렇게 분석된 음성형에서 어간과 어미를 제외하면 [j]가 남는데, 그것은
어간과 어미의 기저형에는 존재하지 않던 것이다. 그러므로 이 /j/도 위
에서 설명한 것과 마찬가지로 어간과 어미가 통합하여 음성형으로 실현
되기 전의 어느 단계에서 삽입되어 /야/로 실현된 다음에 음성으로 실현
된 것이다.

> (2) /새] 아/→[새야]
>   cf. /새] 두/→[새두] (새, 鳥)
>   /토끼] 아/→[토끼야]
>   cf. /토끼] 두/→[토끼두] (토끼, 兔)
>   /거부기] 아/→[거부기야]
>   cf. /거부기] 두/→[거부기두] (거북, 龜)
>   */범] 아/→[버마]
>   cf. /범] 두/→[범두] (범, 虎)

　(3)에 제시된 자료는 모음소 /이/로 끝나는 어간에 /-어Y/로 시작하는
어미가 통합될 때 나타나는 예이다. 그런데 어간말 음절초에 자음소가 없
는 것이 특징적이다. 이때에 실현되는 음운과정은 다음과 같다. 우선 어
간말의 /이/와 어미초 /어/가 통합할 때 활음소삽입이 되어 어미초 /어/가
/여/로 되고, 다시 /여/가 /에/로 축약되며 그 후 어간말의 /이/와 축약된
/에/가 통합하면서 /j/화가 발생한다.[39] 그 다음 더 이상의 음운과정을 거
칠 것이 없으므로 음성으로 실현된다.

---

39) 위와 같이 어간말 /이/와 어미초의 /어/가 통합할 때 직접 활음소화되지 않고 활음소삽
　입이 나타나는 것은 어간을 지키기 위한 것으로 보인다.

(3) /이ㅣ어두/→/이여두/→/이에두/→/예 : 두/→[예 : 두]
　　cf. /이ㅣ구/→[이구] (이-, 戴)
　　/고이ㅣ어두/→[고예 : 두]
　　　cf. /고이ㅣ구/→[고이구] (괴-, 淳)
　　/모이ㅣ어두/→[모예 : 두]
　　　cf. /모이ㅣ구/→[모이구] (모이-, 集)
　　/오이ㅣ어두/→[오예 : 두]
　　　cf. /오이ㅣ구/→[오이구] (외-, 暗誦)
　　/조이ㅣ어두/→[조예 : 두]
　　　cf. /조이ㅣ구/→[조이구] (죄-, 綯)

이상에서 논의된 활음소삽입을 지배하는 규칙은 다음과 같다.

- 모음소로 끝나는 명사 어간과 호격어미 /아/가 통합될 때 활음소삽입
  은 필수적으로 일어난다.
- 모음소 /이/로 끝나는 활용어간에 /-어Y/로 시작하는 어미가 통합될
  때 활음소삽입은 필수적으로 일어난다.

4.4. 축약

축약이란 두 개의 음소나 운소가 합쳐져서 그 언어에 있는 어느 하나
의 음소나 운소로 되는 음운과정을 말한다. 축약은 음소의 축약과 운소
의 축약으로 구분하는데 음소의 축약은 다시 자음소축약과 모음소축약
으로 구분된다. 자음소축약에는 유기음소화와 경음소화가 있고 모음소
축약에는 이중모음소의 단(單)모음소화가 있다.

이 지역어에는 자음소축약과 모음소축약이 모두 존재한다. 아래 자음
소축약으로부터 차례로 논의하기로 한다.

4.4.1. 자음소축약

자음소축약은 형태소 경계에 있는 두 자음소가 기존의 어느 한 자음소로 되는 음운과정을 말하는데, 이 지역어에서 발견되는 자음소축약으로는 유기음소화와 경음소화가 있다.

4.4.1.1. 유기음소화

유기음소화는 유기음소를 대립짝으로 가지는 평음소로 끝나는 어간과 /ㅎ/로 시작하는 어미가 통합할 때, 또는 /ㅎ/로 끝나는 어간과 유기음소를 대립의 짝으로 가지는 /ㄱ, ㄷ, ㅂ, ㅈ/ 등으로 시작하는 어미와 통합할 때에 두 음소가 해당 평음소의 대립짝인 유기음소로 되는 음운과정을 말한다. 아래의 예문을 보면 알 수 있듯이 이 지역어에서 곡용에서는 유기음소화가 실현되지 않고 활용에서는 유기음소화가 의무적으로 실현된다.

(1)에 제시된 자료는 곡용에서 유기음소화가 가능한 경우, 즉 유기음소를 대립짝으로 가진 평음소로 끝나는 어간과 곡용어미 기능을 가진 /—하구/가 통합한 형과 그 음성형이다. 자료를 보면 이 경우에 이 지역어에서는 유기음소화가 일어나지 않고 아무런 음운과정을 거치지 않고 직접 음성형으로 실현된다.

(1) /죽ㅣ하구/ → [죽하구]
　　cf. /죽ㅣ과/ → [죽꽈] (죽, 粥)
　　/논밭ㅣ하구/ → [논받하구]
　　cf. /논밭ㅣ과/ → [논박꽈] (논밭, 畓)
　　/닙ㅣ하구/ → [닙하구]
　　cf. /닙ㅣ과/ → [닉꽈] (입, 口)
　　/낫ㅣ하구/ → [낟하구]
　　cf. /낫ㅣ과/ → [낙꽈] (낫, 畫)

(2)에 제시된 자료는 /ㅎ/말음을 가진 어간과 유기음소를 대립의 짝으로 가지는 /ㄱ, ㄷ/로 시작하는 어미와 통합한 형과 그 음성형이다. 자료를 보면, 어미초의 자음소 /ㄱ, ㄷ/는 음성형에서 모두 [ㅋ, ㅌ]로 실현되고 있다. 그런데 곡용의 경우에는 /ㅎ/로 끝나는 명사가 없으므로 활용에서만 존재하며 이때에 실현되는 음운과정은 다음과 같다. /ㅎ/로 끝나는 어간과 유기음소를 대립짝으로 가지는 평음소로 시작하는 어미가 통합하여 그에 대응하는 유기음소로 실현된 다음에 음성으로 실현된 것이다.

(2) /놓ㅣ구/→[노쿠]

    cf. /놓ㅣ어두/→[놔ː두] (놓-, 放)

  /빻ː ㅣ구/→[빠ː쿠]

    cf. /빻ː ㅣ어두/→[**빠**ː두] (빻-, 造粉)

  /좋ː ㅣ구/→[도ː쿠]

    cf. /좋ː ㅣ어두/→[도아두] (좋-, 好)

  /찧ㅣ더라/→[찌터라]

    cf. /찧ㅣ어두/→[찌어두] (찧-, 搗)

  /귀찮ㅣ더라/→[귀탄터라]

    cf. /귀찮ㅣ어두/→[귀타나두] (귀찮-, 煩)

  /잃ㅣ더라/→[힐터라]

    cf. /잃ㅣ어두/→[히러두] (잃-, 失)

이상에서 논의된 유기음소화를 지배하는 규칙은 다음과 같다.

- 활용에서 /ㅎ/로 끝나는 어간과 유기음소를 대립짝으로 가지는 평음소로 시작하는 어미가 통합할 때에 유기음소화는 필수적으로 일어난다.

4.4.1.2. 경음소화

이 경음소화는 음운교체에 의한 경음소화와는 달리, /ㅎ/로 끝나는 모든 어간이 경음소를 대립의 짝으로 가지는 /ㄱ, ㄷ, ㅂ, ㅈ/ 등으로 시작하는 모든 어미와 통합할 때에 일어나는데 어미초의 /ㄱ, ㄷ, ㅂ, ㅈ/ 등 평음소를 모두 /ㄲ, ㄸ, ㅃ, ㅉ/ 등 경음소로 변동시키는 음운과정을 말한다. 아래의 예문을 보면 알 수 있듯이 성문음소 /ㅎ/로 끝나는 명사는 없으므로 곡용에서는 경음소화가 실현되지 않고 활용에서는 경음소화가 의무적으로 실현된다.

(1)에 제시된 자료는 /ㅎ/말음을 가진 어간과 경음소를 대립의 짝으로 가지는 /ㄱ, ㄷ/로 시작하는 어미와 통합한 형과 그 음성형이다. 자료를 보면, 어미초의 자음소 /ㄱ, ㄷ/는 음성형에서 모두 [ㄲ, ㄸ]로 실현되고 있다. 이것은 /ㅎ/로 끝나는 어간과 경음소를 대립짝으로 가지는 평음소로 시작하는 어미가 통합하여 그에 대응하는 경음소로 실현된 다음에 음성으로 실현된 것이다.

(1) /닣│구/→[니꾸]
　　cf. /닣│으니까/→[니 : 니까] (잇-, 連)
　　/긓│구/→[그꾸]
　　cf. /긓│으니까/→[그 : 니까] (긋-, 劃)
　　/궁│구/→[고꾸]
　　cf. /궁│으니까/→[고 : 니까] (고-, 煮)
　　/졓 : │더라/→[저 : 떠라]
　　cf. /졓 : │으니까/→[저 : 니까] (젓-, 漕)
　　/낳│더라/→[나떠라]
　　cf. /낳│으니까/→[나 : 니까] (낫-, 愈)
　　/붛 : │더라/→[부 : 떠라]
　　cf. /붛 : │으니까/→[부우니까] (붓-, 腫)

이상에서 논의된 경음소화를 지배하는 규칙은 다음과 같다.

• 활용에서 /ㅎ/로 끝나는 어간과 경음소를 대립짝으로 가지는 평음소로 시작하는 어미가 통합할 때에 경음소화는 필수적으로 일어난다.

4.4.2. 모음소축약(/여/ → /에/축약)

모음소축약은 두 개의 모음소가 통합하여 기존의 어느 한 모음소와 같게 되는 음운과정을 말한다. 이 지역어에서 발견되는 공시적 모음소축약은 활용에서만 발견된다.

(1)에 제시된 자료는 1음절인 어간말 모음소 /이/와 부사형 어미 /어/가 통합될 때 나타나는 예이다. 이때에 실현되는 음운과정은 다음과 같다. 우선 어간말 모음소 /이/는 활음소화하여 /j/로 되며 어미초의 /어/는 장모음소 /어ː/로 된다. 그리고 활음소화에 의한 /j/와 어미초의 /어ː/가 통합한 이중모음소 /여ː/는 자음소 뒤에서 축약하여 /에ː/로 된다. 그 다음에는 더 이상의 음운과정을 거칠 것이 없으므로 음성으로 실현된다.

(1) /띠] 어두/→[떼ː두]
   cf. /띠] 구/→[띠구] (찌-, 蒸)
   /피] 어두/→[페ː두]
   cf. /피] 구/→[피구] (피-, 開)
   /히] 어두/→[헤ː두]
   cf. /히] 구/→[히구] (희-, 白)
   /티] 어두/→[테ː두]
   cf. /티] 구/→[티구] (치-, 打)
   /지] 어두/→[제ː두]
   cf. /지] 구/→[지구] (지-, 負)

(2)에 제시된 자료는 2음절 이상의 어간을 가진 동사에서 /이/말음 어간과 부사형 어미 /어/가 통합될 때 나타나는 예이다. 어간말 모음소 /이/와 부사형 어미의 첫음 /어/가 통합되면 언제나 /에/로 실현되는데 아래 예에서 그러한 사실을 알 수 있다. 이때에 실현되는 음운과정은 우선 어간말

의 /이/와 부사형 어미의 첫음 /어/가 통합할 때 어간말의 /이/가 활음소화
하여 /j/로 되고 여기에 다시 어미초의 /어/가 통합하면 이중모음소 /여/로
되고, 이 /여/가 자음소 뒤에서 축약되어 /에/로 되는 것이다. 그 다음에는
더 이상의 음운과정을 거칠 것이 없으므로 음성으로 실현된다.

(2) /하부티] 어두/ → [하부테두]
  cf. /하부티] 구/ → [하부티구] (할퀴-, 搔)
  /깨티] 어두/ → [깨테두]
  cf. /깨티] 구/ → [깨티구] (깨-, 破)
  /겐디] 어두/ → [겐데두]
  cf. /겐디] 구/ → [겐디구] (견디-, 忍)
  /끄슬리] 어두/ → [끄슬레두]
  cf. /끄슬리] 구/ → [끄슬리구] (그을리-, 被煤)

(3)에 제시된 자료는 모음소 /이/로 끝나는 어간에 /—어Y/로 시작하는
어미가 통합될 때 나타나는 예이다. 그런데 어간말음절초에 자음소가 없
는 것이 특징적이다. 이때에 실현되는 음운과정은 다음과 같다. 우선 어
간말의 /이/와 어미초 /어/가 통합할 때 활음소삽입이 되어 어미초 /어/가
/여/로 된다. 그 다음 다시 /여/가 /에/로 축약되며 그 후 어간말의 /이/와
축약된 /에/가 통합하면서 /j/화가 발생한다. 그 다음 더 이상의 음운과정
을 거칠 것이 없으므로 음성으로 실현된다.

(3) /이] 어두/ → /이여두/ → /이에두/ → /예 : 두/ → [예 : 두]
  cf. /이] 구/ → [이구] (이-, 戴)
  /고이] 어두/ → [고예 : 두]
  cf. /고이] 구/ → [고이구] (괴-, 湾)
  /모이] 어두/ → [모예 : 두]
  cf. /모이] 구/ → [모이구] (모이-, 集)
  /오이] 어두/ → [오예 : 두]

cf. /오이 ┃ 구/ → [오이구] (외ー, 暗誦)

/조이 ┃ 어두/ → [조예 : 두]

cf. /조이 ┃ 구/ → [조이구] (죄ー, 縮)

이상에서 논의된 모음소축약을 지배하는 규칙은 다음과 같다.

- 어간 음절초에 자음소가 있는 활용에서 /이/로 끝나는 어간과 /어/로 시작하는 어미가 통합할 때 어간말의 /이/가 /j/화하여 /j/로 되고 다시 /j/와 어미초의 /어/가 통합하여 이중모음소 /여/가 형성된다. 그 다음 이 /여/가 자음소 뒤에서 /에/로 필수적으로 축약한다.
- 어간 음절초에 자음소가 없는 활용에서 /이/로 끝나는 어간과 /어/로 시작하는 어미가 통합할 때 먼저 활음소 삽입이 된 후 다시 축약한다.

이 장에서는 이 지역어의 형태소 경계에서 일어나는 공시적인 음운과정에는 어떠한 것이 있는지 살펴보았고 이를 규칙으로 나타냈다. 이 지역어의 음운과정은 음운의 변동 양상에 따라 크게 '교체, 탈락, 삽입, 축약'과 같이 네 유형으로 구분하여 서술하였다. 먼저 '교체'에서 자음소교체(평파열음소화, 자음소동화, 경음소화)와 모음소교체(어미초 /어/의 /아/화, 활음소화, 모음소동화, 단모음소화)로 나누어 논의하였고 '탈락'에서는 자음소탈락(후음소탈락, /ㅇ/탈락, 자음소군단순화), 유음소탈락, 활음소탈락(/j/탈락, /w/탈락), 모음소탈락(어간말 /으/탈락, 어미초 /으/탈락, 어간말 /아/나 /어/탈락)으로 각각 나누어 논의하였다. '삽입'에서는 활음소 /j/삽입에 대해 논의하였고 '축약'에서는 자음소축약(유기음소화, 경음소화)과 모음소축약에 대해 각각 논의하였다.

결 론

　이 책은 현재 사용되고 있는 평양지역어를 대상으로 공시적 음운현상을 분석·기술하였다. 이 책에서 다룬 '평양지역어'란 4대 이상 평양에서 살아온 토박이들이 사용하고 있는 언어를 가리킨다. 이것은 일반적으로 <문화어>라 불리고 있는 현재 북한에서 널리 쓰이는 규범적인 언어와 많은 면에서 차이점이 있다. 이 장에서는 각 장에서 논의된 내용을 요약하고 이 지역어의 특징에 대해서 간략하게 언급하고자 한다.

　이 책은 모두 5장으로 구성되었는데, 1장에서는 연구목적, 연구사, 연구대상 및 연구방법에 대하여 개괄적으로 검토하였다.

　제2장에서는 현지 조사과정을 통하여 수집한 자료를 바탕으로 이 지역어의 음소목록을 확인하고 이들의 음성적 특징에 대해서도 간단히 밝혔다. 음소목록은 크게 자음소목록, 유음소목록, 활음소목록, 모음소목록 등 네 부류로 나누어 검토하였다. 그 결과 이 지역어에는 19개의 순수자음소목록(/ㅂ, ㅃ, ㅍ ; ㄷ, ㄸ, ㅌ ; ㅅ, ㅆ ; ㅈ, ㅉ, ㅊ ; ㄱ, ㄲ, ㅋ ; ㅎ, ㆅ ; ㅁ, ㄴ, ㅇ/)과 1개의 유음소목록(/ㄹ/), 2개의 활음소목록(/j/, /w/)을 가지고 있음을 밝

혔다. 그리고 모음소는 단(單)모음소목록과 이중모음소목록으로 구분되는데 8개의 단(單)모음소목록(/이, 에, 애, 으, 어, 우, 오, 아/)과 그에 대응하는 8개의 장(長)모음소목록이 있음을 밝혔고 10개의 단(短)이중모음소목록(/야, 여, 요, 유, 예, 위, 웨, 왜, 워, 와/)과 11개의 장(長)이중모음소목록(단(短)이중모음소목록에 대응하는 10개의 장(長)이중모음소와 /얘 : /를 포함)이 있음을 밝혔다.

제3장에서는 이 지역어의 곡용어간과 활용어간 기저형 설정에 대해서 논의하였다. 현대한국어의 공시적 음운과정은 어간과 어미의 기저형이 통합하는 과정에서 일어나기 때문에 어간의 기저형 설정은 무엇보다도 중요하다. 이 경우의 어간은 곡용어간과 활용어간으로 구별된다. 좀 더 구체적으로 서술하면, 곡용어간과 활용어간의 기저형은 ① 서로 다른 자음소나 모음소로 시작하는 어미들과 통합할 때에 실현되는 곡용형과 활용형을 분석하여 해당 어간의 교체형을 분석하여 정리하고, ② 정리된 교체형에서 차이를 보이는 형태음들에 대한 형태음소를 결정함으로써 설정된다. 그런데 ②의 경우에, ⓐ 모든 형태음들의 실현이 하나의 형태음소로부터 설명될 수 있는 것도 있지만, ⓑ 하나의 형태음소로부터 설명될 수 없는 것도 있다. 특히 ⓑ의 경우에는 둘 또는 세 개의 교체형이 어휘화되어 어휘부에 등재되어 있는 것으로 보고 이를 복합기저형으로 설정하였다. 이 지역어에서 사용되는 어간의 기저형은 단일기저형과 복합기저형으로 구성된다. 그리고 단일기저형은 다시 자음소로 끝나는 기저형, 유음소로 끝나는 기저형, 모음소로 끝나는 기저형으로 구분되고 자음소로 끝나는 기저형은 다시 단일자음소로 끝나는 기저형과 자음소군으로 끝나는 기저형으로 구분된다. 그들 각각에 대한 기저형 유형과 어간말 형태음소의 목록을 함께 나타내면 다음과 같다.

우선 곡용어간의 단일기저형에는 단일자음소로 끝나는 12가지의 기저형 유형(/X{ㅂ, ㅍ, ㄷ, ㅌ, ㅅ, ㅈ, ㅊ, ㄱ, ㅋ, ㅇ, ㅁ, ㄴ}−/)과 자음소군으로 끝나는 4가지의 기저형 유형(/X{ㅄ, ㄺ, ㄼ, ㄻ}−/), 그리고 유음소로 끝나는 1가지의 기저형 유형(/X{ㄹ}-/)과 모음소로 끝나는 8가지의 기저형 유형(/X{이, 에, 애, 으, 어, 우, 오, 아}-/) 등이 있음을 밝혔고 복합기저형에는 1가지의 기저형 유형(/Xㄴ{아-애}-/)이 있음을 밝혔다.

다음으로 활용어간의 단일기저형에는 단일자음소로 끝나는 13가지의 기저형 유형(/X{ㅂ, ㅍ, ㄷ, ㅌ, ㅅ, ㅈ, ㅊ, ㄱ, ㅋ, ㅎ, ㆆ, ㅁ, ㄴ}-/)과 자음소군으로 끝나는 9가지의 기저형 유형(/X{ㅄ, ㄵ, ㄾ, ㄼ, ㄻ, ㄺ, ㄶ, ㅀ, ㅀ}-/), 그리고 유음소로 끝나는 1가지의 기저형 유형(/X{ㄹ}-/)과 모음소로 끝나는 8가지의 기저형 유형(/X{이, 에, 애, 으, 어, 우, 오, 아}-/)이 있음을 밝혔고 복합기저형에는 8가지의 기저형 유형(/X{{ㅂ-우}, 이{ø-라}, {ㅍ,ㅃ}{우-으}, {ㄷ-ㅀ}, ㅌ{ø-애}, ㄹ{ø-ㄹ}으, {오, 우}ㄹ{우-르}, ㅎ{아-애}}-/)이 있음을 밝혔다.

제4장에서는 이 지역어의 형태소 경계에서 일어나는 공시적인 음운과정과 음운규칙에 대해서 논의하였다. 음운과정은 음운의 변동 양상에 따라 크게 '교체, 탈락, 삽입, 축약'과 같이 유형화할 수 있는데, 이 책에서는 이 지역어에 존재하는 음운과정을 이 네 유형으로 구분하여 서술하였다. 먼저 '교체'에서 자음소교체(평파열음소화, 자음소동화, 경음소화)와 모음소교체(어미초 /어/의 /아/화, 활음소화, 모음소동화, 단모음소화)로 나누어 논의하였고 '탈락'에서는 자음소탈락(후음소탈락, /ㅇ/탈락, 자음소군단순화), 유음소탈락, 활음소탈락(/j/탈락, /w/탈락), 모음소탈락(어간말 /으/탈락, 어미초 /으/탈락, 어간말 /아/나 /어/탈락)으로 각각 나누어 논의하였다. '삽입'에서는 활음소 /j/ 삽입에 대해 논의하였고 '축약'에서는 자음소축약(유기음소화, 경음소화)과 모음소축약에 대해 각각 논의하였다.

서북방언의 특징 중 하나는 구개음소화가 실현되지 않는 것이다. 서북방언의 하위 방언인 이 지역어도 다른 서북방언과 마찬가지로 구개음소화는 전혀 나타나지 않았다. 형태소 내부나 경계를 막론하고 이 방언에서 구개음화를 발견할 수 없었는데 그 이유를 이 지역어의 /ㅈ/의 조음위치가 중부방언과 달리 아직 변화를 겪지 않은 것과 연관된다고 보았다.

이 책은 현실적인 이유로 본격적인 연구를 할 수 없었던 이 지역어에 대해 음운론적인 접근을 시도해본 것이다. 따라서 이 책을 통해 이 지역어의 전통적인 모습이 어느 정도 드러났다고 볼 수 있다. 그러나 여전히 아쉬움으로 남는 것은 이 지역어에 대한 전면적인 조사를 하지 못해서 더욱 풍부한 자료를 이용하지 못했다는 것이다.

끝으로 이 책에서 그 중요성을 인식하면서도 미처 관심을 기울이지 못한 것을 앞으로의 연구 과제로 제시하며 이 글을 맺고자 한다. 우선 방언의 특성을 검토하기 위해서는 음운, 어휘, 문법 등 언어체계 전반에 대한 연구가 이루어져야 하는데 이 책은 음운적인 면, 특히 단어음운론(체언+곡용어미, 용언어간+활용어미)에만 국한되었다. 앞으로 이 지역어에 대한 발화음운론, 그리고 더 나아가서 어휘, 문법에 대해서도 종합적인 검토가 이루어진다면 이 지역어는 물론 북한지역 문화어를 비롯한 기타 지역어 연구에도 많은 도움이 될 것으로 생각된다. 한편 북한은 최근 몇 십년간 인위적으로 다듬어진 <문화어> 사용만을 강조해 왔기 때문에 각 지역어와 문화어의 차이를 사회언어학적인 관점에서 연구한다면 더욱 흥미로울 것이라 생각된다. 이 지역어뿐만 아니라 북한의 기타 지역어에 대해서도 하루 빨리 자유로운 연구가 이루어질 수 있기를 기원한다.

참고문헌

강순경(1997), 표준말과 문화어의 장단모음 분석-최소 대립어를 중심으로-, ≪동서문화연구≫ 3(홍익대).

_____(1999), 북한 모음 /ㅜ/→/ㅡ/에서 발견되는 과잉교정 현상, ≪음성과학≫ 6, 한국음성과학회.

_____(1999), 북한 후설모음의 융합 현상, 음성과학, 5(2).

_____(2001), ≪북한어 모음체계의 실험 음성학적 연구≫, 한국문화사.

강신항(1978), 계림유사 「고려방언」의 운모음과 15세기 중세국어의 중성 및 종성, ≪대동문화연구≫ 12(성균관대).

_____(1980), 중국의 방언연구, ≪방언≫ 3, 한국정신문화연구원.

_____(1980), ≪계림유사 「고려방언」 연구≫, 성균관대출판부.

강영봉(1981), 제주도 방언의 후치사에 관한 연구, 제주대 교육대학원 석사학위논문.

_____(1991), 제주도 방언의 인체어, ≪경기어문학≫ 9(경기대).

_____(1994), ≪제주의 언어≫ 1, 제주문화.

_____(1997), ≪제주의 언어≫ 2, 제주문화.

_____(1998), 제주어의 사회사 1, ≪제주학≫ 창간호, 제주학연구소.

_____(2000), 제주어 몇 어휘에 대하여, ≪영주어문≫ 2, 영주어문학회.

_____(2001), 제주어의 주거 생활 어휘, ≪영주어문≫ 3, 영주어문학회.

강창석(1984), 국어의 음절구조와 음운현상, ≪國語學≫ 39, 國語學會.

_____(1985), 曲用과 活用에서의 形態論과 音韻論, ≪울산어문논집≫ 2, 울산대학교 국어국문학과.

강정희(1975), 제주도방언의 동사류 접미사 연구, 이화여대 석사학위논문.

_____(1984), 제주방언의 명사류 접미사에 관한 연구 : 격표시와 명사구 확장 접미사의 통사·의미 기능을 중심으로, 이화여대 박사학위논문.

_____(1988), ≪제주방언연구≫, 한남대출판부.

_____(2000), 방언·사회언어학, ≪국어학연감≫, 국립국어연구원.

곽충구(1991), 함경도 방언 연구의 전개 과정과 그 전망, ≪행촌 김영배 선생 회갑 기념논총≫, 경운출판사[김영배 편, ≪남북한의 방언연구≫, 1992].

_____(1992), 근대국어 시기의 방언 특징과 방언분화, ≪동양학≫ 22(단국대).

_____(1993), 북한의 방언 연구 목적과 그 실제, ≪북한연구≫ 13.

_____(1993), 함경도 방언의 친족명칭과 그 지리적 분화, ≪진단학보≫ 76.

_____(1994나), ≪咸北 六鎭方言의 音韻論≫, 國語學叢書 20, 太學社.

_____(1995), 중부방언의 특징과 그 성격, ≪한국어문≫ 4, 1997, 한국정신문화 연구원.

_____(1996), 國語史 研究와 國語 方言, ≪李基文教授 停年退任紀念論叢≫, 신구 문화사.

_____(1997), 연변지역의 함북 길주·명천 방언에 대한 조사 연구-음운·어휘·문 법 조사 자료-, ≪애산학보≫ 20.

_____(1998a), 감각 용언 파생의 방언 분화, ≪震檀學報≫ 86, 震檀學會.

_____(1998b), 동북·서북방언, ≪文法研究와 資料≫(이익섭 선생 회갑 기념 논 총), 태학사.

_____(1999), 방언·사회언어학, ≪국어학연감≫(1998), 국립국어연구원.

_____(2000a), 육진방언의 현상과 연구 과제, ≪한국학논집≫ 34, 한국학연구소 (한양대).

_____(2000b), 재외동포의 언어 연구, ≪어문학≫ 69.

_____(2001a), 구개음화 규칙의 발생과 그 확산, ≪震檀學報≫ 92, 震檀學會.

_____(2001b), 남북한 언어 이질화와 그에 관련된 몇 문제, ≪국어생활≫ 11·1, 국립국어연구원.

_____(2003), 현대국어 모음체계와 그 변화의 방향, ≪國語學≫ 41, 國語學會.

_____(2005), 육진방언의 음운변화, ≪震檀學報≫ 100, 震檀學會.

國語研究會 編(1990), ≪국어연구 어디까지 왔나≫, 동아출판사.

國語國文學編纂委員會 編(1994), ≪國語國文學資料辭典≫, 한국사전연구사.

권인한(1987), 音韻論的 機制의 心理的 實在性에 對한 研究, ≪國語研究≫ 76, 서 울대 國語國文學科

김경아(1990), 활용에서의 기저형설정과 음운현상, ≪國語研究≫ 94, 서울대 國語 國文學科.

_____(1998), 용언어간말음 'ㅎ'의 교체에 대하여, ≪언어≫ 23-1, 한국언어학회.

_____(2000), ≪국어의 음운표시와 음운과정≫, 國語學叢書 38, 太學社.

김남미(2001), 국어의 ‘ㄴ’, ‘ㅇ’탈락과 비모음, ≪시학과언어학≫ 2, 시학과언어학회.

김동언(1992), 북한의 국어사, 방언론, ≪국어학연구백년사[Ⅲ]≫, 일조각.

_____(1997), 19세기 후기 황해도 방언의 음운론적 연구, ≪한국어학의 이해와 전망≫(일암 김응모 교수 화갑기념논총), 박이정.

_____(1999), 남북한 구어체 비교연구-형태적 특징을 중심으로-, ≪인문과학논집≫ 7(강남대).

김민수(1985), ≪북한의 국어연구≫, 고려대 민족문화연구소.

김방한(1970), 구조방언학, ≪언어학논고≫, 서울대출판부.

_____(1999), ≪언어학 논고≫, 서울대출판부.

김병제(1958), 방언과 표준어, ≪말과 글≫ 3, 평양.

_____(1959), ≪조선어방언학개요≫(상) 평양 : 과학원출판사.

_____(1965), ≪조선어방언학개요≫(중) 평양 : 과학원출판사.

_____(1975), ≪조선어방언학개요≫(하) 평양 : 과학원출판사.

_____(1980), ≪방언사전≫ 평양 : 과학백과사전종합출판사.

김봉국(2000), 江陵·三陟 地域語의 滑音化, ≪韓國文化≫ 26, 서울대 韓國文化研究所.

_____(2001), 江陵·三陟地域語 ‘-어/-아’系 語尾의 交替와 音韻現象, ≪語文研究≫(여름호) 29-2, 韓國語文教育研究會.

_____(2002), 江原道 南部地域 方言의 音韻論, 서울대 博士學位論文.

김성규(1987), 語彙素 設定과 音韻現象, ≪國語研究≫ 77, 서울대 國語國文學科.

_____(1988), 非自動的 交替의 共時的 記述, ≪冠嶽語文研究≫ 13, 서울대 國語國文學科.

_____(1989), 活用에 있어서의 化石形, ≪周時經學報≫ 3, 塔出版社.

_____(2000), 不規則 活用에 대한 몇 가지 論議, ≪形態論≫ 2-1, 박이정.

김수곤(1977), ㅂ-변칙동사류의 음운론적 의의, ≪언어≫ 2-2, 한국언어학회.

_____(1978), 현대국어의 움라우트현상, ≪國語學≫ 6, 國語學會.

김영배(1977), 평안방언의 음운체계 연구, ≪韓國學研究叢書≫ 11, 東國大學校 韓國學研究所.

_____(1979), 평안방언의 형태론적 고찰, ≪省谷論叢≫ 10, 省谷學術文化財團.

_____(1981), 황해도지역방언연구, ≪國語國文學論文集≫ 11, 東國大學校 國語國文學科.

_____(1984), 평안방언연구, 서울 : 동국대출판부.

_____(1990), 평안방언의 장모음 소고, ≪東岳語文論集≫ 25集.

_____(1991), 디지털 신호 기법을 이용한 평안방언의 핏치 연구, ≪東國大論文集≫.

_____(1992), ≪南北韓의 方言硏究≫, 경운출판사.

_____(1997), ≪增補 平安方言硏究≫, 태학사.

_____(1997), ≪平安方言硏究 資料篇≫, 태학사.

_____(1998), 서북 방언, ≪새국어생활≫ 8-4, 국립국어연구원.

_____(1999), 정태진 선생의 '시골말 캐기'와 방언 사전, ≪나라사랑≫ 99, 외솔회.

김영황(1982), ≪조선어방언학≫, 평양 : 김일성종합대학출판사.

김옥화(2001), 부안지역어의 音韻論的 硏究, 서울대 博士學位論文.

김완진(1963), 形態部 聲調의 動搖에 對하여, ≪西江大學論文集≫ 1[金完鎭(1971
　　　나)에 재수록].

_____(1964), 中世國語 二重母音의 音韻論的 解釋에 대하여, ≪학술원논문집≫(인
　　　문·사회과학편) 4[金完鎭(1971나)에 재수록].

_____(1971a), 음운현상과 형태론적 제약, ≪학술원 논문집≫(인문·사회과학편) 10.

_____(1971b), ≪國語音韻體系의 硏究≫, 西江大學校 人文科學硏究所.

_____(1977), ≪中世國語聲調의 硏究≫, 國語學叢書 4, 國語學會.

_____(1996), ≪음운과 문자≫, 신구문화사.

김이협(1981), ≪평북방언사전≫, 한국정신문화연구원.

김종규(1989), 中世國語 母音의 連結制約과 音韻現象, ≪國語硏究≫ 90, 서울대 國
　　　語國文學科.

_____(2000), Quantity-sensitive and Feature-sensitive of vowels : A constraint-based
　　　approach to Korean vowel phonology, Doctoral dissertation, Indiana
　　　University.

김주원(1995), 중세국어 성조와 경상도 방언 성조의 비교 연구, ≪언어≫ 20-2, 한
　　　국언어학회.

_____(1996), 18세기 평안도 방언을 반영하는 ≪염불보권문≫에 대하여, ≪음성
　　　학과 일반 언어학≫(이현복 엮음), 서울대출판부.

_____(2000), 국어의 방언 분화와 발달, ≪한국문화사상대계≫ Ⅰ(영남대학교 개
　　　교 50주년 기념).

김주필(1985), 구개음화에 대한 통시론적 연구, ≪國語硏究≫ 68, 서울대 國語國文
　　　學科.

_____(1990), 國語 閉鎖音의 音聲的 特徵과 音韻現象, ≪姜信沆敎授回甲紀念 國語

學論文集》, 太學社

김진우(1976), 國語音韻論에 있어서의 母音音長의 機能, 語文研究(충남대) 9.

_____(1973), Gravity in Korean Phonology, 《語學研究》 9-2, 서울대 語學研究所.

김차균(1977), 경상도 방언의 성조체계, 서울대 博士學位論文.

_____(1999), 《우리말 방언 성조의 비교》, 亦樂.

김 현(1997), 15세기 국어 자음연쇄에 대한 연구, 《國語研究》 145, 서울대 國語
國文學科.

_____(1999), 모음간 w탈락과 w삽입의 역사적 고찰, 《애산학보》 23, 애산학회.

_____(2001), 활용형의 재분석에 의한 용언 어간의 재구조화, 《國語學》 37, 國
語學會.

_____(2003), 活用上에 보이는 形態音韻論的 變化의 要因과 類型, 서울대 博士學
位論文.

김형규(1974), 《韓國方言研究》, 서울대學校出版部.

문효근(1973), 韓國語 聲調의 分析的 研究, 《延世論叢》(延世大) 10.

민현식(1991), 속초 방언에 대하여, 《인문학보》 11, 강릉대 인문과학연구소

_____(1996), 국어학에서의 여성어 연구사, 《사회언어학》 4-2, 한국사회언어학회.

_____(1999), 표준어와 언어정책론 1, 《선청어문》 27(서울대 국어교육과).

박갑수(1997), 중국의 조선말과 남북한어의 비교, 《이중언어학회지》 14, 이중언
어학회.

박경래(1993), 忠州方言의 音韻에 대한 社會言語學的 研究, 서울대 博士學位論文.

_____(1998a), 중부방언, 《문법연구와 자료》, 태학사.

_____(1998b), 중부방언, 《새국어생활》 제8권 제4호, 국립국어연구원.

_____(2000), 충청북도 방언의 특징과 하위방언권, 충북개발연구원.

_____(2003), 중국 연변 정암촌 방언의 상대경어법, 《二重言語學》 二重言語學會
第23會.

_____(2003), 충청북도 방언의 연구와 특징, 《한국어학》21, 한국어학회.

박기영(1995), 국어 유음에 대한 통시적 고찰, 《國語研究》 131, 서울대 國語國文
學科.

박영준(1991), 북한의 방언연구사, 《북한의 조선어 연구사》 I(김민수 편), 녹진.

박창원(1991), 국어 자음군 연구, 서울대 博士學位論文.

방언연구회 편(2001), 《方言學 事典》, 태학사.

배주채(1989), 음절말자음과 어간말자음의 음운론, 《國語研究》 91, 서울대 國語

國文學科.

_____(1991a), 고흥방언 '－아' 활용형의 음운론적 고찰, ≪國語學의 새로운 認識 과 展開≫(金完鎭先生 回甲紀念論叢), 民音社.

_____(1991b), 고흥방언의 음장과 음조, ≪國語學≫ 21, 國語學會.

_____(1992), 음절말 평폐쇄음화에 대하여, ≪冠嶽語文硏究≫ 17, 서울대 國語國 文學科.

_____(1993), 현대국어 매개모음의 연구사, ≪周時經學報≫ 11, 塔出版社.

_____(1998), ≪고흥방언 음운론≫, 國語學叢書 32, 太學社.

서울대학교 東亞文化硏究所 編(1973), ≪國語國文學辭典≫, 新丘文化社.

소강춘(1989), 전북 방언의 공시적 언어분화에 대한 연구, 전북대 박사학위논문.

_____(1999), 연변지역어의 음운론적 연구, ≪언어학≫ 7·2, 대한언어학회.

송철의(1982), 國語의 音節問題와 子音의 分布制約에 대하여, ≪冠嶽語文硏究≫ 7, 서울대 國語國文學科.

_____(1983), 派生語 形成과 通時性의 問題, ≪國語學≫ 12, 國語學會.

_____(1987), 十五世紀 國語의 表記法에 대한 音韻論的 考察, ≪國語學≫ 16, 國 語學會.

_____(1990), 자음동화, ≪國語硏究 어디까지 왔나≫(서울대 國語國文學科 國語硏 究會 編), 東亞出版社.

_____(1991), 國語音韻論에 있어서의 體言과 用言, ≪國語學의 새로운 認識과 展 開≫(金完鎭先生 回甲紀念論叢), 民音社.

_____(1992), ≪國語의 派生語 形成 硏究≫, 태학사.

_____(1995), 國語의 滑音化와 관련된 몇 問題, ≪檀國語文論集≫ 創刊號, 檀國大 國語國文學科.

_____(2000), 形態論과 音韻論, ≪國語學≫ 35, 國語學會.

신기상(1999), ≪동부경남방언의 고저장단 연구≫, 月印.

신승용(2003), ≪음운변화의 원인과 과정≫, 태학사.

신승원(2000), ≪의성지역어의 음운론적 분화 연구≫, 홍익출판사.

신홍예(1997), 중국심양지역의 평안북도 방언에 대한 음운론적 연구, 덕성여대 석 사학위논문.

안병희(1959/1978), ≪十五世紀 國語의 活用語幹에 對한 形態論的 硏究≫, 塔出版社.

유필재(1994), 발화의 음운론적 분석에 대한 연구 : 단위 설정을 중심으로, ≪國語 硏究≫ 125, 서울대 國語國文學科.

_____(2001), 서울지역어의 음운론적 연구, 서울대 博士學位論文.

윤혜영(2001), 홍천지역어의 음운론적 연구, 서울대 석사학위논문.

이기갑(1986), ≪전라남도의 언어지리≫, 國語學叢書 11, 塔出版社.

이기문(1962), 中世國語의 特殊語幹 交替에 대하여, ≪震檀學報≫ 23, 震檀學會.

_____(1968), 鷄林類事의 再檢討, ≪東亞文化≫ 8, 서울대 東亞文化研究所.

_____(1972), ≪國語音韻史研究≫, 塔出版社.

이기문 외(1991), 한국어 방언의 기초적 연구, ≪학술원 논문집≫(인문・사회) 30.

이기문 외(1993), ≪한국언어지도집≫(해설편), 성지문화사.

이병근(1973), 東海岸方言의 二重母音에 대하여, ≪震檀學報≫ 36, 震檀學會.

_____(1976), 파생어형성과 i역행동화규칙들, ≪震檀學報≫ 42, 震檀學會.

_____(1977), 子音同化의 制約과 方向, ≪國語國文學論叢≫(李崇寧先生古稀紀念).

_____(1978), 國語의 長母音化와 補償性, ≪國語學≫ 6, 國語學會.

_____(1979), ≪音韻現象에 있어서의 制約≫, 塔出版社.

_____(1981), 유음탈락의 음운론과 형태론, ≪한글≫ 173・174, 한글학회.

_____(1986), 發話에 있어서의 音長, ≪國語學≫ 15, 國語學會.

_____(1997), 해바라기(向日花)의 語彙史, ≪冠嶽語文研究≫ 22, 서울대 國語國文
學科.

_____(2001), 方言과 方言學, ≪方言學事典≫(방언연구회 편), 태학사.

이병근・宋喆儀 編(1998), ≪音韻 I≫, 국어학강좌 4, 태학사.

이병근・정인호(1999), 중국 조선어 방언 조사-原平北方言을 중심으로-, ≪한반
도와 중국 동북 3성의 역사 문화≫, 서울대학교출판부.

이병근・崔明玉(1997), ≪國語音韻論≫, 한국방송대학교출판부.

이상신(1998), VyV연쇄에 대한 통시론적 연구, ≪國語研究≫ 155, 서울대 國語國
文學科.

이승재(1982), 구례지역어의 음운, ≪國語研究≫ 45, 서울대 國語國文學科.

_____(2005), ≪방언연구≫, 태학사.

이숭녕(1988), ≪李崇寧國語學選集 1≫ (音韻篇 I), 民音社.

이익섭(1972a), 嶺東方言의 Suprasegmental Phoneme 體系, ≪동대어문≫(동덕여
대) 2.

_____(1972b), 江陵 方言의 形態音素論的 考察, ≪震檀學報≫ 34, 震檀學會.

_____(1976), 韓國 漁村方言의 社會言語學的 考察, ≪震檀學報≫ 42, 震檀學會.

_____(1981), ≪嶺東嶺西의 言語分化-江原道의 言語地理學≫, 서울대學校出版部.

이진호(1997), 국어 어간말 자음군과 관련 현상에 대한 통시음운론, ≪國語研究≫ 147, 서울대 國語國文學科.

_____(1998), 국어 유음화에 대한 종합적 고찰, ≪國語學≫ 31, 國語學會.

_____(2001), 국어 비모음화(鼻母音化)와 관련된 이론적 문제, ≪國語學≫ 37, 國語學會.

_____(2002a), 화석화된 활용형에 대하여, ≪국어국문학≫ 130, 국어국문학회.

_____(2002b), 음운교체양상의 변화와 공시론적 기술, 서울대 博士學位論文.

이혁화(1994), 金陵方言의 聲調研究, ≪國語研究≫ 119, 서울대 國語國文學科.

_____(2002), 국어 반모음 'ɥ'의 음성학과 음운론, ≪語學研究≫ 38-1, 서울대 언어교육원.

임석규(1999), 榮州 地域語의 音韻論的 研究, ≪國語研究≫ 160, 서울대 國語國文學科.

_____(2002), 패러다임을 바탕으로 한 曲用 語幹의 再構造化, ≪형태론≫ 4-2, 박이정.

전광현(1978), 東海岸 方言의 語彙(Ⅰ), ≪國文學論集≫ 9, 檀國大 國語國文學科.

_____(1981), 東海岸 方言의 語彙(Ⅱ), ≪國文學論集≫ 10, 檀國大 國語國文學科.

전선아(1989), The Accentual Pattern and Prosody of the Chonnam Dialect of Korean, in Kuno, S. et al (ed.) Harvard Studies in Korean Linguistics 3, Harvard University.

전학석(1987), 훈춘지방말의 어음론적 특성, ≪조선어문석사론문집≫, 심양 : 료녕민족출판사.

_____(1988), 함경남도 방언연구, 평양 : 교육도서출판사.

_____(1993), ≪함경도 방언의 음조에 대한 연구≫, 태학사.

_____(1997), ≪조선어방언학≫, 연변대학출판사.

_____(1998), 연변 방언, ≪새국어생활≫ 8-4, 국립국어연구원.

정승철(1995), ≪濟州島方言의 通時音韻論≫, 國語學叢書 25, 國語學會.

_____(1999), 제주방언의 音調와 音調群, ≪震檀學報≫ 88, 震檀學會.

정연찬(1991), 現代國語 二重母音 體系를 다시 생각하여 본다, ≪石靜 李承旭先生 回甲紀念論叢≫.

정용호(1988), ≪함경도방언연구≫, 평양 : 교육도서출판사.

정인호(1995), 和順지역어의 음운론적 연구, ≪國語研究≫ 134, 서울대 國語國文學科.

_____(1997), ㅂ 불규칙 용언 어간의 변화에 대하여, ≪애산학보≫ 20, 애산학회.

채옥자(1999), 중국연변지역어의 활음화에 대하여, ≪애산학보≫ 23, 애산학회.

_____(2002), 中國 延邊地域 韓國語의 音韻體系와 音韻現象, 서울대 博士學位論文.

최명옥(1980), ≪慶北東海岸方言研究≫, 嶺南大學校 出版部.

_____(1982), ≪月城地域語의 音韻論≫, 嶺南大學校 出版部.

_____(1985a), 서북방언의 문서술어에 대한 형태론적 연구, 방언 8. 한국정신문화
연구원.

_____(1985b), 變則動詞의 音韻現象 : p-, s-, t- 變則動詞를 中心으로, ≪國語學≫ 14.

_____(1986), 19세기 후기 서북방언의 음운체계, 국어학신연구.

_____(1987), 평북 의주지역어의 통시음운론, ≪語學研究≫ 23-1, 서울대 語學研
究所.

_____(1988a), 變則動詞의 音韻現象 : ḷi-, lə-, ɛ(yə)-, h- 變則動詞를 中心으로,
≪語學研究≫ 24-1, 서울대 語學研究所.

_____(1988b), 國語 Umlaut의 研究史的 檢討 : 共時性과 通時性의 問題를 中心으
로, ≪震檀學報≫ 65, 震檀學會.

_____(1989), 國語 움라우트의 研究史的 考察, ≪周時經學報≫ 3, 塔出版社.

_____(1990a), 東南方言의 聲調型과 그 分布, ≪제18회 國際學術大會論文集≫, 大
韓民國 學術院.

_____(1990b), 方言, ≪國語研究 어디까지 왔나≫(서울대 大學院 國語研究會 編).

_____(1992), 慶尙北道의 方言地理學 : 副詞形語尾 ‘아X’의 母音調和를 중심으로,
≪震檀學報≫ 73, 震檀學會.

_____(1993), 語幹의 再構造化와 交替形의 單一化 方向, 省谷論叢 24, 省谷學術文
化財團.

_____(1995), ‘X ㅣ]Vst 어Y’의 音韻論, ≪震檀學報≫ 79, 震檀學會.

_____(1998a), ≪國語音韻論과 資料≫, 태학사.

_____(1998b), ≪韓國語 方言研究의 실제≫, 태학사.

_____(1998b), 現代國語의 聲調素體系, ≪國語學≫ 31, 國語學會.

_____(1999), 現代國語의 聲調型과 그 分布, ≪震檀學報≫ 88, 震檀學會.

_____(2000), 中國延邊地域의 韓國語 研究, ≪韓國文化≫ 25, 서울대 韓國文化研
究所.

_____(2004), ≪國語 音韻論≫, 태학사.

_____(2005), 한국어 음운규칙의 적용한계와 그 대체기제, ≪人文論叢≫ 53, 서
울대 인문학연구원.

_____(2006a), 국어의 공시형태론 : 어간과 어미의 형태소 설정을 중심으로, ≪李秉根 先生 退任紀念 國語學論叢≫, 태학사.

_____(2006b), 활용어간의 공시형태론 : 평북 운전지역어를 중심으로, ≪金圭哲敎授 停年紀念 論叢≫, 역락.

최명옥·김옥화(2001a), 전북 방언 연구, ≪어문학≫ 73, 한국어문학회.

최명옥·한성우(2001b), 충남 방언 연구, ≪국어국문학≫ 129, 국어국문학회.

최명옥·곽충구·배주채·전학석(2002), ≪함북북부지역어 연구≫, 태학사

최전승(1995), ≪한국어 방언사 연구≫, 태학사.

최학근(1991), ≪國語方言硏究≫, 明文堂.

韓國精神文化硏究院 編(1995), ≪韓國方言資料集≫(京畿道道 篇), 韓國精神文化硏究院.

한성우(2006), ≪平安北道 義州 方言의 音韻論≫, 月印.

한영균(1985a), 國語 音韻史에 대한 地理言語學的 硏究, 서울대 석사학위논문.

_____(1985b), 음운변화와 어휘부의 재구조화, ≪冠嶽語文硏究≫ 10, 서울대 國語國文學科.

_____(1988), 非音節化 規則의 通時的 變化와 그 意味, ≪蔚山語文論集≫ 4, 울산대 국어국문학과.

_____(1995), '외, 위'의 단모음화와 방언분화-강원도 방언의 경우, ≪國語史와 借字表記≫, 太學社.

한영순(1956a), 평안북도 의주·피현 지방 방언의 어음론적 특성(상), 조선어문 4.

_____(1956b), 평안북도 의주·피현 지방 방언의 어음론적 특성(하), 조선어문 5.

_____(1967), ≪조선어방언학≫, 평양 : 김일성종합대학출판사. (1974, 개정판)

허 웅(1968), 국어의 상승적 이중모음 체계에 있어서의 '빈간(case vide)', ≪李崇寧博士頌壽紀念論叢≫, 乙酉文化社.

홍윤표(1987), 近代國語의 語幹末子音群 表記에 대하여, ≪國語學≫ 16, 國語學會.

_____(1994), ≪近代國語硏究(Ⅰ)≫, 태학사.

宣德五·趙習·金淳培(1991), ≪朝鮮語方言調査報告≫, 延邊人民出版社[1991년 태학사 영인].

小倉進平(1929), 平安南北道の方言, 京城帝大法文學部硏究調査冊子 No. 1.

_____(1930), 咸鏡南北道 及び 黃海道方言の 硏究, 京城帝大法文學部硏究調査冊子No. 1.

_____(1931), 濟州道 硏究, ≪靑丘學報≫ 5.

_____(1944), ≪朝鮮語方言の 研究(上・下)≫, 東京：岩波書店.

_____(1964), ≪增訂補註朝鮮語學史≫, 刀江書院.

河野六郎 外 編(1996), ≪言語學大辭典≫(第6卷 術語編), 三省堂.

Catford(1988), *A Practical Introduction to Phonetics*, Clarendon Press, Oxford.

Hawkins, P.(1984), *Introducing Phonology*, Routledge : London.

Hyman, L. M.(1975), *Phonology : Theory and Analysis*, NewYork : Holt, Rinehart & Winston.

Jeffers & Lehiste.(1979), *Principles and Methods for Historical Lingustics*, The MIT Press.

Kim-Renaud, Young-Key(1975), Korean Consonantal Phonology, Doctoral dissertation, Hawaii University, Tower press.

King, R. D.(1969), *Historical Linguistics and Generative Grammar*, New York : Prentice-Hall.

Ladefoged.(1982), *A Course in Phonetics*, Second Edition, Harcourt Brace Jovanovich, Inc.

Lass, R.(1984), *Phonology*, Cambridge University Press.

Leben(1973), Suprasegmental Phonology, ph. D. dissertation, MIT.

Ohala, J. J(1978), Production of Tone, in Fromkin, V.A(ed), *Tone : A Linguistic Survey*, New York : Academic Press.

Wang, W.(1969), Competing Changes as a cause of Residue, *Language* 45.

찾아보기

저자 **이금화** ⸻⸻⸻⸻⸻⸻⸻⸻⸻⸻⸻⸻⸻⸻⸻⸻⸻

길림성 장춘 출생
연변대학 조선언어문학학과 졸업(1995)
연변대학 조선언어문학학과 문학석사(2003)
서울대학교 대학원 국어국문학과 문학박사(2007)
현재 중국 남경대학 조교수

주요 논저 「불교칙 활용과 그 교수방법」
         「평양지역어 활용어간의 공시형태론」
         「구개음화에 대한 고찰」
         「정주지역어의 자음소동화」
         「의주지역어의 의문법 연구」

평양지역어의 음운론

초판 인쇄 2007년 7월 29일
초판 발행 2007년 8월 11일

지 은 이   이금화
펴 낸 이   이대현
책임편집   이소희 · 양지숙
편   집   이태곤 · 권분옥 · 김주헌 · 허윤희 · 김지향
디 자 인   홍동선
제   작   안현진
관   리   정태윤
펴 낸 곳   **도서출판 역락** / 서울 서초구 반포4동 577-25 문창빌딩2층
전   화   02-3409-2058(대표) 02-3409-2060(편집부) FAX 02-3409-2059
이 메 일   youkrack@hanmail.net
홈페이지   www.youkrack.com
등   록   1999년 4월 19일 제303-2002-000014호

정   가   12,000원
I S B N   978-89-5556-562-1   93710

* 잘못된 책은 교환해 드립니다.